Hans Jürgen Witthöft

Giganten der Meere

Containerschiffe –
Motoren der Globalisierung

Hans Jürgen Witthöft

Giganten der Meere

Containerschiffe –
Motoren der Globalisierung

Koehlers Verlagsgesellschaft mbH · Hamburg
Ein Unternehmen der Tamm Media

Bibliografische Information der Deutschen Nationalbibliothek
Die Deutsche Nationalbibliothek verzeichnet diese Publikation in der
Deutschen Nationalbibliografie; detaillierte bibliografische Daten sind
im Internet über http://dnb.d-nb.de abrufbar.

Ein Gesamtverzeichnis der lieferbaren Titel der Verlagsgruppe Koehler/Mittler
schicken wir Ihnen gern zu. Senden Sie eine E-Mail mit Ihrer Adresse an:
vertrieb@koehler-mittler.de
Sie finden uns auch im Internet unter: www.koehler-mittler.de

ISBN 978-3-7822-0992-2

© 2010 by Koehlers Verlagsgesellschaft mbH, Hamburg

Alle Rechte – insbesondere das der Übersetzung – vorbehalten.

Druck und Weiterverarbeitung:
DZA Druckerei zu Altenburg GmbH, Altenburg

Printed in Germany

Inhaltsverzeichnis

Ein Wort zuvor 6

Container: eine gigantische Erfolgsgeschichte 8

Wie es begann 11
International gültige Normierung 14
Der Sprung über den Atlantik 16
Rasche Expansion weltweit 21
Alles passt in Container 25
Identifizierung und Steuerung 34
Sicherheit 36
Dem Höhepunkt entgegen 40
Nadelöhre 42
Gigantisches Wachstum der Containerschiffsflotten 48
Auch die Krise wird gigantisch 56
Die Weltwirtschaftskrise setzt einen vorläufigen Schlusspunkt 64
Ein kurzer, steiler Weg bis zu den Giganten von heute 76
Es werden immer mehr und sie werden immer größer 88
Optimierung und Betriebssicherheit 102
EMMA MAERSK Superstar 108
Wie geht es weiter 114
Ende? 119

Große Schiffe brauchen große Häfen 120

Herausforderung Hafen 122
Hinterland- und Feederverkehre 128
Alle Häfen müssen sich anpassen 134
Umweltschutz, Sicherheit, Versicherung 142
Neue Konzepte werden gefordert 150
Der JadeWeserPort – der neue Tiefwasserhafen in Wilhelmshaven 152

Anhang: Quellennachweis 156
Register der genannten Schiffe 157

Ein Wort zuvor

In der Verkehrswelt wird mit gebührendem Respekt beispielsweise von dem 25-Meter-Lkw auf der Straße gesprochen, von Hochgeschwindigkeitszügen oder gar vom Transrapid auf der Schiene oder dem großen Airbus A 380 in der Luft. Das alles sind ganz sicher großartige Entwicklungen, aber sie decken, jede für sich, jeweils nur ganz bestimmte Teilbereiche auf ihren Märkten ab. Ganz anders sieht es dagegen bei einer im Vergleich mit den genannten Großobjekten eher schlichten Erfindung aus, dem Container – einer nach außen hin simpel anmutenden viereckigen, aber überaus praktischen Kiste mit international gültigen genormten Abmessungen. Nach dem erstmaligen Einsatz dieser Kiste vor gut fünfzig Jahren hat sie eine ungeheure technische Entwicklung, verbunden mit einer weltweiten Revolution im Transportwesen, ausgelöst, die innerhalb kürzester Zeit alle Transportträger erfasst und neu ausgerichtet hat.

Die weltweite Containerschifffahrt – ein heute alle Fahrtgebiete umfassendes dichtes Netzwerk – hat innerhalb von nur vier, fünf Jahrzehnten nicht allein die Linienschifffahrt sowohl in den Übersee- als auch in den Kurzstreckenverkehren grundlegend verändert, sondern dadurch vor allem auch die Basis für das Zusammenwachsen der Volkswirtschaften weltweit geschaffen. Ohne die »Erfindung« dieser genormten Kisten hätte es die viel beschworene, teilweise aber auch heftig kritisierte Globalisierung der Weltwirtschaft nicht gegeben, zumindest nicht in der erlebten Form und Schnelligkeit. Etliche mögen das beklagen, weitaus mehr haben einen erheblichen Nutzen davon. Wenigstens einigermaßen praktikable und realistisch erscheinende Alternativen haben jedoch auch die Gegner nicht aufzeigen können, nicht einmal ansatzweise. Die Einführung der in ihrer Technik immer weiter verbesserten Boxen, also der Container, hat über die Schifffahrt hinaus eine weltweite Transportrevolution mit großem Einfluss auf nahezu alle Industrieabläufe bewirkt. Diese Revolution ist trotz ihrer rasanten Entwicklung auch heute noch keineswegs zu einem zumindest einigermaßen berechenbaren stabilen »Endpunkt«, oder wie auch immer dieses zu bezeichnen ist, angelangt. Dieser sich immer weiter beschleunigende Prozess kannte keinen Stillstand, bis heute nicht. Die gegenwärtigen Turbulenzen in Weltwirtschaft können ihn zwar zeitweilig verlangsamen, aber aufhalten oder gar umkehren lässt er sich zweifelsfrei nicht.

Allgemein hat es den Anschein, dass man sich an die Nutzung und an den Anblick der Container gewöhnt hat. Wenn, dann fallen sie höchstens noch durch ihre unterschiedlichen Farben und Logos ins Auge. So ist das eben, denn sie gehören ganz selbstverständlich längst zu unserem Alltag. Das ist eine einerseits ebenso simple wie andererseits faszinierende Feststellung, aber diese Gewöhnung hat den Blick dafür ver-

Foto: Einar Maschmann

deckt, was diese – simplen – Boxen gerade für unseren Alltag bedeuten und was dieser Alltag ohne sie wäre.

Ausgehend von der Schifffahrt haben sich in geradezu revolutionär kurzer Zeit, um das noch einmal zu betonen, umfassende Lieferketten entwickelt, die inzwischen in den bei weitem meisten Fällen durchgehend vom Versender bis zum Empfänger reichen. Ohne die Container, von denen zur Zeit Millionen überall in der Welt unterwegs sind, hätte es, um auch das noch einmal herauszustellen, die Globalisierung, die immer enger gewordene Verzahnung der Volkswirtschaften nicht gegeben. Und ohne Globalisierung würde es, worüber die meisten Konsumenten einfach nicht nachdenken, also dies auch nicht in ihr Bewusstsein gelangt, keine billigen Bekleidungsstücke aus China, keine preisgünstige Unterhaltungselektronik aus Südostasien, dank Zulieferteilen aus aller Welt keine Autos zu erschwinglichen Preisen, keine Kiwis aus Neuseeland für Centbeträge und vieles andere mehr geben, alles dies, was wir heute als ganz selbstverständlich bei den jeweiligen Angeboten erwarten. Die Container machen es möglich, weil durch ihren massenhaften Einsatz einerseits die Transportkosten bei den Preiskalkulationen der Unternehmen seit langem eine nur noch verhältnismäßig geringe Rolle spielen und andererseits bestimmte Güter, wie etwa die

genannten Kiwis, hier kaum zu haben wären, bestenfalls in hochpreisigen Spezialläden.

Auf die Planungen einer ganzen Palette von Unternehmen hat das noch einen weitergehenden Einfluss: Sie können nämlich ihre Produktionsstätten dort einrichten, wo sie die aus ihrer Sicht günstigsten Bedingungen vorfinden. Die Transportkosten für ihre Zulieferungen oder später für die Bedienung ihrer spezifischen Märkte spielen, wie erwähnt, kaum noch eine Rolle, bezogen auf den Endpreis der Produkte. Wer hätte das alles gedacht, wer hätte eine derart umwälzende Entwicklung auch nur in irgendeiner Weise voraussehen können?

Fakt ist, dass vor nur rund fünfzig Jahren in den Vereinigten Staaten von Amerika mit dem Transport der ersten Boxen über See auf einem alten umgebauten Tanker ein Umbruch in der weltweiten Linienschifffahrt begann, der sich in atemberaubend kurzer Zeit entwickelte und umfassender war, als in vormaligen Zeiten beim allmählichen Übergang vom Segel auf den Dampf- und dann auf den Motorantrieb.

In den ersten Jahren bewährte sich das neue Transportkonzept nach einigen Experimenten und Modifikationen allein nur auf einigen geeignet erscheinenden inneramerikanischen Routen, um dann aber ganz schnell, trotz erheblicher Widerstände und trotz vieler aus damaliger Sicht sicherlich berechtigt erscheinender Befürchtungen, ein radikales Umdenken in den Seeverkehren zu erzwingen. Erzwingen deshalb, weil den Beteiligten sehr bald klar wurde, dass es eine echte Alternative nicht gab.

Zusammengefasst ist das Grundprinzip dieses Transportsystems eigentlich ganz einfach: Ein Exporteur bekommt eine stabile Stahlbox auf seinen Hof gestellt, verstaut seine Produkte darin und versiegelt die Kiste für den Abtransport zum Seehafen. Einige Wochen später wird diese bei einem Geschäftspartner, beispielsweise in China, angeliefert. Der entlädt sie und füllt sie anschließend mit eigenen Produkten für einen Kunden in Argentinien oder anderswo. Dann wird die Box wieder auf die Reise geschickt, und der Ablauftakt beginnt von neuem. So könnte es sich zwar darstellen, aber ganz so simpel, wie der beschriebene Idealfall aussieht, ist es dann doch nicht. Zwischen Versendern und Empfängern liegt nämlich ein enges weltumspannendes Netzwerk, bestehend aus Depots, Schienen, Straßen und Terminals sowie Schiffen als eigentliches Herzstück. Jedes Teilstück muss möglichst reibungslos in das andere übergehen und ist für den Gesamtablauf ebenso wichtig wie alle anderen.

Der Seeverkehr, also das Schiff, war der Ausgangspunkt und der Träger der vehement verlaufenen globalen Transportrevolution. So ist es bis heute geblieben. Ohne die großen Mengen an Containern, die von den Schiffen über See transportiert werden, würde es das ganze System nicht geben und in diesem System haben dann auch die Schiffe, schon allein für sich betrachtet, eine atemberaubende Entwicklung durchlaufen. Sie stellte an alle Beteiligten große Anforderungen, und so ist es auch heute noch. Das gilt keineswegs nur für die Schiffbauer, ihre Zulieferindustrie und die ebenso wichtigen Forschungseinrichtungen, sondern gleichermaßen für die »vor- und nachgeschalteten« Häfen als wichtigste Schnittstelle, für die Zu- und Ablaufverkehre sowie für jeden anderen Teilbereich.

So soll denn zwar die Geschichte der Schiffe von den ersten improvisierten Transportern bis zu den heutigen und künftigen »Giganten der Meere« oder »Mega-Boxern« in diesem Buch im Mittelpunkt stehen, allerdings wäre es zu kurz gegriffen, wenn nicht auch die wirtschaftlichen Geschehnisse und andere Aspekte, wie etwa der Boxen selbst, dargestellt werden. Nur so lässt sich ein Eindruck von dem Gesamtgeschehen vermitteln und davon, warum und wie es zu dieser Entwicklung gekommen ist, der Entwicklung eines in sich geschlossenen gigantischen Systems, das Einfluss auf viele andere Bereiche genommen hat sowie die angestrebte Effizienz und Produktivität nur erreicht, wenn es in seiner Gesamtheit funktioniert.

Hans Jürgen Witthöft November 2009

→ Konventioneller Stückgutumschlag, so wie er noch bis Anfang der siebziger Jahre die Hafenbilder prägte.

Foto: HHLA

Wie es begann

Den Anstoß zu diesem gewaltigen Umbruch im Seeverkehr mit allen seinen durchgreifenden Folgen für die Häfen und die Landverkehrsträger gaben Überlegungen, wie der Transport der in den fünfziger und sechziger Jahren rasch gewachsenen Gütermengen im internationalen Warenaustausch zu vereinfachen war, um ihn überhaupt noch angemessen bewältigen zu können, und mit welchen Mitteln er effizienter gestaltet werden konnte, um die Kosten »im Griff« zu behalten. In den Häfen türmten sich tausende von Kisten und Kasten sowie andere große und kleine, schwere und sperrige Güter mit unterschiedlichen Abmessungen und Gewichten. Ein Schiff zu be- und entladen dauerte Tage, häufig sehr viele. Um diese Arbeiten zu bewältigen, war der Einsatz vieler Menschen notwendig. Dabei wurde die menschliche Arbeitskraft immer teurer, vor allem in den westlichen Industriestaaten. Der Ladungsschwund durch unsachgemäße Behandlung nahm ebenso zu, wie die Diebstahlsquote. Es musste also etwas geschehen, irgendetwas, damit es nicht zum Kollaps kam. Aber was, wie und in welcher Form? Ganz wichtig war nur, dass es bald sein müsste!

Natürlich gab es eine Reihe von Vorschlägen, wie die Probleme angegangen werden könnten: mit dem Einsatz von Paletten etwa, mit vorgeschlungener Ladung (pre sling), mit zusätzlichen Beladungsmöglichkeiten der Schiffe durch Seitenpforten und ähnlichem. Vieles wurde versucht, durchgesetzt hat sich aber schließlich, nicht ohne die üblichen Geburtswehen natürlich, eine ganz simple, aber, wie sich sehr bald zeigen sollte, geniale Idee, wie es so häufig bei der Lösung ganz komplexer Schwierigkeiten ist. Alles, was sich da auf den Kais und in den Hafenschuppen staute, sollte möglichst schon vorher in große, stabile Kisten mit einheitlichen Maßen gepackt werden, und diese waren dann ebenfalls möglichst ohne sie zwischendurch auszupacken direkt vom Versender bis zum Empfänger zu bringen. Niemand konnte damals auch nur im Entferntesten ahnen, dass derartige Kisten einmal nicht nur den Seeverkehr und den Überseehandel »umkrempeln«, ja geradezu revolutionieren würden, sondern das gesamte internationale Transportwesen bis hin zur Lagerhaltung von Industrieunternehmen und Warenhäusern. Diese Kiste, eine schlichte Erscheinung von etwa sechs Metern Länge, 2,40 Metern Breite und 2,60 Metern Höhe, wie es sich einpendelte, hatte es im wahren Sinne des Wortes in sich. Sie war in der Anschaffung preisgünstig und ebenso billig zu befördern. Innerhalb kürzester Zeit wurde sie das Maß aller Dinge, zumindest, was das Transportwesen betraf.

Wie immer, hatte auch hier der sich bald einstellende Erfolg viele Väter, die für sich in Anspruch nahmen oder denen zugeschrieben wurde, ebenfalls genau an diesem Konzept bzw. an dessen Vorläufern gearbeitet zu haben. Das soll zwar keinesfalls in Abrede gestellt werden, aber das, was wir heute unter Containerverkehr verstehen, ist unzweifelhaft allein dem Durchsetzungsvermögen und der Beharrlichkeit des Amerikaners Malcom McLean zuzuschreiben.

Malcom McLean war das, was man sich gewöhnlich als typisch amerikanischen Selfmademan – »vom Tellerwäscher zum Millionär« – vorstellt. 1913 in Maxton/North Carolina als Sohn eines Farmerehepaares geboren, verdiente er sich nach dem Highschoolabschluss sein erstes Geld als Tankwart, kaufte davon 1934, mitten in der schweren Wirtschaftskrise, einen Lkw und gründete mit ihm als Startkapital eine Spedition. Unternehmerischer Mut, wie er kaum besser sein kann. Diese so entstandene McLean Trucking Company entwickelte sich in weniger als nur zwei Jahrzehnten zum zweitgrößten Unternehmen dieser Branche in den USA und disponierte 1955 bereits 1800 Lastwagen.

↑ Es war ja bereits viel in Kisten verpackt, jedoch waren alle unterschiedlich. Hier wird die Komplett-Ausrüstung für eine Stahlgießerei in der VR China aus der Schweiz kommend am Hamburger Holzmüller-Terminal auf einen chinesischen Frachter verladen.

↑ Die IDEAL X, der Urahn aller Containerschiffe

→ Die ersten Boxen kommen an Bord. Weitere werden für die Verladung vorbereitet (rechts auf der Pier). Das war damals durchaus ein medienträchtiges Ereignis.

Intensiv beschäftigte sich McLean neben dem Land- auch mit dem Seetransport, der ihm in vielen Fällen kostengünstiger erschien, als die Trucks tausende von Meilen über die Straßen zu schicken. Dabei sollten die über See zu befördernden Güter aber nach seiner Vorstellung nicht in herkömmlicher Weise als einzelne Packstücke verschifft werden, sondern wie beim Landtransport zusammengefasst im Lkw-Sattelauflieger, dem Trailer, bleiben, der an Bord unterzubringen war.

Da er trotz aller Bemühungen jedoch keine Reederei von seinen Vorstellungen überzeugen konnte, verkaufte er kurzerhand seine Spedition und legte sich von dem Geld selbst eine Reederei zu, die Waterman Steamship Co. mitsamt ihrer Tochter Pan Atlantic Steamship. Um seine Idee aber nun tatsächlich in der Praxis zu testen, ließ er einen alten T2-Tanker, einem der robusten Einheits-Veteranen aus dem Zweiten Weltkrieg, so umbauen, dass er in einer eigens dafür angefertigten Deckskonstruktion rund 60 Trailer stauen konnte. Sie kamen zu Anfang mit ihrem eigenen Fahrgestell an Bord, später ohne.

Am 26. April 1956 wurde so mit dem auf den Namen IDEAL X getauften Schiff die erste Abfahrt von Port Newark (New Jersey) nach Houston in Texas geboten. Diese Reise ist als »Jungfernfahrt« des Containerverkehrs in die Schifffahrtsgeschichte eingegangen. Kurios dabei war, dass die IDEAL X in ihren Tanks, denn sie war ja eigentlich ein Tanker, nach wie vor auch Öl transportierte. Warum sollte ohnehin vorhandener Laderaum nicht auch noch zusätzlich zum Geldverdienen genutzt werden? So etwas ist schlicht und einfach Pragmatismus. Die Hauptladungen der an Deck gestauten Behälter waren südgehend Textilien, zurück Tabak und Zigaretten.

Im Oktober 1957 setzte McLean einen weiteren Markstein, indem er mit dem ebenfalls entsprechend umgebauten Frachter »Gate City« einen ersten regulären Liniendienst für die Bedienung von neun Häfen entlang der US-Ostküste eröffnete. Und da er nun mit seinen Aktivitäten sowohl auf See als auch an Land tätig war, nannte er sein Unternehmen ab April 1960 Sea-Land Service. Er persönlich und mit ihm Sea-Land sind so zu den Pionieren des Containerverkehrs geworden.

Auf den Container selbst, wie er dann üblich wurde, also auf stapelbare Behälter, soll McLean Erzählungen nach beim Ziehen einer Packung Zigaretten aus einem Automaten gekommen sein. Wie im Automatenschacht die Zigaretten sollten nach seinen sich daraus entwickelnden Vorstellungen gleich große Stahlkisten im Schiff übereinander gestapelt werden. Auch dieses Prinzip war im Grunde genommen ganz einfach, aber man musste jedoch erst einmal darauf kommen.

1958 beschäftigte McLean bereits sechs Schiffe, deren Ladegeschirr und Zwischendecks entfernt worden waren. Unter Deck hatten sie dafür eine Zellenkonstruktion erhalten, die das sichere Übereinanderstapeln der Stahlboxen, ähnlich wie in Zigarettenautomaten, für den Seetransport ermöglichte. Der Umschlag der Behälter wurde nach dem »Trailer Pack System« durchgeführt. Das lag bei dem Unternehmen nahe, das über McLean ja seine Wurzeln im Straßenverkehrsgeschäft

hatte. Zudem war zu jener Zeit auch noch kein anderes Umschlagverfahren möglich, weil noch kein entsprechendes Gerät in den Häfen vorhanden war. Die Behälter wurden im Abgangshafen direkt vom Trailer aufgenommen und im Bestimmungshafen wieder auf einen solchen abgesetzt. Dieses System soll McLean zu dem Spruch veranlasst haben: »I don't have vessels, I have seagoing trucks.«

Als nächste amerikanische Reederei entschloss sich die Matson Company 1958, dieses offensichtlich Erfolg versprechende neue Transportsystem zu testen. Auch sie tat dies mit umgebauten Standardfrachtern aus dem Zweiten Weltkrieg im Verkehr zwischen San Francisco und Honolulu. Danach wagte es 1960 die Grace-Line mit zwei Schiffen im Verkehr zwischen Nord- und Südamerika – als erste Reederei übrigens, die damit den Behältertransport über die US-amerikanischen Grenzen hinaus etablieren wollte. Es blieb bei dem Versuch. Er scheiterte am Widerstand der Hafenarbeiter in La Guaira/Venezuela. Eine Erfahrung, die andere Reedereien in anderen Regionen der Welt später auch noch durchleben mussten.

Sea-Land expandierte indessen unerschrocken, überzeugt von der Richtigkeit des Konzepts. Sie ließ weitere T2-Tanker zu Containerschiffen umbauen und richtete einen ersten Dienst via Panamakanal zwischen der US-Ost- und Westküste ein. Eine Linie zwischen Kalifornien und Alaska folgte. Bald waren es ca. 25 Häfen in den USA, Puerto Rico, der Dominikanischen Republik und Panama, die sich auf die veränderten Anforderungen eingestellt hatten. Das war zunächst vor allem die Bereitstellung von Stellflächen für wartende Chassis vor und nach ihrem Seetransport.

Etwa Mitte der sechziger Jahre gab es in den Vereinigten Staaten bereits eine Flotte von 171 Schiffen, die für den Transport von Containern umgebaut oder für dessen spezielle Anforderungen konzipiert worden waren. Einen großen Schub für diese Entwicklung brachte der eskalierende Vietnamkrieg, in dessen Verlauf nicht nur zehntausende US-Soldaten versorgt werden mussten, sondern auch die Verbündeten und die südvietnamesischen Streitkräfte selbst. Da zu dieser Zeit die wenigen Häfen in Südvietnam damit total überfordert waren, einigermaßen leistungsfähig waren nur Saigon und Da Nang, entschloss sich die Militärführung, das immer wieder von McLean und Matson vorgetragene Containerkonzept zu nutzen. Das brachte dann letztlich auch die dringend erwarteten notwendigen Entlastungen und für das Konzept selbst eine zusätzliche Bestätigung mit nachfolgendem Wachstumsschub. Man muss nicht unbedingt daran glauben, wie manche Sprüche anmerken, dass der Krieg der Vater aller Dinge sei, aber in diesem Fall hat er, im nachhinein gesehen, einem bahnbrechenden neuen Transportkonzept geholfen, weltweit die Tore zu öffnen.

↓ MS FAIRLAND eröffnete 1958 den Containerdienst von New York nach San Juan/Puerto Rico.

→ Alles muss passen, damals wie heute

International gültige Normierung

Nachdem die immer wieder auch von Rückschlägen begleiteten Anfänge mit den an Bord zu verladenden Trailern überwunden waren, wurde es zwingend notwendig, einheitliche Maße festzulegen, damit die Boxen tatsächlich alle exakt in die auf den Schiffen installierten Stahlgerüste passten, und zwar auf allen so ausgerüsteten Schiffen, unabhängig von der jeweiligen Reederei. Und dadurch, dass die Amerikaner in Sachen Containerisierung zweifellos zu Recht die absolute Vorreiterrolle für sich in Anspruch nehmen konnten, lassen sich die Maße erklären, die 1964 von der Internationalen Organisation für Standardisierung (ISO) normiert wurden. So erklärt sich auch der Begriff ISO-Container, der immer wieder auftaucht. Die Länge der Container sollte fortan 20, 30 bzw. 40 Fuß (ft) betragen, die Breite und Höhe jeweils acht Fuß (ein Fuß/engl. feet/ft = 0,305 m). Während die Breite der Container stets gleich geblieben ist, entwickelten sich, was die Höhen betrifft, später unterschiedliche Maße. Zunächst gab es jedoch nur die 8-Fuß- und dann zusätzlich noch die 8,5-Fuß-Höhe, was maßgeblich auf die Beschränkungen zurückzuführen ist, die sich aus den Tunnel-Durchfahrtshöhen auf den Zufahrtsstraßen zum New Yorker Hafen ergaben. Später folgten dann noch, um das vorweg zu nehmen, »High Cube«-Ausführungen mit Höhen von 9 und 9,5 Fuß. Inzwischen haben sich im Seeverkehr die 20- und 40-ft-Container als Standardgrößen durchgesetzt, wobei seit langem ein deutlicher Trend hin zu den 40-Füßern zu registrieren ist. Nicht zuletzt deshalb, weil damit einerseits die Umschlagbewegungen in den Häfen reduziert werden und andererseits auch die Reedereien dabei Geld sparen bzw. diese Kostenersparnis an ihre Kunden weitergeben können.

Die Maße des 20-Fuß-Containers wurden schließlich die Basis für alle späteren Statistiken. Die Stellplatzkapazitäten auf den Schiffen oder die Umschlagzahlen in den Häfen, alles wurde mit TEU, das heißt Twenty Feet Equivalent, angegeben. Später kam FEU – Forty Feet Equivalent – in einigen Ausnahmefällen dazu.

Diese 1964 festgelegte Norm entsprach, um es noch einmal zu wiederholen, ganz den amerikanischen Forderungen, die sich aus der dortigen bisherigen Entwicklung ergeben hatten. Allein deshalb mussten sie auch so akzeptiert werden. Für europäische Bedürfnisse erwiesen sich die Maße allerdings als wenig vorteilhaft, denn das Grundflächenmaß war nicht auf die in Europa gebräuchliche Palettengröße abgestimmt. Es fehlten ca. zehn Zentimeter Innenbreite für eine Platz sparende Stauweise dieser so genannten Euro-Palette. Dadurch bleiben beim Palettentransport im Container etwa zwanzig Prozent des Container-Transportraumes ungenutzt. Daran hat sich bis heute nichts geändert, trotz wiederholter Bemühungen.

Wichtige Bauteile der Container sind die aus Stahlguss gefertigten Eckbeschläge (Corner Fittings), für die ebenfalls

INTERNATIONAL GÜLTIGE NORMIERUNG

international gültige Normen festgelegt worden sind. Auch dies war eine unerlässliche Voraussetzung für weltweit funktionierende Verkehre, denn es ist nicht vorstellbar, dass ein Container in Australien oder Shanghai beim Umschlag anders angefasst werden muss, als etwa in Hamburg oder Rotterdam. Die Eckbeschläge sind so ausgebildet, dass nicht nur die Drehzapfen der Heberahmen (Spreader) der großen Umschlagbrücken in allen Häfen, sondern auch alle dort eingesetzten sonstigen Hebezeuge gleichermaßen problemlos in die Corner Fittings eingreifen können. Durch Einrasten und Drehung der Zapfen wird die Verbindung verriegelt oder wieder gelöst. Überall in der Welt und bei allen in die Containerverkehre eingebundenen Transportträgern sowie der dabei eingesetzten Hebezeuge und sonstigen Gerätschaften sind das die gleichen Vorgänge. Alles passt, und wenn es nicht passen würde, hätte man Probleme. Sie würden Zeit und Geld kosten und damit krass im Widerspruch zu dem System stehen.

Um noch etwas bei den Normen zu bleiben, so gehört zu diesem Feld noch weitaus mehr als das vorher genannte. Nicht zuletzt sind hierbei noch die ebenso international einheitlich festgelegten Markierungen an den Containern zu nennen. Optisch und vor allem elektronisch muss jederzeit die Herkunft des jeweiligen Containers zu erkennen sein.

Gleichermaßen sind international gültige Regeln hinsichtlich der konstruktiven Sicherheit der Container festgelegt worden. Dafür bringt ein am Container angebrachtes Prüfschild den erforderlichen Nachweis. Um dieses zu erlangen, müssen die Boxen vor ihrer Zulassung eine Reihe von Tests durchlaufen. Höchstmögliche Sicherheit zu erreichen, soweit sie erreichbar sein kann, ist Teil der Ansprüche, die dieses System für sich stellt.

Der Sprung über den Atlantik

Im Jahr 1966 war es dann so weit, dass die Amerikaner den Sprung über den Atlantik in Angriff nahmen, um das alte Europa mit ihrem neuen Transportsystem zu beglücken. Aus ihrer Sicht, aus der Sicht der inzwischen von ihnen gesammelten Erfahrungen, war das nur folgerichtig, und auf der anderen Seite musste man eben zusehen, wie man mit diesen neuen Herausforderungen oder, anders ausgedrückt, wie man mit diesen Boxen fertig werden konnte. Die Skepsis war auf dieser Seite des Atlantiks groß, bis hin zur glatten Ablehnung. So wird beispielsweise der Vorstandschef der Hamburger Hafen- und Lagerhaus AG (HHLA) und vormalige Wirtschaftssenator der Hansestadt, Plate, mit den Worten zitiert: »Diese Kiste kommt mir nicht in meinen Hafen!« Aber die Amerikaner wollten ja helfen und entsprechende Anschubunterstützung leisten – im eigenen Interesse natürlich.

Die United States Lines (USL) waren es schließlich, die im April 1966 einen ersten Containerliniendienst über den Nordatlantik einrichteten. Dafür hatte sie vier ihrer Frachtschiffe mit jeweils 13 300 tdw Tragfähigkeit zu Semi-Containerschiffen mit Platz für jeweils 140 Container umbauen lassen. Das erste Schiff, das im Rahmen dieses Liniendienstes den Atlantik überquerte, war die AMERICAN RACER. Mit den vier Schiffen bot die Reederei wöchentliche Abfahrten. Der erste transatlantische Liniendienst mit Vollcontainerschiffen wurde dann einen Monat später von Malcom McLeans Sea-Land-Reederei eröffnet. Mit dem MS FAIRLAND als erstem von vier Schiffen wurde am 23. April 1966 ab Port Elizabeth/New York eine Verbindung mit den europäischen Häfen Rotterdam, Ankunft 2. Mai, Bremen, Ankunft 5. Mai, und Grangemouth eingerichtet. Insgesamt 255 Behälter hatte die FAIRLAND an Bord. Die Revolution begann. Es wurde eine echte Weltrevolution, zumindest, was die internationalen Verkehre und damit den weltweiten, immer enger verzahnten Warenaustausch betrifft.

In dem neuen transatlantischen Liniendienst löschten und luden die FAIRLAND und ihre drei Schwesterschiffe die Container jeweils noch mit zwei bordeigenen Gantry-Kränen. Dadurch waren sie von den Einrichtungen in den Häfen, die ja auch noch nichts an containergerechtem Umschlaggerät zu bieten hatten, unabhängig. Allerdings mussten die Häfen außer entsprechenden Flächen unbedingt Chassis für Aufnahme der Behälter vorhalten. Da auch solche passenden nicht vorhanden waren, ließ Sea-Land sie aus den USA kommen. Nach einiger Zeit stellte das Unternehmen darüber hinaus in den von ihr bedienten europäischen Häfen Containerbrücken nach US-Entwurf auf, um den Umschlag zu beschleunigen, was ja eines der Ziele des Systems war. Diese Brücken waren nicht nur lange Zeit im Einsatz, sondern blieben häufig auch im Besitz von Sea-Land – in Rotterdam beispielsweise noch bis 1995.

In den USA selbst hatte man in den ersten Jahren der Containerisierung mit einer Reihe von Hemmnissen fertig werden müssen. Vor allem musste der vehemente Widerstand der starken Hafenarbeitergewerkschaften überwunden werden. Sie befürchteten den Verlust von Arbeitsplätzen und damit eine Einschränkung ihrer Macht. Während es an der US-Westküste recht bald gelang, ein für beide Seiten erträgliches Abkommen zu erreichen, gestaltete sich die Lage an der US-Ostküste erheblich schwieriger. Ein mehrwöchiger Streik 1968/69 war der Höhepunkt der Auseinandersetzungen. Sie endeten aber schließlich mit einer Vereinbarung, die die Wirtschaftlichkeit des Containers zunächst zwar beeinträchtigte, seine weitere Entwicklung aber keineswegs verhindern konnte.

Trotz aller Behinderungen hielten die Boxen in atemberaubendem Tempo Einzug auf dem Nordatlantik, der

↑ Das MS FAIRLAND, hier bei der Ankunft in Bremen, lief im Mai 1966 als erstes Vollcontainerschiff nordeuropäische Häfen an.

↑ Am Abend des 31. Mai 1968 traf das MS AMERICAN LANCER als erstes Vollcontainerschiff in Hamburg ein und eröffnete damit einen regelmäßigen Liniendienst mit der US-Ostküste und der Hansestadt.

← In der ersten Zeit gestaltete sich der Containerumschlag in den nordeuropäischen Häfen nicht immer ganz einfach.

damaligen Hochstraße des Weltseeverkehrs. Weitere amerikanische Reedereien folgten den Vorreitern Sea-Land und USL. Fast hatte es den Anschein, als wäre der Container von den Amerikanern als Mittel erfunden worden, um die europäische Konkurrenz aus dem Markt zu drängen. Sollten sie tatsächlich derartige Gedanken gehegt haben, so hatten sie sich jedoch verrechnet. Die europäischen Reeder zogen rasch nach, denn auch für sie war der Container an sich nichts unbedingt Neues. Sie hatten die Vorgänge in Amerika nämlich von Anfang an aufmerksam verfolgt. Die nun über Europa hereinbrechende Entwicklung erschien ihnen allerdings zu überstürzt und zu unkontrolliert.

In den Geschäftsberichten des Norddeutschen Lloyd (NDL) beispielsweise taucht der Begriff Container zum ersten Mal 1965 auf, also rund zehn Jahre nachdem seine Vorläufer in den USA das »Licht der Verkehrswelt« erblickt hatten. Begeistert stand man ihm nicht gegenüber, da dieses Verkehrssystem im rein privatwirtschaftlichen Bereich, also ohne Militärgüter u.Ä., als noch nicht rentabel, noch nicht ausgereift genug erschien. Es hieß, » ... es wäre zur Vermeidung großer Verluste zu begrüßen, wenn eine evolutionäre Entwicklung Platz greifen würde und keine revolutionäre Entwicklung, wie dies im Augenblick der Fall zu sein scheint«. Den Bau von Containerschiffen lehnte die Reederei zunächst noch ab. Immerhin war aber bereits 1952 gemeinsam mit der Hamburg-Amerika Linie und anderen Partnern die »CONTRANS Gesellschaft für Übersee-Behälterverkehr m.b.H.« gegründet worden, und mit dieser Gesellschaft hatten die beiden großen deutschen Linienreedereien durchaus schon wertvolle Erfahrungen sammeln können, sodass sie also keineswegs gänzlich unvorbereitet, aber dennoch mehr oder weniger gezwungen an die Sache herangehen mussten.

Trotz der hanseatisch zurückhaltenden Formulierungen des Norddeutschen Lloyd hatte man also auch in Europa

→ Das Küstenmotorschiff BELL VALIANT (499 BRT) gehörte zu den ersten deutschen Vollcontainerschiffen.

schon lange den Container im Visier gehabt, wie das Beispiel CONTRANS zeigt. Und nicht nur das, es ist sicher nicht übertrieben zu behaupten, dass etwa Mitte der sechziger Jahre die Fachwelt und alles andere, was sich dafür hielt, einem wahren »Container-Fieber« erlegen war. Selbst von einer »Container-Hysterie« zu sprechen, war nicht unbedingt verkehrt. Alle infrage kommenden Kreise waren davon erfasst, nicht nur in Deutschland, sondern im gesamten damaligen EWG-Raum und darüber hinaus. Darüber sollten die nüchternen Worte im NDL-Geschäftsbericht nicht hinwegtäuschen. Verfolgt man die Legion der in dieser Zeit verfassten Artikel und Memoranden, dann zeigt es sich, dass die Meinungen geteilt waren, was ja nicht überraschen kann. Hier stand ein begeistertes »Ja«, auf der anderen Seite gab es ein kompromissloses »Nein« und dazwischen jede Menge anderes mit dem berühmten »sowohl als auch«. Man wollte ja schließlich nichts verkehrt machen.

Die vielstimmige Diskussion um den Wert oder Unsinn des Containers gipfelte darin, dass dieser Kiste von so mancher Seite geradezu magische Kräfte zugeschrieben wurden. Sie sei das Allheilmittel für viele antiquierte Transportmittel, meinten die Enthusiasten. Dabei übersahen sie oft leichtfertig, mit welchen immensen Kosten die Einrichtung eines funktionsfähigen Containersystems allein für die Reedereien verbunden war, und viel zu häufig wurde allzu schnell von einer »selbstverständlichen« Verbilligung der Transporte ausgegangen.

Wegen dieser außerordentlich hohen Investitionskosten, die unumgänglich aufzubringen waren, zögerten verständlicherweise viele Reedereien zunächst noch, die notwendigen Schritte zu unternehmen, und dabei kam doch gerade ihnen die Schlüsselrolle in dieser Angelegenheit zu. Sie waren gezwungen zu handeln, wenn sie nicht unaufholbar zurückfallen wollten, zumal die Verladerschaft zunehmendes Interesse an den Boxen zeigte. Beim Verband Deutscher Reeder hieß es im März 1967 dazu in einem Informationsbrief: »Die Reeder müssen Folgendes berücksichtigen: Die ›Anderen‹, d.h. im Moment die Amerikaner, haben mit den ihnen eigenen Methoden diesen Verkehr den europäischen Verladern näher gebracht, und für Europas Reeder gilt es, verlorenen Boden zunächst einmal zurückzugewinnen. Der Vorsprung der Amerikaner ist beachtlich, und es ist bekanntlich teuer und bedarf größter Anstrengungen, einen Vorsprung aufzuholen und den Konkurrenten zu überflügeln. Die europäischen Reeder sind ihren amerikanischen Konkurrenten gegenüber im Nachteil. Insbesondere die deutschen Reeder können aufgrund des enormen Geldaufwandes für den Containerverkehr noch nicht mit ausländischen Reedern Schritt halten ... !

Entwicklungsländer mit ihren teilweise unzureichenden inneren Verkehrsverbindungen bleiben einstweilen vom Containerverkehr ausgeschlossen. Vielmehr wird das Versuchsfeld des Nordatlantiks, dem wichtigsten Weg zwischen den industrialisierten Blöcken Nordamerikas und Westeuropas, benutzt werden müssen, um diese neue Rationalisierungsmaßnahme auszuprobieren.

Die deutschen Reeder sind aus wirtschaftlichen Erwägungen dem Beispiel der Amerikaner nicht gefolgt. Zwar unterhalten zwei deutsche Reedereien (Anm.: Hapag und Lloyd) einen kombinierten Stückgut/Containerverkehr, jedoch sind die Schiffe hierfür nicht speziell ausgerüstet, vielmehr werden die Großcontainer in den normalen Laderäumen oder an Deck der Schiffe untergebracht. Das letzte Wort ist aber sicherlich noch nicht gesprochen, und es ist zu erwarten, dass hier noch einige Überraschungen bevorstehen.« Darauf musste dann auch nicht mehr lange gewartet werden.

Es ist in diesem Zusammenhang noch der Erinnerung wert, dass im Jahr 1967, als der Reederverband das doch eher zögerliche Statement abgab, die US-Reederei Matson Navigation bereits den ersten Containerverkehr über den Pazifik aufzog. Und schon vorher, 1966/67, hatten sich in Großbritannien mit der Overseas Container Line (OCL) und der Associated Container Transportation (ACT) zwei Gemeinschaftsunternehmen als Reaktion auf die neue maritime Herausforderung gebildet. Auch in Deutschland konnte es in Anbetracht dieser Vorgänge nicht länger nur bei der höchstens verbalen Zustimmung bleiben, denn es wurde immer klarer, dass endlich auch hier gehandelt werden müsse, bevor der Zug endgültig abgefahren war. Ein Zug, von dem zwar niemand zu sagen wusste, wo er tatsächlich ankam, der aber dennoch mit immer höherer Geschwindigkeit fuhr.

Noch 1967 gaben deshalb die Hamburg-Amerika Linie und der Norddeutsche Lloyd erstmals Vollcontainerschiffe für den Überseeverkehr in Auftrag, je zwei bei Blohm + Voss und beim Bremer Vulkan. Da vier Schiffe für einen Liniendienst über den Atlantik mit wöchentlichen Abfahrten unbedingt erforderlich waren und die beiden Reedereien einen solchen Dienst jeweils nicht für sich allein aufbauen wollten, es wegen der finanziellen Belastungen wohl auch nicht konnten, schlossen sie ihre Nordatlantik-Dienste zu den

»Hapag-Lloyd Containerlinien« unter einer gemeinsamen Geschäftsführung zusammen. Es war die Vorstufe der späteren Fusion zur Hapag-Lloyd AG. Sie kam letzten Endes vor allem dadurch zustande, weil, wie erwähnt, ein Unternehmen allein die enormen für die weitere Containerisierung benötigten Finanzmittel nicht aufbringen konnte.

Die Küstenschifffahrt hatte allerdings schon deutlich vorher flexibel reagiert. So gilt die 1966 von der Sietas-Werft in Hamburg gebaute BELL VANGUARD (499 BRT) als das erste deutsche Containerschiff überhaupt. Es hatte eine Stellplatzkapazität von 67 TEU.

Der Bericht des Verbandes Deutscher Reeder für das Schifffahrtsjahr 1968 hielt dann auch fest: »Auch im deutschen Schifffahrtsgeschäft hat der Containerverkehr jetzt seinen festen Platz gefunden. Die speziell für diese Verkehrsart gegründeten Hapag-Lloyd-Containerlinien haben als erste europäische Reederei große Vollcontainerschiffs-Neubauten im Nordatlantikverkehr in Fahrt gebracht. Daneben wurden von deutschen Reedereien erstmalig auch mittlere Einheiten (250 Container zu 20 ft) in Dienst gestellt, während die Zahl der in der Kleinfahrt tätigen Einheiten, die ausschließlich für den Containertransport gebaut wurden oder in langfristiger Zeitcharter Container befördern, auf 43 Schiffe erhöht werden konnte.«

Das klingt doch schon ganz stolz, und wenn man sich die nur ein Jahr zuvor abgegebene, oben in Auszügen zitierte Stellungnahme in Erinnerung ruft, dann wird nicht zuletzt damit die Schnelligkeit der Entwicklung nicht nur auf dem Wasser, sondern auch im Denkprozess der Beteiligten deutlich. Die Vorteile der Containerschifffahrt waren ja auch nicht zu übersehen. Zum Be- und Entladen von 10 000 Tonnen Stückgut benötigte ein konventioneller Frachter damals acht bis zehn Tage. Containerschiffe schafften diese Menge in zwei bis vier Tagen und konnten deshalb erheblich mehr Rundreisen machen. Schiffe und Hafenanlagen wurden besser ausgenutzt und damit die Transportkosten gesenkt. Die Transit- und Lagerzeiten verkürzten sich, der schnellere und sicherere Umschlag senkte die Verluste durch Beschädigung und Diebstahl, reduzierte den Aufwand an Verpackung, Dokumentation und Versicherung sowie nicht zuletzt die Lohnkosten, weil für die anfallenden Arbeiten weniger Personal eingesetzt werden musste.

← 25 Tonnen hob diese Containerverladebrücke im Bremer Hafen. In Abständen von 2 bis 3 Minuten konnte je ein Container damit geladen oder gelöscht werden.

Rasche Expansion weltweit

Seit Ende der sechziger Jahre ging es in der Containerlinienfahrt rasend schnell voran. Das gilt vor allem für die rasche Einbeziehung immer weiterer Fahrtgebiete, sodass innerhalb eines relativ kurzen Zeitraums ein immer enger werdendes Netzwerk von Containerdiensten entstand. Sie wurden in ebenso rasch zunehmendem Maße zu unverzichtbaren Verbindungslinien für die Volkswirtschaften auf allen Kontinenten.

Dazu einige wenige Eckdaten aus jener Zeit: Wie schon erwähnt richtete die amerikanische Matson Navigation 1967 den ersten Transpazifik-Containerdienst ein und 1968 wurde mit der Orient Overseas Container Line (OOCL) in Hongkong die erste asiatische Reederei gegründet, die einen regelmäßigen Containerdienst über den Pazifik bot. 1969 folgte auf Taiwan die Gründung der Evergreen Marine Corp., die sich in den folgenden Jahren in einer geradezu atemberaubenden Entwicklung mit an die Spitze der weltweit operierenden Container-Reedereien setzte. Im selben Jahr fiel der Startschuss für die Aufnahme des Europa-Australien-Containerverkehrs und 1971 schlossen sich europäische und asiatische Reedereien zu einem Trio-Dienst zusammen, um einen möglichst dichten Liniendienst zwischen Europa und Fernost mit den damals weltgrößten Containerschiffen der nun schon so genannten 3. Generation bieten zu können.

Nach einer Aufstellung des »Fairplay Shipping Journal« waren am 31. Juli 1969 bereits insgesamt 208 Containerschiffe weltweit im Bau oder Auftrag. In dieser Zahl, die sich gegenüber dem Vorjahr (102) gut verdoppelt hatte, waren allerdings nicht nur die Vollcontainerschiffe enthalten, sondern auch Semi-Containerschiffe sowie Trailer- und Kühlcontainerschiffe (part refrigerated).

Obwohl dieser Bauboom einerseits weltweit eine allgemeine, fast euphorisch zu nennende Zustimmung zu signalisieren schien, mehrten sich andererseits auch die kritischen Stimmen. Manche sprachen immer noch mit Blick auf die Containerflut von einer reinen »Geldverschwendung«, andere mahnten zur Besonnenheit und wollten nichts überstürzen. Und wurde über den idealen Containerverkehr der Zukunft diskutiert, dann kam immer wieder auch die Warnung vor Überkapazitäten ins Spiel – ein von den Reedereien bei vielen Gelegenheiten immer mal wieder gern genutztes Horrorszenario, an dem sie eigentlich in ihrer Gesamtheit immer selbst schuld waren.

Die düsteren Prognosen drehten sich um harte Ratenkämpfe auf dem Nordatlantik, und der britische National Ports Council prognostizierte beispielsweise für das Jahr 1980 sogar mehr Container als Ladung in diesem Fahrtgebiet. Vor allem skandinavische Reeder waren weiterhin mehr als skeptisch und bezeichneten die Investitionen in die Containerverkehre als »the key of waste money«. Trotz allem war sich aber die Mehrzahl der Kritiker darüber einig, dass die klassische Linienschifffahrt ausgedient habe und der Containerverkehr die Zukunft bedeute. Und nicht nur das, er müsse es sein, denn angesichts der inzwischen investierten Milliardensummen war der »point of no return« längst überschritten.

Für alle einigermaßen potenten Linienreedereien in den Industrieländern gab es sogar längst in bestimmten Fahrtgebieten für den Container keine Alternative mehr – trotz der Risiken, die für die Reedereien damit verbunden waren und trotz der »roten Zahlen«, in denen sich die Ergebnisse fast aller Reedereien bewegten, die in Containerschiffe und das dazugehörige Equipment investiert hatten. Natürlich gab es darüber hinaus auch noch jede Menge andere Probleme zu lösen, die sich daraus ergaben, dass der Containerverkehr einfach noch zu jung und zu schnell gewachsen war. Feste, verlässliche Strukturen hatten sich in dieser kurzen Zeit noch gar nicht herausbilden können. Damals tauchte u.a. sogar der Gedanke auf, für die Containerschifffahrt eine Art Superkonferenz zu gründen, ähnlich der IATA in der Luftfahrt. Sie hätte im Falle einer Realisierung, um effizient arbeiten zu können, aber über den eigentlichen Schifffahrtsbereich hinausgehend auch die Anschlussverkehre an Land einschließen müssen und sich mit organisatorischen Fragen wie Haftung, Vereinheitlichung der Transportdokumente, Durchfrachtkonossemente und anderem mehr befassen müssen. Trotz durchaus ernst zu nehmender eingehender Diskussionen ist eine solche Organisation jedoch nicht zustande gekommen, ebenso wenig wie ein anderer, immer mal wieder vorgetragener Vorschlag, alle in der Welt vorhandenen Container zu einem Pool zusammenzufassen und sie, neutral grau angestrichen, für alle Reedereien verfügbar zu halten. So sollten in höchstmöglichem Maße Transporte von Leercontainern vermieden werden, die in unpaarigen Verkehren die Reedereien mit nicht unerheblichen Kosten belasteten. Unpaarige Verkehre sind solche, bei denen es in der einen Richtung mehr Ladung gibt als in der entgegengesetzten.

← Auch die Containerschiffe der ersten Stunde, umgebaute Frachter wie die AMERICAN ACCORD der United States Lines, hielten sich noch einige Jahre in den Verkehren.

Anfang der siebziger Jahre war die Containerisierung zumindest in den Planungen bereits über den Nordatlantik und den Transpazifikverkehr hinausgewachsen und hatte weitere Fahrtgebiete erfasst. Vorausgegangen waren von den interessierten Reedereien stets umfangreiche Untersuchungen darüber, welches Fahrtgebiet als nächstes in welcher Form und wieweit containerisiert werden konnte. Ein solches Vorgehen war nicht nur selbstverständlich, sondern ganz besonders in Anbetracht der überaus kapitalintensiven Einrichtung neuer Containerverkehre sogar zwingend erforderlich.

Aber trotz aller Risiken und Unwegsamkeiten sowie noch immer in vielfältiger Art vorhandener Bedenken ging es jetzt schon praktisch unaufhaltsam weiter. Das Konzept hatte eine Eigendynamik entwickelt, die sich aus sich selbst heraus nährte und daraus immer mehr Kraft bezog. Es gab eben keine Alternative, und dieser Erkenntnis, für viele vielleicht bitter, hatten sich alle zu beugen. Zu entscheiden war ausschließlich nur zwischen Mitmachen oder Aufgeben.

Auch die Staaten und ihre Verwaltungsapparate waren in vielen Bereichen vom Containerverkehr erfasst und gefordert. Naturgemäß vollzog sich aber dort die Einstellung auf das neue Verkehrssystem wesentlich langsamer als in der so genannten freien Wirtschaft. Dennoch geschah auch dort etwas. Als Beispiel dafür kann die erste Weltkonferenz über den Containerverkehr gelten, die im November/Dezember 1972 zustande kam. Sie wurde von den Vereinten Nationen und ihrer zwischenstaatlich beratenden Schifffahrtsorganisation IMCO/später IMO (International Maritime Organization) in Genf durchgeführt. Dabei ist bemerkenswert, dass es gelang, innerhalb von nur drei Wochen zu zwei internationalen Übereinkommen und mehreren Resolutionen zu

↓ Die AUSTRALIAN ENTERPRISE konnte außer 1005 TEU auch noch rollende Ladung (Ro/Ro) transportieren.

Foto: Australian National Line

gelangen, die eine wichtige Grundlage für die weitere Entwicklung bildeten. Es handelte sich dabei um, und das zeigt die ganze Komplexität des weltweit »wuchernden« Systems auf:

- das Internationale Abkommen über sichere Container (CSC),
- das Zollübereinkommen über Behälter sowie um Resolutionen u.a. über
- den Transit von Containern, die für Binnenländer (ohne direkten Zugang zum Meer) bestimmt sind,
- die Erleichterung von Gesundheitskontrollen,
- die Containernormen für den internationalen kombinierten Verkehr,
- die Kodifizierung von Containern und
- den internationalen kombinierten Verkehr (Fragen der Containerpolitik, der Haftung und der Dokumente).

Und es ging weiter, es konnte nur weiter gehen, denn die Umwälzungen, um nicht wieder den Begriff Revolution zu strapazieren, waren unumkehrbar – weltweit.

Nach dem Fahrtgebiet Nordwesteuropa–Nordamerika 1966/68 folgte der Containerverkehr zwischen Europa und Australien/Neuseeland Ende der sechziger/Anfang der siebziger Jahre sowie wenig später der zwischen Nordamerika und dem fünften Kontinent. In diesen Fahrtgebieten mussten sich die Reedereien auf besonders große Mengen von Kühl- und Gefrierladungen einstellen, was ohne den Einsatz speziell entwickelter Kühlcontainer nicht zu bewerkstelligen war. Ende 1971/Anfang 1972 begannen dann die Liniendienste zwischen Europa und Fernost mit zu dieser Zeit ganz großen Schiffen und einer wöchentlichen Abfahrtsequenz, die zu bieten eine Reederei allein, auch international gesehen, nicht in der Lage gewesen wäre. Deshalb hatten sich Reedereien aus drei Ländern zu einem TRIO-Dienst zusammengeschlossen, um der Verladerschaft in diesem Fahrtgebiet mit besonders hohem Ladungsaufkommen adäquate Möglichkeiten für den Güteraustausch bieten zu können. Der Transpazifikverkehr als das damals wohl ladungsträchtigste Fahrtgebiet mit den allerdings auch weitesten Distanzen zwischen den Häfen ist bereits erwähnt worden.

Das Mittelmeer, die Karibik, Mittelamerika, Südamerika an beiden Küsten, Südafrika und später ganz Afrika, Mittelost und das Schwarze Meer wurden nach und nach für Containerdienste erschlossen. Und sogar die zu der Zeit noch mehr oder weniger abgeschottete Sowjetunion mitsamt ihrer Satelliten konnte sich dieser verkehrstechnischen »kapitalistischen Machtübernahme« nicht ganz entziehen. Schwer genug war es ja für sie, aber selbst die ansonsten auch in Wirtschaftsfragen so ignoranten Machthaber waren nicht in der Lage, sie aufzuhalten. Marx und Lenin hatten wohl trotz aller ihnen zugeschriebenen Weitsicht seinerzeit nicht daran gedacht, wenigstens in Ansätzen ein entsprechendes sozialistisches Modell zu skizzieren, auf das man sich hätte berufen können.

↑ Mitte der siebziger Jahre war auch in Hamburg noch alles ganz übersichtlich, was den Containerverkehr betraf. Dabei hatte die OSAKA BAY bereits Platz für rund 2300 Container an Bord.

↑ Container im Hafen von Durban

Foto: Hamburg Süd

Alles passt in Container

Eine der wichtigsten Voraussetzungen für den, lassen wir es doch einfach so, Siegeszug des Containers überall in der Welt war, dass alles daran gesetzt wurde, möglichst viele Güter »containerisierbar« zu machen. Vielfach waren dabei langfristig angelegte wissenschaftliche Hilfen gefragt, besonders bei der Entwicklung bestimmter Spezialcontainer, auf die später noch genauer eingegangen wird.

Doch zunächst ist grundsätzlich festzuhalten, dass an das weltweit von unterschiedlichen Verkehrsträgern verwendete Transportgefäß Container hohe und vielfältige Anforderungen gestellt werden, die bei der Konstruktion und beim Bau der Boxen zu berücksichtigen sind. Darüber denken Außenstehende normalerweise gar nicht nach, was allerdings auch nicht weiter verwunderlich ist, denn was soll auch schon Besonderes dran sein an einem derart viereckigen »Kasten«? Um es aber gleich auf den Punkt zu bringen: So simpel, wie die Kisten erscheinen, sind sie überhaupt nicht. Sie bergen jede Menge unerlässliche konstruktive Details in sich und, je nach Typ, auch hochwertige Technik.

Fakt ist, dass diese »Kästen« zunächst einmal bei einem intermodalen Transport auf Schiff, Schiene oder Straße den dabei entstehenden Flieh- und Stoßkräften, die teilweise extrem sein können, standhalten müssen. Das gilt auch für ihre Stapelfähigkeit. Heute werden Container bis zu zehn Lagen übereinander gestaut. Dabei beträgt das Durchschnittsgewicht eines 20-ft-Containers etwa 14 Tonnen, das eines 40-ft-Containers etwa 25 Tonnen.

Darüber hinaus müssen die in den Containern gestauten Güter selbst gegen Verschiebungen, mechanische Beschädigungen und gegen klimatische Einflüsse geschützt sowie auf dem Transportweg, während der Zwischenlagerung und beim Umschlag bestmöglich gegen Diebstahl gesichert sein. Zugleich darf das statischen und dynamischen Einflüssen ausgesetzte zu transportierende Gut nicht die Sicherheit des Transportträgers gefährden. Deshalb müssen die Container bei einem möglichst geringen Eigengewicht sehr robust und konstant stabil sein. Weiter werden einfache Wartung und Pflege, leichte Reparaturfähigkeit sowie eine möglichst lange Nutzungsdauer gefordert – und das alles natürlich zu günstigsten Preisen.

Die Container bestehen in der Regel aus einem Boden- und einem Dachrahmen, die beide durch Eckpfosten miteinander verbunden sind. Boden, Wände, Türen und Dach werden, soweit vorgesehen, in das Rahmenwerk eingelegt bzw. eingehängt und mit diesem – je nach Werkstoff und Bauweise – verschweißt, verschraubt, vernietet, verbolzt oder verklebt. Für die tragenden Konstruktionsteile der Container, für den Rahmen, werden fast durchweg Stahlprofile verwendet, die an den Verbindungsstellen miteinander verschweißt sind.

In die vier oberen und unteren Ecken der Container sind die bereits erwähnten hochfesten, üblicherweise aus Stahlguss gefertigten Eckbeschläge (Corner Fittings) integriert. Über die unteren Eckbeschläge kann der Container mittels Drehzapfen (Twist Locks) mit seinem Transportfahrzeug oder auf einem Schiff mit dem darunter platzierten Container sicher verbunden werden. Die oberen Eckbeschläge dienen in erster Linie als Anschlagpunkte der für den Umschlag eingesetzten Heberahmen (Spreader). Darüber hinaus erfolgt hierüber die Verbindung mit dem auf dem Schiff darüber gestapelten Container, ebenfalls mit Twist Locks. Das alles ist weltweit genormt, und das war eine der ganz wesentlichen Voraussetzungen für den Siegeszug der Boxen über alle Kontinente hinweg. Ein Basis-Netzwerk, das schon für sich allein ganz sicher die Bezeichnung »gigantisch« verdient.

Wichtiges Teilstück eines Containers ist neben vielen anderen deren Bodenplatte. Sie ist naturgemäß immer sehr stabil ausgebildet, damit sie sich unter dem Gewicht der Ladung nicht durchbiegt, weil dadurch ein sicheres Stapeln der Ladungsstücke kaum möglich wäre, und damit auch Gabelstapler direkt im Container arbeiten können.

← Gabelstaplereinsatz bei der Beladung eines Containers mit Tonnen.

→ Die Boxen müssen sicher gelascht sein.

Verwendet werden für die Bodenplatten in der Regel Hölzer, häufig tropisches Hartholz, das inzwischen allerdings durch Raubbau rar geworden ist, oder eine Kombination aus Stahl- und Holzplatten. Inzwischen hat, mit Blick auf die Verwendung dieser tropischen Harthölzer und dem wachsenden Umweltbewusstsein, ein Umdenken auch bei der Ausbildung dieser Container-Bodenplatten eingesetzt. Manche mögen das als marginal empfinden, aber helfen kann das durchaus ganz im Sinne des Martin Luther zugeschriebenen Spruches »Besser ein kleines Licht anzünden, als immer über die große Dunkelheit zu klagen«. So hat die Reederei Hamburg Süd beispielsweise Anfang 2006 erstmals eine Serie von Containern mit einem umweltfreundlichen »Hybrid-Fußboden« ausstatten lassen. Das Besondere an diesen neuartigen Hybrid-Fußböden ist, wie die Reederei erklärt, dass sie zu 100 Prozent aus schnell wachsendem Birken- und Lärchenholz bestehen und keine Tropenholzanteile verwendet wurden. Vorausgegangen waren selbstverständlich entsprechende Tests zur Prüfung der Verwendbarkeit, um diesen Aus- bzw. Umstieg auch wirtschaftlich verantworten zu können.

Es lohnt sich, noch etwas tiefer in diese ebenso interessanten wie anerkennenswerten Überlegungen zum Schutze der Umwelt einzusteigen.

Die Hamburg Süd hatte bereits seit Jahren möglichst umweltfreundliche Container mit dem Ziel getestet, bei der Herstellung der Container so wichtigen Fußböden die Verwendung von tropischen Harthölzern zu reduzieren oder, wenn möglich, sogar ganz darauf zu verzichten.

Erste Erfolge konnten bereits 1999 mit der Einführung von Bodenplatten aus Bambus und 2003 mit solchen aus Eukalyptusholz erzielt werden. Bis dahin waren vor allem Tropenhölzer wie Apitong und Keruing verwendet worden. Ihre begrenzten Ressourcen und deren immer dringlicher gewordenen Schutz hatte jedoch die Suche nach Alternativen eingeleitet. Dem hat sich die Reederei, die sich seit langem auch in vielen anderen Bereichen um umweltgerechte Verfahren bemüht, gestellt und entsprechende Schritte unternommen.

Zur Erklärung: Ein Apitong-Baum kann erst nach etlichen Jahrzehnten Wachstum gefällt und genutzt werden. Die nachfolgenden Generationen eines jeden Baumes benötigen dann ebenso wieder den entsprechenden Zeitraum zum Heranwachsen. Faktum ist, dass jedoch diejenigen, die den Raubbau durch rücksichtslose Abholzung häufig unter Duldung staatlicher Organe betreiben, dieses überhaupt nicht interessiert.

Bambus hingegen ist bereits nach drei Jahren zur Verarbeitung geeignet. Bambus, Eukalyptus, Birke und Lärche sind Hölzer, die eigens zur raschen Nutzung angepflanzt werden und dadurch in ausreichendem Maße zur Verfügung stehen. Allerdings sind sie nicht ganz so strapazierfähig wie tropisches Hartholz. Bei den neuen umweltfreundlichen »Hybrid-Fußböden« wird unter anderem deshalb die Bodenoberfläche mit einer speziellen Kunststofffolie überzogen. Dieser so genannte Phenolic-Film versiegelt die poröse Holzoberfläche und macht ein nachträgliches Lackieren überflüssig. Insgesamt ist dies zwar nur ein Detail, aber eines, das durchaus Schule machen könnte oder sogar sollte.

Gebaut werden die Container im Fließbandverfahren. Der bei weitem größte Teil wird mittlerweile in China hergestellt, für Hochlohnländer in Europa und Nordamerika ist lediglich die Produktion weniger Spezialcontainertypen verblieben. Der Weltmarktführer, China International Marine Containers (CIMC), erreichte beispielsweise Ende 2008 mit seinen 22 Produktionsstätten an elf chinesischen Standorten eine Jahreskapazität von 2,5 Mio. TEU, was gut die Hälfte der Weltproduktion ausmachte. Beteiligungen an Unternehmen im Ausland kamen dazu. Dabei muss man sich vor Augen halten, dass CIMC allein in seinem neuen Werk am Stadtrand von Shanghai bis zu 600 TEU täglich fertigen kann. Auch dieses ist ein spezieller Gigantismus für sich. Allerdings wurden in dieser quasi Monopolstellung vor dem Hintergrund der 2008 ausgebrochenen Krise auch dessen Schwächen deutlich. Es sind im Zuge der Containereuphorie Überkapazitäten geschaffen worden, die in der Zeit der 2008 schlagartig einsetzenden Krise nicht mehr auszulasten waren. Seit Herbst 2008 werden praktisch keine Standardcontainer mehr gebaut.

Der Bau sämtlicher Container wird aus Sicherheitsgründen von Klassifikationsgesellschaften überwacht, die die Einhaltung der entsprechenden Vorschriften mit Zertifikaten sowie mit einem außen am Container anzubringenden Schild bestätigen. Vorgeschaltet sind immer umfangreiche

Testreihen mindestens für den ersten Container einer jeweiligen Serie. Grundsätzlich haben die Reedereien zwar einerseits ein verständliches Interesse daran, leichtere Container mit mehr Volumen zu entwickeln, andererseits aber müssen die Boxen trotzdem stabil bleiben, damit die höchstmögliche Sicherheit gewährleistet bleibt sowie die Wartungs- und Reparaturkosten nicht steigen.

Dazu die Anmerkung, dass die Anschaffungskosten für Container allgemein, also nicht nur die unterschiedlichen Typen betreffend, je nach Marktlage starken Schwankungen unterliegen, sodass sich verlässliche Durchschnittswerte kaum aufzeigen lassen. Aber, das vielleicht als ein Anhaltspunkt, ein »normaler« 40-ft-Stahlcontainer kann schon deutlich über 3000 USD kosten.

Blickt man zurück, so lässt sich der Stand der Entwicklung etwa Ende der siebziger Jahre, also nach gut einem Jahrzehnt des Containerverkehrs auch außerhalb der Grenzen der USA, mit dem Satz »Die Spezialcontainer sind im Kommen« charakterisieren. So vielfältig, wie sich das Containergeschehen bis dahin entwickelt hat – diese Vielfältigkeit begründet sich nicht zuletzt auf den angesprochenen vermehrten Einsatz unterschiedlicher Spezialcontainer –, so einleuchtend sind die Ursachen hierfür:

1. Bei der Etablierung des Containerverkehrs stand nahezu ausschließlich eine Container-Ausführung zur Verfügung, die später als Standard-Container bezeichnet wurde. Es waren einfache Boxen, in der Mehrzahl aus Stahl. Sie genügten weitgehend den damaligen Ansprüchen, denn in den zuerst containerisierten Fahrtgebieten mit mehr oder weniger paarigen Verkehren wurden sie in der Regel für den Transport von Industriegütern genutzt. Außerdem kam mit dem Einstieg in das Containergeschäft auf alle Reedereien, wie bereits erwähnt, ein gewaltiger Investitionsbedarf zu, sodass zunächst in Equipment investiert wurde, bei dem eine schnelle Kapitalrückgewinnung durch eine gute Auslastung möglich war. Schließlich fehlten in den Anfangsjahren darüber hinaus aber auch noch jegliche Erfahrungen für die Entwicklung von Spezialkonstruktionen, wie auch für die Einschätzung des künftig möglichen Bedarfs. Allerdings war dessen Notwendigkeit durchaus rasch erkannt worden und es wurde auch schon intensiv darüber diskutiert.

2. Im Zuge der weiteren Ausfächerung der Containerverkehre über die Routen zwischen den hoch industrialisierten Ländern hinaus, auf denen sich die weitgehend paarige Auslastung wegen der Güterstruktur nahezu allein mit dem Standard-Container abdecken ließ, ergab sich aus nahe liegenden Gründen das Bestreben bzw. sogar die Notwendigkeit, weitere Ladungsarten zu erfassen und Möglichkeiten zu finden, sie zu containerisieren, um die Schiffe auch füllen zu können. Das konnte nur mit dem Angebot von speziellem Transportraum, mit Spezialcontainern, erreicht werden. Dabei ist beispielsweise nur an die Verschiffung von Fleisch und Früchten im Zuge des 1970 aufgenommenen Containerverkehrs

↑ 40-ft-Standardcontainer an Bord

mit Australien/Neuseeland zu denken. Weitere, für andere Fahrtgebiete typische Ladungsarten, etwa Kaffee, Kakao oder Bananen, kamen hinzu und stellten wiederum andere Ansprüche. Die Zahl der »Spezialisten« nahm vor allem in dem oben genannten Zeitraum rasch zu. Nachfolgend ein kurzer Überblick über die wichtigsten Typen:

Der Standard-Container oder auch Dry-Cargo-Container genannt ist der Urvater aller heutigen Container und bis heute der am häufigsten für den Transport vielfältiger Ladungsarten benutzte. Sein auffälligstes Merkmal ist die auf der Stirnseite über die ganze Breite und Höhe gehende Doppeltür, durch die das Be- und Entladen geschieht. Speziell für den Schienenverkehr sind Standard-Container entwickelt worden, die ihre Tür nicht an der Stirn-, sondern in einer der beiden Seitenwände haben. Seitentüren deshalb, weil sie das Be- und Entladen erleichtern, wenn die Container auf dem Schienenweg zugestellt werden und auf dem Gleis verbleiben müssen, zum Beispiel weil kein ausreichend starkes Hebezeug für das Umsetzen auf dem Boden und zurück zur Verfügung steht. So lassen sich auch die üblichen Laderampen mit Gleisanschluss nutzen. Für den Seetransport sind diese Bahncontainer allerdings weniger geeignet, u.a. wegen der fehlenden oder nur unzureichenden Stapelfähigkeit.

Flats, Platforms und Coiltainer Flats bestehen aus einem besonders stabilen Containerboden und Stirnwänden unterschiedlicher Höhe, die entweder fest oder klappbar sind. Flats eignen sich besonders für die Beförderung von Ladung, die

→ Flat beladen mit Sackgut

→→ Verladung von Schwerteilen auf Platforms

wegen ihrer Dimensionen oder Gewichte nicht in Standard- oder andere Container passen. Mit eingeklappten Stirnwänden lassen sich Flats als Leercontainer raumsparend stapeln und transportieren.

Platforms bestehen praktisch nur aus einem besonders stabilen Containerboden, im Gegensatz zu Flats allerdings ohne jegliche Stirnwände. Auch sie dienen der Beförderung besonders sperriger oder schwerer Ladung. Für Ladungsstücke mit Überlängen, Überbreiten, besonders hohe Stücke oder Schwerkolli werden auf den Stellplätzen, meistens an Deck, mehrere Platforms nebeneinander gestaut, sodass man auf diese Weise einen besonderen Stapel- oder Stellplatz z.B. für Investitionsgüter jeder Art erhält – etwa für Transformatoren, Baumaschinen oder ganze Fabrikteile, aber auch für große Segel- oder Motoryachten, die nicht auf eigenem Kiel an ihren Bestimmungsort gebracht werden sollen.

Eine weitere besondere Variante der Flats sind die Coiltainer. Das sind Spezialcontainer für den Transport von Coils (Draht- oder Blechrollen), die auf verstellbaren, in den Flatboden eingelassenen Klappen mit dem Coilauge in Fahrtrichtung gestaut werden. Die Transportsicherung erfolgt durch Gurte, die durch das Auge gezogen werden.

Open-Side-Container sind Stahlboxen, die den üblichen Boden, ein festes Dach und Stirnwandtüren wie »normale« Container, aber offene Seiten haben. Jede Seite wird mit containerhohen Gattern und/oder nylonverstärkten Planen verschlossen. Dieser Boxentyp eignet sich u.a. besonders für den Transport von Tieren oder auch leicht verderblichen Lebensmitteln über kürzere Strecken.

Open-Top- oder Hardtop-Container sind oben offen und können deshalb mit Kranhilfe be- oder entladen werden. Sie haben ein festes abnehmbares Dach (Hardtop) oder eine strapazierfähige Plane zum Abdecken (Open-Top). Diese meistens in besonders robuster Bauweise hergestellten Boxen eignen sich vor allem für die Beladung mit sperrigen oder auch schweren Frachtstücken, die durch Türen nur schwer oder gar nicht be- und entladen werden könnten.

Schüttgut- oder Bulkcontainer, auch Drybulkcontainer genannt, werden für den Transport von pulverförmigen und granulierten Schüttgütern angeboten. Um das Laden zu erleichtern, befinden sich im Dach mehrere kreisförmige Einfüll-Luken mit etwa jeweils 50 cm Durchmesser. Für das Entladen befindet sich eine Klappe unten in der Türseite oder die Türen werden zum Entladen geöffnet. Meistens werden die Container für den Entladungsvorgang gekippt. Je nach Beschaffenheit kann die Ladung aber auch durch die Dachöffnungen abgesaugt werden. Typische per Container transportierte Schüttgüter waren anfangs Mais, Zucker, Kieselgur, Getreide, Trockenfarben, Talkum, Ruß, Düngemittel und Granulate. Inzwischen ist diese Palette deutlich erweitert worden. Eine besondere Herausforderung war dabei die Entwicklung von Verfahren, mit denen Rohkaffee und andere Ladungen dieser Art in speziellen Schüttgutcontainern transportiert werden können (s. Ventilierte Container). Gebaut sind die Schüttgutcontainer aus einem Stahlrahmen mit Stahlverkleidung. Auch der Boden besteht aus Stahl, was u.a. die Reinigung erleichtert. Außer diesen Spezialcontainern können auch normale Standardboxen für den Schüttguttransport eingesetzt werden. Für derartige Verwendungen werden sie dann mit speziellen Inletts aus flexiblen Kunststoffgeweben ausgestattet, die später wieder herausgenommen werden können.

Belüftete Container sind Ganzstahlkonstruktionen, die fast Standard-Containern gleichen, abgesehen von den über die ganze Länge gezogenen Gitterstreifen am oberen und unteren Seitenrand. Dadurch wird ein Luftaustausch mit der

↑ Die DOLE CHILE ist eines der wenigen Containerschiffe, die ausschließlich für den Transport von Kühlcontainern eingesetzt werden.

← Kontrolle von Kühlcontainern

Umgebung ermöglicht und ein aus der Ladung generiertes Schwitzen verhindert. Es kann also zu keiner Schwitzwasserbildung kommen. Die Belüftungsvorrichtung ist so konstruiert, dass ein Eintreten von Wasser nicht möglich ist.

Isoliercontainer sind dem Standardtyp ähnlich, haben aber eine wärmedämmende Innenverkleidung, die meistens aus Hartschaum besteht. Sie schützt die Ladung vor raschen Temperaturschwankungen und Schwitzwasserbildung auf kürzeren Strecken. Zur Erhaltung tieferer Temperaturen kann Trockeneis verwendet werden. Diese Container werden hauptsächlich für den Transport von kälte- oder wärmeempfindlichen Gütern benutzt, wie z.B. Bier oder Wein.

Ventilierte Container sind Boxen mit Ventilation, die den Transport von Ladungen mit einem gewissen Feuchtigkeitsgrad ermöglichen. Auch leicht verderbliche bzw. empfindliche Güter wie Rohkaffee, Kakaobohnen, Klippfisch, Malz, Salz u.a. können dadurch in Containern befördert werden. Dies wird durch ein Luftfeuchtigkeitsgerät ermöglicht, das ohne Luftzufuhr von außen elektronisch und vollautomatisch arbeitet, einerseits Kondenswasserbildung im Container verhindert und andererseits bestimmte Feuchtigkeitswerte im Container konstant halten kann. Dem Einsatz dieser Container waren langwierige Untersuchungen vorangegangen, da jede Ladungsart anders reagiert und entsprechend behandelt werden muss.

Kühlcontainer, auch Reefercontainer oder nur Reefer genannt. Ihnen kommt eine sehr große Bedeutung zu, denn seit ihrer Einführung haben sie nach und nach die Kühlräume der konventionellen Linienfrachter und inzwischen sogar die speziellen Kühlschiffe selbst weitgehend ersetzt. Nicht zuletzt an ihrem Beispiel wird in besonderem Maße deutlich, in welchem Umfang das Containersystem die weltweiten Warenströme nicht nur beeinflusst, sondern sie sogar erst möglich gemacht hat. Darüber hinaus lassen gerade die Kühlcontainer erkennen, welch ausgefeilte Technik entwickelt werden musste, um die in diesem Segment gestellten besonders hohen Anforderungen erfüllen zu können.

Ein sehr großer Teil der Weltnahrungsmittelproduktion ist leicht verderblich. Um auch für diesen Teil vermehrte weltweite Lieferungen zu ermöglichen, war die Entwicklung der Kühlung und Luftzirkulation in Containern von großer Bedeutung, nicht wenige sprechen sogar von revolutionärer Bedeutung. Ziel war, das Containersystem für den Transport von Fleisch, Fischerei- und Milchprodukten, Frischgemüse und Früchten aller Art sowie Fruchtkonzentraten nutzbar zu machen. Wichtig war dies anfänglich besonders für die Entwicklung der Fahrtgebiete Australien/Neuseeland, etwas später für Südafrika und Mittelamerika/Karibik sowie schließlich für die Fahrtgebiete nach Südamerika. Inzwischen hat die Bedeutung des Kühlcontainers auch für weitere Regionen enorm an Bedeutung gewonnen. Fast alle Containerschiffe haben heute Anschlüsse für Kühlcontainer in unterschiedlicher Zahl. Darüber hinaus gibt es auch einige reine Kühlcontainerschiffe, die von den großen Fruchtgesellschaften

→ Kühlcontainer mit CA-System

eingesetzt werden, und selbst konventionelle Kühlschiffe bieten heute vermehrt an Deck zusätzlich Stellplätze für Kühlcontainer.

Das Ladungsaufkommen in den weltweiten Fruchtverkehren ist immer noch rasch wachsend, und der Transport in Kühlcontainern ist für die meisten der sehr unterschiedlichen Güter die wirtschaftlichste und umweltfreundlichste Methode, um auch weite Entfernungen vom Produzenten zum Verbraucher zu überbrücken – zu erschwinglichen Preisen, versteht sich.

Die Kühlcontainer sind die teuersten Containertypen überhaupt. Ihr Bau ist wesentlich anspruchsvoller als der von Standard-Containern. Es werden hochwertige Materialien verarbeitet, wobei absolute Präzision gefragt ist. Das tragende Skelett eines Kühlcontainers besteht, wie üblich, aus Stahlprofilen. Wände und Dach, jeweils als Einheit gefertigt, sind Sandwich-Konstruktionen, die als Mittellage Hartschaum enthalten und unter Vermeidung von Wärmebrücken in das Skelett eingesetzt werden. Es wird viel Edelstahl und Aluminium verwendet, und wegen der im Inneren der Container notwendigen absoluten Hygiene sind sie voll verschweißt. Für einen 40-ft-Kühlcontainer müssen schon rund 20 000 USD auf den Tisch des Herstellers geblättert werden oder auch mehr. Derzeit sind von diesen teuren Boxen etwa 1,5 Mio. TEU weltweit unterwegs.

Bei den Kühlcontainern konkurrieren zwei unterschiedliche Systeme, die Conair- oder Porthole-Container und die Integrated- oder Integral-Container. Die erstgenannten Kühlboxen sind wärmeisoliert und verfügen über zwei verschließbare Öffnungen an der Stirnseite, über die die Zu- und Abluft kontrolliert wird. Im Gegensatz zu den Integral-Containern besitzen sie kein eigenes Kühlaggregat und sind dementsprechend immer auf Kühlung von außen angewiesen – sei es vom Schiff oder an Land in den Häfen meistens über Kühlstäbe und beim Weitertransport durch so genannte Clip-on-Units. Das sind Kühlaggregate, die an einzelne Container angehängt werden.

Seit einigen Jahren haben sich jedoch die Integral-Container mit integriertem eigenen Kühlaggregat immer mehr durchgesetzt, so dass ihr Weltmarktanteil inzwischen etwa 90 Prozent beträgt. Ebenso durchgesetzt hat sich die 40-ft-Größe. Allerdings müssen die Vorteile, die der Integral-Container bietet, durch einen erhöhten Energiebedarf und eine aufwendige Überwachungstechnik erkauft werden.

Bei der Hamburg Süd, die eine große Zahl von Reefer-Containern einsetzt, heißt es dazu: »Die Conair-Technologie hat sich zwar über mehr als 25 Jahre bewährt, ist aber heute nicht mehr zeitgemäß. Mit Integral-Containern ist eine ununterbrochene Kühlkette gewährleistet – zum Beispiel direkt von der Farm in Südamerika bis ins Lager der Supermärkte in Europa. Außerdem können die Kunden jede erdenkliche Temperatur zwischen minus 35 Grad Celsius bzw. minus 30 Grad Celsius, je nach Containertyp, und plus 29 Grad Celsius auswählen, was beim Conair-Container nicht möglich war. Hinzu kommt, dass die Conair-Container nur acht Fuß hoch waren, während die 40-Fuß-Integral-Container mit einer Höhe von 9,6 Fuß aufwarten können. Dadurch kann der Kunde auf ein größeres Volumen zurückgreifen, um seine Ladung unterzubringen.«

Neben der »normalen« Kühltechnik gibt es zwei weitere aufwendige Systeme, die auf die Entwicklung des Kühlcontainereinsatzes wesentlichen Einfluss genommen haben. Mit ihnen konnte nicht nur die Palette der zu befördernden Güter noch einmal erweitert, sondern auch ein ganz wichtiger Einfluss auf die Qualität der zu transportierenden Kühlgüter gewonnen werden. Es handelt sich um die bereits vorher an Land für die Langzeitlagerung von Früchten eingesetzte Technologie der »Konrollierten Atmosphäre« (MA/CA), dabei wird nicht nur die Temperatur, sondern zusätzlich auch der Sauerstoffgehalt der Transportbehälter auf niedrige Werte zwischen zwei und fünf Prozent abgesenkt. Auf diese Weise wird der Stoffwechsel von Früchten reduziert, was besonders beim Transport klimaempfindlicher Früchte, wie zum Beispiel Bananen, von großem Vorteil ist. Diese Technologie kann in engerem Rahmen durchaus ebenfalls als revolutionär bezeichnet werden, denn sie hat den Kühltransportsektor in ebenso hohem Maße beeinflusst, wie seinerzeit die Einführung des Kühlcontainers die Container- bzw. Kühlschifffahrt insgesamt. Mit ihr lassen sich auch Güter, die vorher nur mit dem Flugzeug und dementsprechend teuer verfrachtet werden konnten, wie Äpfel, Birnen, Kiwis und andere empfindliche

↑ Ein »Tankcontainer« der besonderen Art: Für Testzwecke wird ein 40-ft-Standardcontainer mit Whisky-Fässern beladen.

↖ Tankcontainer unterwegs in Singapur

Früchte sowie Gemüse und selbst Schnittblumen, nun mit dem Schiff befördern, und zwar in wesentlich größeren Mengen und zu wesentlich günstigeren Preisen für die Verbraucher.

Tankcontainer Ihre Verwendung ist noch relativ jung. 1973 waren erst rund 1500 Behälter dieses Typs im Einsatz, fünf Jahre später war die Anzahl jedoch bereits auf ca. 7500 angewachsen. Die weitere Entwicklung war gekennzeichnet durch eine immer breitere Ausfächerung, um den Anforderungen der verschiedenen zu transportierenden Güter gerecht zu werden. Im Wesentlichen sind dies:

- Getränke/Nahrungsmittel,
- Petrochemische Produkte und
- Anorganische Chemikalien.

Tankcontainer für den Transport flüssiger oder gasförmiger Güter bestehen aus einer stabilen Rahmenkonstruktion nach ISO-Norm mit eingebautem Flüssigbehälter. Es gibt sie in den verschiedensten Ausführungen. Der oder die Tanks sind wegen des hydrostatischen Drucks aus gewölbten Blechen hergestellt. Im einfachsten Fall ist ein liegender Tankbehälter in einem Containergestell untergebracht. Bei anderen Typen sind mehrere zylindrische Behälter aufrecht nebeneinander in den Rahmen eingesetzt. Damit lässt sich das Volumen besser ausnutzen. Material und Wanddicke sind unterschiedlich. Eine Isolierung ist ebenso möglich, wie die Installation von Heizvorrichtungen für Flüssigkeiten, die nicht stocken oder gefrieren sollen. Hergestellt sind die Tanks in der Regel aus rostfreiem Edelstahl, gelegentlich aus Aluminium. Für den Gastransport kommen auch tieftemperaturbeständige Stähle zum Einsatz. Alle Tankcontainer müssen aus Sicherheitsgründen überaus komplexen internationalen Regeln entsprechen.

Und noch mehr Typen. Außer den schon genannten Containertypen, deren Einsatz letztlich dafür sorgt, dass der Spruch »Alles passt in Container« oder, vielleicht nicht ganz so anspruchsvoll ausgedrückt, »Fast alles passt in Container« auch seine Berechtigung hat, sollen abschließend nur summarisch und keineswegs vollständig stellvertretend für alle weiteren »Spezialisten« die Container für den Autotransport, für besonders umweltschädliche Stoffe, für den Transport von Stammholz und der »Vario«-Container als »Mädchen für alles« genannt werden. Aber, um das noch hinzuzufügen, es gibt sogar Boxen für den Transport von lebenden Fischen. Generell festzuhalten ist, dass immer neue Möglichkeiten erschlossen werden, auch zur Verbesserung bereits vorhandener Typen. Und selbst für ausgemusterte Container gibt es vielfache Verwendung in allen möglichen Bereichen. Jüngst spendierte die südafrikanische Reederei Safmarine einer in der Provinz Limpopo gelegenen High School einige davon, die dort in zusätzliche Klassenräume umgewandelt wurden. Ob es sich in Neuseeland auch um ausgemusterte Container handelte, war nicht so schnell herauszufinden. Auf jeden Fall berichtete die New Zealand's Press Association Ende August 2009, dass für die Erweiterung des Rimutake-Gefängnisses nördlich von Wellington um 60 Plätze Container verwendet wurden. Das sei nach Angaben des Justizministeriums wesentlich günstiger gewesen als ein Anbau in herkömmlicher Bauweise.

Auf die einzelnen Typen ist deshalb ausführlicher eingegangen worden, um dem Eindruck entgegenzuwirken, dass es sich bei den Containern lediglich um irgendwie gleichartige Einheiten handelt, mehr aber auch nicht. Gäbe es aber diese vielfältigen Typen nicht, hätte die Container-Revolution, so wie wir sie erlebt haben, gar nicht stattfinden können. Wenn man also die teilweise riesigen Containerstapel auf den Carriern betrachtet, dann machen die zwar meistens einen schönen bunten Eindruck, aber die Homogenität, die man gleichzeitig zu erkennen glaubt, täuscht. An Bord befinden sich die unterschiedlichsten Containertypen mit Ladungen aller Art. Anders wären die großen Schiffe mit Sicherheit auch gar nicht auszulasten. Auf diese Weise leistet auch das breit gefächerte Angebot von Spezialboxen einen wichtigen Beitrag zu

dem Gigantismus, der das Containersystem in seiner Gesamtheit bestimmt.

Auch mit Blick auf diese Vielfalt ist festzuhalten, dass der Siegeszug des Containers noch keinesfalls abgeschlossen ist. Nicht nur werden die Containerschiffe immer größer, sondern es werden auch immer mehr Waren und Güter containerisiert, wenn sich das Tempo dabei inzwischen auch verlangsamt hat, eben weil vieles bei diesen Bemühungen bereits geschafft ist. Aber die Ladungsspezialisten werden sich bestimmt auch in Zukunft noch einiges einfallen lassen, um auch die letzten Dinge dieser Welt für die Blechboxen passgerecht zu machen oder, umgekehrt, genau die Boxen zu entwickeln, die für den Transport dieser Ladungen benötigt werden. Dennoch muss man auch heutzutage schon lange suchen, bis sich etwas findet, gegen das sich die bereits gegenwärtig schon zur Verfügung stehenden Container sperren und für das es womöglich auch künftig keine Chancen gibt. Für Giraffen? Vielleicht? Aber sicher sollte man da keineswegs sein.

↙ Ohne die vielfältigen Containertypen hätte die Containerrevolution so nicht stattfinden können.

Foto: PSW

Identifizierung und Steuerung

Wichtig ist, dass die Möglichkeit besteht, jeden der Millionen Container, die weltweit unterwegs sind, unverwechselbar identifizieren und zuordnen zu können. Deshalb ist jeder Container mit einer gut sichtbaren Buchstaben-/Zahlengruppe versehen, die sich nach einer internationalen Norm zusammensetzt. Nicht nur die Rückverfolgung auf den Eigentümer ist dadurch möglich, sondern das Kennzeichen vermittelt gleichermaßen Angaben über Abmessungen und Verwendungsmöglichkeiten. Die Nummern vergibt das Bureau International des Containers in Paris, und dort werden sie auch registriert.

Besondere Bedeutung hat diese Buchstaben-/Zahlengruppe, mit der jeder einzelne Container praktisch einen Namen erhält, für die Verfolgung der jeweiligen Box auf ihrem Lauf in der Welt. Die Reederei muss jederzeit wissen, wo sie sich befindet und welches ihr Bestimmungsort ist. Nur so lässt sich ihr weiterer Einsatz optimal steuern und nur so kann gewährleistet werden, dass möglichst wenige Leertransporte entstehen. Diese Leertransporte sind ein großes Ärgernis für die Container-Linienreedereien, denn sie bringen kein Geld, sondern kosten nur. Es gilt also, nach jeder Station, in der der Container entladen worden ist, möglichst direkt dort für seinen Rück- oder Weitertransport neue Ladung zu finden oder unverzüglich ihn auf kürzestem Weg dorthin zu expedieren, wo Ladung für ihn gebucht worden ist.

Als Beispiel dafür, wie so etwas ablaufen kann, soll der Rundlauf des Hapag-Lloyd-Containers HLXU 436083 angeführt werden, der am 25. Oktober 2007 mit einer Ladung von Autoersatzteilen mit Bestimmung Vera Cruz/Mexiko in Bremerhaven auf das MS BONN EXPRESS gesetzt wurde. Von Vera Cruz aus wurde er leer mit dem MS HEIDELBERG EXPRESS nach New Orleans/USA verschifft, dort mit Holz gefüllt und mit dem MS MADRID EXPRESS nach Alexandria/Ägypten auf den Weg gebracht. Leer ging es weiter mit der MARJESCO nach Genua/Italien, wo die Box mit Wein beladen und auf dem MS POWER nach Monteal/Kanada gebracht wurde. Mit Autoersatzteilen ging es auf der OTTAWA EXPRESS weiter nach Antwerpen/Belgien sowie von dort mit einer Ladung Senf und Essig auf der OOCL MONTREAL zurück nach Montreal. Das nächste Schiff war die OOCL KUALA LUMPUR, die nächste Ladung waren Wasserfiltersysteme und der nächste Hafen Hongkong. Voll gepackt mit Spielzeug führte die Anschlussreise an Bord der SAVANNAH EXPRESS zurück nach Hamburg. Ankunft dort am 5. Dezember 2008.

Für die Containersteuerung stehen den Reedereien ausgefeilte IT-Systeme zur Verfügung, die den Einsatzplanern alle Bewegungen der Container sichtbar machen. Sie liefern außerdem Statistiken, mit denen analysiert werden kann, wo sich in den weltweiten Containerströmen Unpaarigkeiten entwickelt haben oder wo sich solche ergeben könnten. Gegenwärtig hat die Krise zwar auch hier einiges verändert, aber davor war es so, dass in Asien und ganz besonders in China wegen der speziellen Ladungsstruktur, oft als Kaufhausware bezeichnet, fast immer ein Mangel an leeren Standardcontainern herrschte, vor allem während des Weihnachtsgeschäftes. Hapag-Lloyd beispielsweise exportierte nach eigenen Angaben pro Tag durchschnittlich 1100 Container aus dem Reich der Mitte, eine für Außenstehende schier unglaubliche Menge. Importiert wurden dort aber nur 450. Täglich mussten also nach dieser Rechnung rund 650 Leercontainer in das fernöstliche Boomland gebracht werden, um den Bedarf decken zu können. Demgegenüber sind die USA ein klassisches Importland. Dort baut sich stets ein Überschuss an leeren Standardcontainern auf. Das Ziel der Einsatzplaner muss also sein, diese Boxen, möglichst mit neuer Ladung, auf schnellstem Wege nach Asien zu schaffen, wo sie dringend benötigt werden. Eine logistische Herausforderung der besonderen Art.

Die Situation in Europa stellt sich wiederum ganz anders dar. Hier werden in größeren Stückzahlen Spezialcontainer, wie Hardtops, Flats oder Open Tops, nachgefragt, weil etwa Stahlpartien, Maschinen oder Windkraftanlagen exportiert werden. Auch diese mussten bedarfsgerecht, just in time, wie man heute zu sagen pflegt, zur Verfügung stehen.

In diesen wenigen beispielhaft genannten Containerströmungen, die sich nach Überwindung der Krise wohl wieder in der gleichen Weise einpendeln werden, spiegeln sich die unterschiedlichen Wirtschaftsstrukturen der erwähnten Regionen wider, die zu diesen Unpaarigkeiten führen. Daran

↓ Für Riesen ist im Hafen Schlepperassistenz unverzichtbar.

Foto: HHM

Dabei muss man nur daran denken, dass Technologien für eine Selbstüberwachung, soweit sie die Ladung direkt betreffen, bereits heute weit fortgeschritten sind. Eine breite Palette von Messgeräten kann beispielsweise während des Transports Veränderungen des Feuchtigkeitsgehalts im Container anzeigen, Schwankungen der Temperatur, des Kohlendioxidgehalts oder anderes. Auf diese Weise können Ladungen, die auf Veränderungen bestimmter Parameter empfindlich reagieren, während ihres Transportes überall in der Welt entsprechend »abgetastet« werden. Vor allem in der Lebensmittelindustrie ist für diese Entwicklungen ein großes Interesse vorhanden.

Besonders für hochempfindliche Transportgüter, wie zum Beispiel Früchte, Gemüse oder Fleisch, die in Kühlcontainern befördert werden, sind umfangreiche Anwendungen dieser Art von Nutzen. Diese sensiblen Ladungen verändern ihren Zustand während des Transits häufig, durchlaufen dabei einen gewollten und gesteuerten Reifeprozess.

Wenn nun Sensoren laufend relevante Daten über den Zustand der Ladung übermitteln, kann zum Beispiel ein Transport bei Bedarf, oder wenn sich die Notwendigkeit ergibt, noch während der Seereise umdisponiert werden. Wenn etwa Bananen aus Mittelamerika einen schon höheren Reifegrad als vorgesehen erreicht haben, kann unter Umständen entschieden werden, sie direkt an den Großmarkt auszuliefern und nicht erst in einer Reifekammer zwischenzulagern. Oder Papierrollen, die während der Seereise durch irgendeinen Umstand feucht geworden sind und in einer Zeitungsdruckerei nicht mehr verwendet werden können, landen nicht erst dort, sondern ohne Umwege gleich auf einem Recyclinghof. Auf diese Weise lassen sich Transportabläufe effizienter als bisher gestalten.

Foto: BLG Logistics

← Wichtig ist die genaue Verfolgung der Containerbewegungen.

können die Reedereien bzw. ihre Container-Einsatzplaner zwar nichts ändern, aber sie müssen versuchen, das Beste daraus zu machen. Wie heißt es doch im übertragenen Sinne so treffend: »Wir können zwar nicht die Windrichtung bestimmen, aber wir können die Segel richtig setzen.«

Ein interessantes Beispiel, wie Container-Leertransporte vermieden oder zumindest minimiert werden können, bietet die Kali-Transport-Gesellschaft (K+S) in Hamburg. Sie verschifft erhebliche Mengen dieses wertvollen Mineralstoffes in Standardcontainern nach Fernost und vermeidet damit teilweise den Transport mit Massengutschiffen, deren Raten sehr stark schwanken. Der Nutzen für die Reedereien ist, dass sie den starken Überhang an leeren Containern, die sich in Hamburg infolge der großen Importmengen aus Fernost ansammeln, nicht leer nach dort zurückbringen müssen, sondern beladen. Zwar nicht zu sonderlich hohen Preisen, aber immerhin. Ein Einzelfall natürlich, aber man muss sich eben etwas einfallen lassen.

Um den Einsatz der wertvollen Container weiter zu optimieren, das heißt, durch Straffung der Rundläufe das eingesetzte Kapital effizient zu nutzen, wird seit Jahren an der Entwicklung einer »intelligenten Box« gearbeitet, an einer Box, die sich praktisch selbst steuert. Das könnte etwa so aussehen, dass ein Container, der irgendwo in der Welt auf die Reise geschickt worden ist, durch seine Programmierung selbst entscheidet, wie er zu seinem Empfänger gelangt. Die Box meldet sich selbst beim Terminal an, benachrichtig die Nachlaufspediteure und bucht einen eigenen Stellplatz auf einem Containerblockzug. Wird der Nachlauf im Straßentransport erledigt, schlägt sie dem Fahrer die günstigste Route vor. Das ist natürlich gegenwärtig noch Zukunftsmusik, aber erste Forschungsergebnisse, die in diese Richtung zielen, liegen bereits vor und angesichts der stürmischen Entwicklung im IT-Bereich könnte es auch hier rasch weiter vorangehen und zeigen, dass längst noch nicht alle Möglichkeiten ausgeschöpft sind.

↓ Ganz schön winzig der Kleine hinter dem Großen, aber er hilft kraftvoll und zuverlässig beim Manövrieren.

Foto: Einar Maschmann

↑ Schweres Wetter muss stets einkalkuliert werden.

Sicherheit

Zunächst ist festzuhalten, dass ein Container der Transportraum des zu benutzenden Verkehrsmittels ist. Bei der Beförderung über See ist er ein Sektionsteil des Schiffes, ein parzelliertes Teil des Laderaums. Dieser in Einzelteile »zerlegte« Schiffsladeraum entspricht wiederum weitgehend dem gesamten Laderaum eines Schienen- oder Straßentransportmittels.

Die Verkehrsträger übernehmen den Container nur in geschlossenem Zustand. Umfangreiche Arbeitsvorgänge, wie das Stauen, Laschen, Seefestzurren der Ladung usw., entfallen also für die Schiffsbesatzungen und Hafenbetriebe. Die Stau- und Verpackungsarbeiten haben sich weitgehend direkt zum Versender bis weit ins Binnenland hinein verlagert. Dabei ist, je nach Güterart, eine ganze Reihe von Vorschriften und Empfehlungen zu beachten, um die Sicherheit der Ladung im Container während der verschiedenen Transportvorgänge zu gewährleisten, damit Ladungsverluste durch unsachgemäßes Stauen vermieden werden. Die Kräfte, die während dieser Phasen auf den Container und die in ihm beförderten Güter einwirken oder einwirken können, sind bereits weiter vorn angesprochen worden.

Aber nicht nur die Ladung im Container muss richtig verstaut sein, auch die Boxen selber müssen auf ihrem jeweiligen Transportmittel sicher untergebracht sein. Auf Straßen und Schienenfahrzeugen sowie auch auf Binnenschiffen ist das relativ einfach zu bewerkstelligen, sehr viel komplexer ist dies jedoch auf einem Seeschiff zu erreichen. Auf ihnen müssen jeweils größere und größte Mengen unterschiedlicher Containertypen mit unterschiedlichen Ladungen und unterschiedlichen Gewichten verstaut werden, um sie vollständig und unbeschädigt teilweise über tausende Seemeilen zu ihrem Bestimmungshafen zu bringen, wobei Schiff und Container, wie bereits erwähnt, außerordentlichen Belastungen ausgesetzt sind. Hinzu kommt noch der hohe Stapeldruck, der auf den Containern lastet, besonders natürlich in den unteren Lagen. Das alles bedeutet, dass die Boxen an Bord der Schiffe sorgfältig und mit hohem Aufwand gestaut und gesichert werden müssen. Dafür gibt es entsprechende Ausrüstungssysteme, für die, wie für die Container selbst, Abnahmeprüfungen gefordert sind. Zum Teil sind international gültige Vorschriften und Empfehlungen zu beachten. Schließlich muss alles ja auch bei schwerem Wetter halten und selbstverständlich darf die Sicherheit des Schiffes und seiner Besatzung in keiner Weise gefährdet werden. Unter diesem Aspekt muss gerade in Anbetracht der hohen und auf den Mega-Carriern immer höher gewordenen Decksladungen auf die ausreichende Stabilität des Schiffes geachtet werden. Hierfür ist es nicht zuletzt erforderlich, dass die Verlader die Gewichte der Container in den entsprechenden Dokumenten exakt angeben. Leider wird dies aber häufig nicht beachtet.

Diese und andere Angaben, wie übrigens auch die Identifikationszeichen der einzelnen Boxen, sind Ausgangspunkte für die Stauplaner an Land, deren Arbeit in den Abläufen der Containerverkehre eine enorme Bedeutung zukommt. Sie sorgen mit Hilfe spezieller IT-Systeme nicht nur dafür, dass die Carrier entsprechend den besonderen Anforderungen für Containerschiffe richtig beladen werden, also etwa schwere Container nach unten, leichtere und Leercontainer nach oben, Container mit gefährlicher Ladung auf die dafür vorgesehenen Stellplätze an Deck usw., sondern auch dafür,

↑ Gefahrgut-Container sind vorn an Deck zu stauen.

dass die Boxen unter Berücksichtigung der Hafenrotation einen optimalen Platz an Bord bekommen. Diejenigen, die im nächsten Hafen gelöscht werden sollen, müssen dort möglichst auch sofort greifbar sein. Ein Umstauen der Container, wie es mit der Ladung auf konventionellen Linienschiffen oft vorkam, ist in der Containerschifffahrt nicht oder nur unter großen Schwierigkeiten möglich. Außerdem ist angesichts der engen Fahrpläne dafür die Zeit gar nicht vorhanden. Wenn man sich dann dazu noch vorstellt, dass in den einzelnen Häfen nicht nur gelöscht, sondern auch geladen wird, dann kann man vielleicht ahnen, mit welchen Herausforderungen es die Stauplaner zu tun haben. In vielfacher Hinsicht liegen Sicherheit und Effizienz mit in ihrer Hand.

Trotz aller in der Regel eingehaltenen Sorgfalt bei der Stauung der Ladungen in den Containern und bei deren Stauung an Bord kommt es doch immer wieder aus vielfältigen Ursachen zu Unfällen und damit verbundenen Schäden, wenn auch, im Verhältnis zu der Ausbreitung der Containerverkehre weltweit, schwere oder sehr schwere Unfälle bisher vergleichsweise selten geblieben sind. Aber wenn sie passieren, dann sind die Versicherungen gefragt, die in solchen Fällen teilweise vor gigantischen Herausforderungen stehen können.

Da diese Branche schon jetzt über große Problemstellungen nicht klagen kann, noch etwas mehr zu dem Komplex Versicherungen. Ein ganz dicker Brocken ist die geradezu extrem hohe Wertekonzentration auf den Containerschiffen,

↑ In Colombo gekentertes Containerschiff

↑ Feuer an Bord ist immer gefährlich, besonders auf Containerschiffen.

↓ Gut gesichert mit Zurrstangen

ganz besonders natürlich auf den Großcontainerschiffen. Allgemein gültige Angaben darüber gibt es bei der Vielzahl der unterschiedlichen Ladungen verständlicherweise nicht, aber wenn man den durchschnittlichen Wert der Ladung nur eines Containers zwischen 30 000 USD und 50 000 USD ansetze, liege man nicht unbedingt verkehrt, hieß es in Fachkreisen dazu. Natürlich gibt es auch Spitzen, und zwar durchaus nicht selten. Der Versicherungsgesellschaft Münchner Rück zufolge kann der Wert eines etwa mit Parfümflakons oder optischen Geräten beladenen Containers leicht auf 1,5 Mio. USD kommen. Befinden sich Präzisionsmaschinen oder gar Kunstwerke darin, falle der Betrag sogar zwei bis drei Mal höher aus – geschätzt. Ein zwischen Europa und Asien eingesetztes 6800-TEU-Schiff käme nach Berechnungen der Versicherer – unter Einbeziehung des Schiffes – so auf einen Gesamtwert von deutlich über zwei Milliarden USD.

Problematisch ist es für die Versicherer, bei den immer schneller ablaufenden Logistikprozessen den Überblick über eine mögliche Gefährdung der versicherten Güter zu behalten. Da wird es zur Wissenschaft, herauszufinden, welche Waren über welche Entfernungen im Einzelnen versichert sind, heißt es dazu. Noch schwieriger wird es bei größeren Havarien und besonders für den Fall einer »Havarie Grosse«, also etwa bei einer Strandung oder bei einem Brand an Bord, bei dem alle Ladungseigner zur Schadensregulierung herangezogen werden müssen. Bei den heutigen Containerriesen sind dies entsprechend der Vielzahl der Güter und der Länge des Ladungsmanifestes keinesfalls nur hunderte, sondern tausende. Sie überhaupt ausfindig zu machen, ist kaum noch zu bewältigen, sodass seit längerem neue Regeln angemahnt werden.

Inzwischen ist der Begriff Sicherheit im Zusammenhang mit dem Container über die bisherigen Inhalte hinaus aber noch entscheidend weiter zu fassen. Es geht um die mögliche Nutzung der Boxen für terroristische Zwecke. Fragen der Sicherheit haben in diesem Zusammenhang seit den Terroranschlägen auf das World Trade Center und das Pentagon in den USA am 11. September 2001 eine noch viel höhere, ganz anders geartete Bedeutung bekommen. Sie geht weit über das eigentliche Transportwesen hinaus. Zwar hat der weitgehend religiös geprägte Terror, der sich seit etwa zwei Jahrzehnten entwickelt hat, mit den oben genannten Verbrechen bis jetzt seinen Höhepunkt erreicht, wenn man das so bezeichnen kann, aber weitere, wie auch immer geartete Terroranschläge können und dürfen nicht ausgeschlossen werden. Die Aufwendungen und Mittel, die eingesetzt werden, um sie zu verhindern, sind erheblich, werden nicht immer verstanden und sind doch absolut notwendig.

Zwischen 25 und 30 Mio. Container sind derzeit rund um die Welt unterwegs. Jeder einzelne von ihnen könnte dazu benutzt werden, Waffen oder Kampfstoffe zu transportieren. Rund 500 Mio. TEU werden jährlich in den Häfen umgeschlagen, der größte Teil davon geht mit den Zu- und Ablaufverkehren, mit Feederschiffen über See und auf Binnenwasserstraßen sowie auf Straßen und Schienen weiter ins Hinterland. Dies alles zu überwachen, zu prüfen, ob die Boxen »sauber« sind oder aber in irgendeiner Weise von Terroristen gesteuert möglicherweise Dinge enthalten, die diese einsetzen könnten, um Angst und Schrecken mit möglichst vielen Opfern zu verbreiten, ist mehr als schwierig, wenn nicht gar unmöglich. Es muss aber alles getan werden, um die bestehenden Risiken

Foto: C.P. Davenport

↑ Schweres Wetter oder nicht sachgerecht gestaut?

sind unabdingbare Voraussetzungen für eine effektive Überwachung der Transportketten. Daran wird mit Hochdruck gearbeitet, wenngleich marktreife Gesamtsysteme noch nicht zur Verfügung stehen.

Dennoch, Teilerfolge gibt es bereits. So sind zum Beispiel elektronische Systeme entwickelt worden, mit denen die Container während ihres Transports auf unbefugten Zugriff sowie auf Anzeichen eines Einbruchs kontrolliert werden können. Das hilft den Sicherheitsbehörden und auch dem Zoll, die damit die Möglichkeit haben, mit den vom System gelieferten Daten zu prüfen, ob und, wenn ja, wann und wo der Container nach seiner Versiegelung am Abgangsort geöffnet wurde. Auch der Importeur kann bei der Ankunft der Box sofort erkennen, ob diese zwischenzeitlich unbefugt geöffnet worden ist. Das ist ein Anfang und sicherlich kein schlechter. Aber über eines müssen sich alle Beteiligten und letztlich auch die Endverbraucher im Klaren sein – mehr Sicherheit wird es wahrscheinlich oder hoffentlich durch alle diese notwendigen Bemühungen geben, kostengünstiger werden die Containertransporte dadurch aber auf keinen Fall, vorsichtig ausgedrückt. Sicherheit hat eben ihren Preis, den wir alle zahlen müssen, und wir sollten dazu bereit sein.

zu minimieren und erkannte Bedrohungen bereits im Vorfeld auszuschalten.

Mit dem Ziel, auch unter diesem Aspekt die Sicherheit in den Containerverkehren zu erhöhen, sind in den vergangenen Jahren zahlreiche Initiativen gestartet und Vorschriften erlassen worden. Es kann nicht verwundern, wenn die meisten von ihnen von den USA ausgingen, die nach wie vor unter dem grauenhaften Schock des 11. September stehen und alles versuchen, jegliche Angriffe dieser Art, welcher Qualität auch immer, schon im Vorfeld zu vermeiden.

Alle diese Initiativen und Vorschriften haben aber, jede für sich, nur eine begrenzte Reichweite. Zusammen ergänzen sie sich jedoch und erhöhen ihre Wirksamkeit mit weiteren in Vorbereitung befindlichen. Ob aber die von den USA erhobene Forderung in dieser Hinsicht hilfreich ist, bis Mitte 2012 die Voraussetzungen dafür zu schaffen, dass alle für die USA bestimmten Container in deren Abgangshäfen vor ihrer Verschiffung zu durchleuchten sind, sei zunächst dahingestellt. Diese Forderung ist auf energischen Widerstand nicht nur seitens der Europäischen Union gestoßen, sondern ist selbst in den USA umstritten. Der sowohl technische als auch administrative Aufwand, wenn er überhaupt zu schaffen wäre, würde gewaltig sein, jedes Maß sprengen und zu erheblichen Behinderungen im Güteraustausch führen.

Auch das Streben nach möglichst hoher Sicherheit – eine hundertprozentige wird sich nie erreichen lassen – ist ohne die Bereiche IT und Detektorenelektronik sowie deren weitere Entwicklung nicht vorstellbar. Erfassungsgeräte an den Transporteinheiten sowie eine möglichst weltweit integrierte oder zumindest kompatible IT-Architektur im »Hintergrund«

↑ Das muss ausgehalten werden.

Foto: BLG Logistics

Dem Höhepunkt entgegen

Nachdem die Container auf den Hauptrouten des Weltseeverkehrs festen Fuß gefasst und dort immer mehr Ladungsanteile auf sich gezogen hatten und nachdem auch die Binnenverkehrsträger mehr und mehr ganz selbstverständlich in dieses Transportsystem einbezogen waren, ging dessen weitere Ausbreitung zügig voran. Nach der international viel beachteten und kommentierten Containerisierung der traditionell wichtigsten Handelsrouten über den Nordatlantik sowie der Austral/Neuseeland- und Fernostdienste gab es weitere spektakuläre Meldungen in dieser Hinsicht nur noch bestenfalls regional oder auch nur lokal. Es war schon gar keine Frage mehr, ob die Boxen von den an den Verkehren Beteiligten akzeptiert wurden oder nicht. Sie waren zu einem Muss geworden mit erheblichen Auswirkungen auf Versender und Empfänger hinsichtlich der Planungen für Produktion, Einkauf und

Lagerhaltung. Wenn auch das Umdenken nicht immer einfach war, Alternativen gab es nicht, um das auch an dieser Stelle noch einmal zu wiederholen.

Wichtig bei diesem Prozess oder in vielerlei Beziehung sogar die Voraussetzung dafür war die weiter vorn beschriebene Entwicklung von Spezialcontainern. Ohne sie hätte manches Fahrtgebiet nicht adäquat bedient, hätten die Containerschiffe nicht ausgelastet werden können. Mehr noch war es aber von großer Bedeutung, dass sich in der verladenden und vor allem in der produzierenden Wirtschaft die Erkenntnis durchsetzte, dass die Transportkosten, zumindest die Transportkosten über See, im Zuge der allgemeinen Akzeptanz der Containerverkehre in den Kostenkalkulationen der Unternehmen mittlerweile zu einer nahezu vernachlässigbaren Größe geworden waren. Es gibt in dieser Hinsicht ja den oft herangezogenen Vergleich, dass der Transport eines Kühlschrankes von Hongkong über See nach Hamburg wesentlich kostengünstiger sei, als dessen Weitertransport von Hamburg etwa nach Bielefeld. Bei der Gesamtkalkulation eines Verkaufspreises spielten also die Verschiffungskosten eines jeden Produktes, auch der von geringerwertigen Gütern mit kleinen Gewinnspannen, kaum noch eine Rolle.

Das hat relativ rasch zu signifikanten Auswirkungen auf die Arbeitsmärkte weltweit geführt, was ja letztlich auch ein wesentliches Merkmal der globalisierten Wirtschaft ist. Da die Seetransportkosten für Zwischen- oder Endmontagen sowie für den Vertrieb in der betriebswirtschaftlichen Bilanz immer weniger ins Gewicht fielen, hat das schrittweise dazu geführt, dass fast alles, außer möglicherweise Rüstungsgüter oder sonstige Sicherheitstechnik, dort produziert wird, wo eine vorgegebene Qualität für die Unternehmen zu dem geringsten Preis zu bekommen ist. Dieser mit den Containerverkehren in Gang gesetzte Marktmechanismus, der vorher zwar auch bereits funktioniert hat, aber eben nicht global, ist einer der wesentlichen Gründe dafür, dass die deutsche Industrie und die in anderen Hochlohnländern in den vergangenen Jahrzehnten hunderttausende Arbeitsplätze in Länder mit niedrigerem Lohnniveau verlagert haben. Etwa auf die deutsche Autoindustrie übertragen, eine der Schlüsselindustrien im Lande, bedeutet das, dass kaum noch ein Drittel der benötigten Komponenten bei den Unternehmen selbst gefertigt werden. Alles andere wird weltweit zugeliefert.

Anfang der achtziger Jahre sorgte die Vorbereitung so genannter Round-the-world-(RTW-)Dienste für Aufsehen in der Containerwelt. Diese Pläne wurden als neue interessante Möglichkeit zur weiteren Optimierung und Kostenreduzierung in den Containerverkehren gewertet. Vorreiter waren die United States Lines (USL), die für einen solchen Dienst bei der koreanischen Daewoo-Werft vierzehn 4148-TEU-Schiffe bestellte. Später wurde die Anzahl auf zwölf reduziert. In ähnlicher Größenordnung bewegten sich die Planungen der taiwanesischen Evergreen Line, die sechzehn 2728-TEU-Einheiten für diesen Einsatz vorsah. Evergreen konnte schließlich ihren Round-the-world-Dienst im Juli 1984 noch drei Monate vor USL starten. Später folgte noch die deutsche Senator Line, Bremen, womit die drei prominentesten Protagonisten für die Umsetzung dieser Variante genannt sind.

Am 1. September 1984 wurde in Hamburg mit dem MS EVER GENIUS (36 500 BRT) das erste Schiff im ersten Round-the-world-Service abgefertigt. Das Schiff hatte mit westlichen Kursen den Erdball umrundet und war aus Singapur kommend via Suez-Kanal und Valencia in Hamburg als erstem nordeuropäischen Lade- und Löschhafen eingetroffen. Es verließ am 2. September den Elbehafen wieder, um über Felixstowe, Rotterdam, Antwerpen und Le Havre nach New York zu versegeln. Es folgten die Häfen Norfolk und Charleston an der US-Ostküste, und über Kingston/Jamaika erreichte das Schiff via Panama-Kanal nach rund 80 Tagen Fahrtzeit am 15. Oktober wieder Tokio, wo es am 25. Juli abgefahren war. Mit der Bedienung der Fernost-Häfen Osaka, Pusan, Keelung, Kaohsiung, Hongkong und Singapur trat das Schiff seine zweite Rundreise an.

Am Hamburger Containerterminal war unterdessen am 5. September das MS EVER GARDEN gefolgt, das den neuen Dienst am 19. Juni auf östlichem Kurs eröffnet hatte und über Kaohsiung, Keelung, Pusan, Osaka, Tokio, Kingston, Charleston, New York und Baltimore in Hamburg als ersten europäischen Lade- und Löschhafen eingetroffen war. EVER GARDEN lief einen Tag später wieder aus, und zwar in Richtung Fernost über Felixstowe, Rotterdam, Antwerpen, Le Havre und Valencia, wobei auf der anderen Seite Keelung und Singapur vor Hongkong als erste Häfen angelaufen wurden. Nach Abschluss der Aufbauphase bot Evergreen mit ihren sechzehn Schiffen alle zehn Tage eine Abfahrt in jeder Richtung.

Überzeugend durchgesetzt hat sich das Round-the-world-Konzept jedoch nicht. Die United States Lines scheiterten bereits Ende 1986, und zwar nicht nur mit ihrem Dienst, sondern wegen dieses Dienstes als gesamtes Unternehmen durch Konkurs. Die Reederei hatte sich mit den in Korea bestellten, konstruktiv misslungenen Schiffen übernommen. Die Senator Line, später dann DSR-Senator Line und seit 1997 im Mehrheitsbesitz der koreanischen Hanjin Reederei, hat mehrfach ihr Konzept geändert und den RTW-Dienst 1998 wieder aufgegeben. Die Wirtschafts- und Finanzkrise brachte schließlich Anfang 2009 auch für diese Reederei als Ganzes das endgültige Aus. Lediglich die Evergreen Line hat offenbar keine gravierenden Probleme gehabt oder diese, wann und wo sie auftauchten, bewältigt. Sie hat ihren RTW-Dienst seit seiner Etablierung ständig ausgebaut und in der Linienführung verfeinert.

→ Mensch und Container – wer beherrscht wen?

Foto: Archiv HJW

MSC BRUXELLES

↑ Mega-Carrier mit ägyptischem Segelboot im Großen Bittersee des Suezkanals

↑ Suezkanal-Konvoi bei Ismaelia

Nadelöhre

Wichtig für die Abläufe bzw. Routenführung der weltweiten Seetransporte waren schon immer die eigens für sie angelegten künstlichen Wasserstraßen. Was die internationalen Seeverkehre betrifft, sind dies vor allem der Suezkanal, der Nord-Ostsee-Kanal und der Panamakanal, wobei im Folgenden nur auf ihre Bedeutung im Zusammenhang mit den Containerverkehren eingegangen werden soll. Sie erweisen sich wegen des rasch zugenommenen Umfangs der Welthandelsflotte und der sprunghaft gewachsenen Schiffsgrößen in zunehmendem Maße als Nadelöhre.

Eine der Hauptschlagadern des Weltverkehrs ist der 1869 eröffnete, 163 Kilometer lange stufenlos durch die Landenge von Suez führende Suezkanal mit seinen Endpunkten Port Said im Norden und Suez im Süden. Er verbindet das Mittelmeer mit dem Roten Meer und verkürzt die Distanzen zwischen Nordwesteuropa und Südostasien/Fernost erheblich. Mehrfache Ausbaumaßnahmen dienten in erster Linie dazu, den von den Ölfeldern des Mittleren Ostens kommenden, immer größer werdenden Tankern die Passage voll abgeladen problemlos zu ermöglichen. Die Fahrwassertiefe liegt heute bei rund 20 Metern und soll bis 2012 22 Meter erreichen. Das hat zur Folge, dass es auch für die größten heutigen Containerschiffe keine Behinderungen oder Beschränkungen gibt. Aktuell gibt es allerdings dennoch zwei Entwicklungen, die den Reedereien gewisse Sorgen bereiten. Das ist zum einen der Umstand, dass der Kurs der Schiffe vor oder nach der Kanalpassage zwangsläufig durch den piratenverseuchten Golf von Aden führt, und zum anderen sind es die hohen Gebühren für die Kanalpassage, die in den Betriebskostenrechnungen schmerzlich zu Buche schlagen. Das gilt besonders für die gegenwärtigen Krisenzeiten. Obwohl bereits eine ganze Reihe der großen, in den Fernostdiensten eingesetzten Schiffe anstelle der Kanalpassage die Route um das Kap der Guten Hoffnung herum nehmen, war die Suezkanal-Verwaltung bislang nicht bereit, bei den Gebühren, die immerhin eine tragende Säule des ägyptischen Staatshaushaltes sind, Konzessionen zu machen. In den ersten vier Monaten des Jahres 2009 ist die Zahl der Kanaltransits nach offiziellen Angaben im Vergleich mit dem entsprechenden Vorjahreszeitraum um 17,5 Prozent auf 5506 zurückgegangen. Die Einnahmen aus den Kanalgebühren sanken um 22,4 Prozent auf 1,3 Mrd. USD.

Der knapp 100 Kilometer lange, quer durch Schleswig-Holstein führende Nord-Ostsee-Kanal verbindet, wie der Name schon sagt, Nord- und Ostsee. An den beiden Endpunkten, Brunsbüttel auf der Nordsee- und Kiel-Holtenau auf der Ostseeseite, gleichen Schleusenanlagen die gegebenen Höhenunterschiede aus. Diese, gemessen an den

→ Feederschiffe wie dieses passieren täglich den Nord-Ostsee-Kanal in beiden Richtungen. Mit dem geplanten Ausbau sollen künftig auch deutlich größere Schiffe den Kanal nutzen können.

Foto: Einar Maschmann

↑ »Wüstenschiff« in einer Suezkanal-Weiche mit Segler

↑ Suez querab an Backbord mit Moschee

Schiffspassagen am meisten befahrene künstliche Wasserstraße der Welt, hat zunehmend Bedeutung für die Containerverkehre zwischen den wirtschaftlich aufstrebenden Ostseeanrainerländern und dem »Rest der Welt« gewonnen. Sie erspart den Schiffen den deutlich weiteren Weg um Skagen herum. Auch Hamburg profitiert als Transitplatz in hohem Maße davon. Für den Nord-Ostsee-Kanal gibt es inzwischen konkrete Ausbaupläne, mit denen die Wasserstraße den gestiegenen Anforderungen angepasst werden soll. Das gilt für den zunehmenden Schiffsverkehr ebenso wie für die in den Feederverkehren eingesetzten, immer größer gewordenen Schiffe, mit denen die wachsenden Ladungsmengen abgefahren werden müssen. Mit dem Ausbau sollen die Voraussetzungen dafür geschaffen werden, dass Schiffe mit bis zu 280 Metern Länge und 33 Metern Breite den Kanal passieren können. Die Fahrrinne soll auf der ganzen Länge um einen Meter auf 10,50 Meter vertieft werden. Gegenwärtig liegt die Obergrenze für Containerschiffe etwa bei 1400 TEU. Der von der Hamburger Sietas Werft entwickelte »Baltic-Max«-Typ hat eine Länge von 168 Metern, eine Breite von 26,80 Metern und einen Tiefgang voll abgeladen von 9,61 Metern. In Hamburg wird gehofft, dass bei den Ausbauplänen noch nicht das letzte Wort gesprochen ist. Aus der Sicht der Hansestadt wäre es wünschenswert, dass auch Schiffe mit Stellplatzkapazitäten über 2000 TEU bis etwa 2200 TEU in naher Zukunft den Kanal passieren könnten. Das würde die bisherige positive Wettbewerbssituation des Elbehafens zumindest in diesem Bereich stabilisieren. Sie ist in jüngster Zeit wegen der immer wieder verzögerten Vertiefung des Elbfahrwassers insgesamt ins Wanken geraten.

Vor allem der 1914 nach langer Bauzeit dem Verkehr übergebene Panamakanal, der mit einer Länge von 81,6 Kilometern die Landenge von Mittelamerika durchschneidet, den Atlantik und den Pazifik verbindet und so die Seewege zwischen Europa und Fernost sowie zwischen der nordamerikanischen Ostküste und Fernost erheblich verkürzt, hat beträchtlichen Einfluss auch auf die Größenentwicklung der Containerschiffe gehabt, zumindest lange Zeit. Die Begriffe Panamax und Post-Panamax zeugen davon. Sie gelten für Schiffe, deren Abmessungen so ausgelegt sind, dass sie gerade noch den Kanal nutzen können – Panamax – und für solche, die dies aufgrund ihrer Länge und Breite nicht mehr können – Post-Panamax.

Barriere sind die Schleusen des Kanals. Durch sie sind die Abmessungen der Schiffe, die den Kanal nutzen wollen, auf max. 294 Meter Länge, 32,3 Meter Breite und zwölf Meter Tiefgang beschränkt. Das ist eben Panamax und das hat lange Zeit die Konstruktionen der Containerschiffe beeinflusst. Man wollte oder musste in bestimmten Diensten den Kanal passieren, denn als Alternativen gab es lediglich, aber wenig realistisch den Weg um das Kap Hoorn zu nehmen oder die in geringem Umfang praktizierte Nutzung von Landbrücken. Über diese wurden die Boxen von einer amerikanischen Küste zur anderen gebracht und dort für den Weitertransport wieder auf ein Schiff verladen.

Das änderte sich, als 1988 die American President Lines (APL) in Deutschland, beim Bremer Vulkan in Bremen und den Howaldtswerken-Deutsche Werft (HDW) in Kiel, Schiffe in Auftrag gab, die mit ihrer Breite von 38,50 Metern nicht mehr in die Kanalschleusen passten. Sie wurden die ersten Post-Panamax-Schiffe.

Seitdem ist ihre Zahl von Jahr zu Jahr gewachsen und damit der Druck auf die Betreiber des Kanals, diesen endlich den neuen Schiffsgrößen anzupassen. Hinzu kam die zunehmende Belastung des Kanals durch immer mehr Schiffspassagen, die gerade für Containerschiffe wegen immer wieder auftretender Verzögerungen oft teilweise erhebliche Schwierigkeiten bei der Einhaltung ihrer meistens eng bemessenen

↑ ↗ Es ist wenig Platz für große Containerschiffe in den Schleusen.

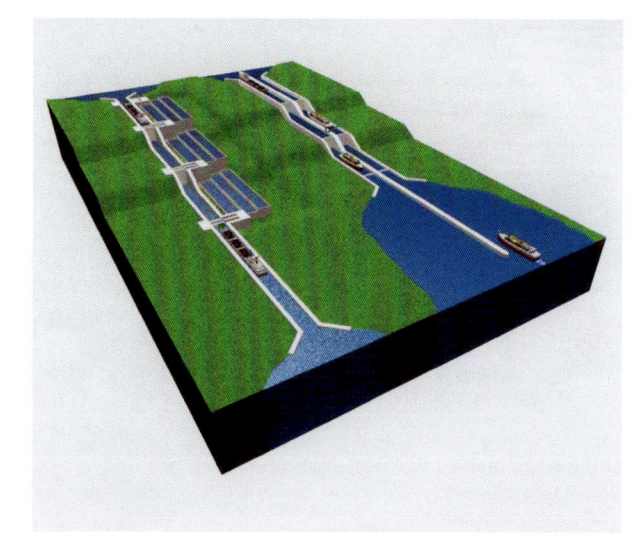

→ Wichtigster Ausbauabschnitt sind die Gatun-Schleusen.

Fahrpläne mit sich brachte. So betrug die reine Transitzeit normalerweise nur etwa 12 Stunden. Wegen der zunehmenden Verkehrsdichte und längeren Wartezeiten dauert sie aber heute bei Voranmeldung schon rund 24 Stunden. Ohne Voranmeldung müssen die Schiffe manchmal mehrere Tage auf ihre Durchreise warten. Die Passagekosten sind erheblich und die Kanalbehörde hat sogar noch einige Tricks erfunden, mit denen sie noch zusätzlich erhöht werden. Dazu ist anzumerken, dass Panama, wie im Fall Ägypten mit dem Suezkanal, den überwiegenden Teil seines Staatshaushalts aus den Kanalgebühren generiert

Die Entscheidung über die Zukunft des Kanals, das heißt dessen Ausbau, fiel am 22. Oktober 2006 nach langen, durchaus kontrovers geführten Diskussionen in einem für die Regierung Panamas bindenden Referendum. Das Startsignal für die auf diesem Wege gebilligte Erweiterung erfolgte dann laut hörbar am 3. September 2007 mit der Zündung einer großen Ladung Dynamit. 2014, also 100 Jahre nach der Inbetriebnahme der zwischen den Städten Colon an der Atlantik- und Panama-Stadt an der Pazifikküste sowie durch den aufgestauten Gatun-See verlaufenden Wasserstraße, sollen die Arbeiten abgeschlossen sein. Es gibt jedoch Zweifel, ob es tatsächlich gelingt, den Zeitplan einzuhalten.

Die Finanzierung der von der Kanalbehörde mit 5,24 Mrd. USD bezifferten Arbeiten soll über vorgezogene höhere Kanalgebühren und Kredite gesichert werden. Die Regierung verspricht sich von dem Mammutvorhaben rund 7000 neue Arbeitsplätze und zusätzlich weitere 35 000 indirekte.

Neben diversen anderen Teilprojekten ist der Bau eines dritten Schleusensystems die größte Herausforderung. Die festgelegten neuen Schleusenabmessungen werden Schiffslängen von bis zu 366 Meter, Breiten bis zu 49 Meter und Tiefgänge bis zu 15,2 Meter zulassen. Damit könnten dann Containerschiffe mit Stellplatzkapazitäten von gut 12 000 TEU des ausgebauten Kanals durchfahren. Es gibt aber nach wie vor Spekulationen, ob, was diese neuen Abmessungen betrifft, das letzte Wort bereits gesprochen ist. Manche Beobachter rechnen mit einer Anhebung der zugelassenen maximalen Containerschiffsgrößen auf 380 Meter Länge, 51 Meter Breite und 15,2 Meter Tiefgang. Die Entwicklung bleibt abzuwarten.

Wie weit sich die Panamakanal-Erweiterung außer dem bereits erwähnten Einfluss auf die Größenentwicklung der Containerschiffe auswirken kann, zeigt beispielhaft eine Prognose des niederländischen Branchendienstes Dynamar. Darin heißt es, dass nach Abschluss des Kanalausbaus Schiffe mit Behälterkapazitäten von 10 000 bis 13 000 TEU zu Standardgrößen auch im Verkehr zwischen der US-Ostküste und Asien würden, während heute dort überwiegend Panamax-Tonnage mit bis zu maximal 5100 TEU eingesetzt wird. Da ein Großteil der Containerimporte ohnehin für die Großstädte und industriellen Zentren im Osten und Mittleren Westen bestimmt seien, werde sich der Containerumschlag außerdem allmählich von den Westküstenhäfen zu den Atlantikhäfen der USA verlagern. Bis 2016 könnten 25 Prozent des heutigen, über die Westküste abgewickelten Umschlagvolumens zur Ostküste abwandern, verbunden mit einer Steigerung des Aufkommens von derzeit etwa 4 Mio. TEU bis auf möglicherweise 22 Mio. TEU im Jahre 2020. Dann müssten auch die wichtigsten nordamerikanischen Ostküstenhäfen Schiffe mit bis zu 13 000 TEU abfertigen können. Bis 2015 kämen dafür allerdings zunächst nur Halifax und Norfolk sowie mit Einschränkungen New York in Frage.

Gegenwärtig, in der ersten Jahreshälfte 2009, schrumpft infolge der Weltwirtschaftskrise die den Panamakanal passierende Schiffstonnage. Nach einer Schätzung der Kanalverwaltung wird die Gesamtmenge der durch den Kanal transportierten Waren im laufenden Fiskaljahr 2008/2009 etwa 294 Mio. Tonnen betragen. Sie bleibt damit deutlich hinter dem Ergebnis des Fiskaljahres 2007/2008 zurück, als 302 Mio. Tonnen auf 14 702 Schiffen den Kanal passierten. Ein Fiskaljahr dauert jeweils vom 1. Oktober bis zum 30. September des Folgejahres.

Es soll aber nicht unerwähnt bleiben, dass den Kanal seit der ersten offiziellen Passage eines Schiffes, des D. ANCON am 15. August 1914, bis zum Zeitpunkt seines 95-jährigen Betriebes mehr als 983 000 Schiffe diesen so wichtigen Wasserweg als Verbindung zwischen West und Ost genutzt haben. Die Kanalbehörde erwartet den millionsten Transit im Jahr 2010. Der Chef der Kanalbehörde, Alberto Aleman Zubieta, formulierte es mit sichtlichem Stolz so: »The canal has been a part of the evolution of transportation as a vehicle for bringing together nations around the world. Similarly, it has contributed to various orders of human progress and scientific advancements such as engineering, dredging, hydraulics, and especially, the successful management of strategic natural resources.«

Bereits in den zwanziger Jahren des vorigen Jahrhunderts, als sich schon damals eine immer stärkere Belastung des Panamakanals abzuzeichnen begann, die allerdings nicht im Entferntesten an die heutigen Verhältnisse heranreichten, war als Alternative oder Ergänzung der Bau eines zweiten Kanals quer durch Nicaragua in der Diskussion. Diese Idee ist vor einigen Jahren wiederbelebt worden. Jedoch dürften die entsprechenden Pläne in Anbetracht des mittlerweile in Angriff genommenen Panamakanal-Ausbaus und der finanziellen Engpässe weltweit zumindest vorerst wieder in den Archiven landen.

Zwar kein Kanal, aber doch auch ein Nadelöhr ist die für den Weltseeverkehr ungemein wichtige und sehr stark frequentierte Straße von Malakka. Sie verbindet den Indischen Ozean mit dem Südchinesischen Meer und damit Europa, Afrika, den Nahen Osten und Indien mit Ostasien. Die in nordwestlicher Richtung verlaufende Wasserstraße liegt zwischen der Malaisischen Halbinsel und der Insel Sumatra, ist 800 Kilometer lang und größtenteils zwischen 50 bis 300 Kilometer breit, an der schmalsten Stelle im Süden jedoch nur 2,8 Kilometer. Die relativ kurze Singapur-Straße, die im Süden an die Straße von Malakka anschließt, wird meistens als deren Teil angesehen.

Etwa ein Drittel des globalen Handelsvolumens und die Hälfte des weltweit benötigten Öls passieren die Straße von Malakka – 90 000 Handelsschiffe der verschiedensten Typen sind es jährlich, darunter viele Öltanker für die Versorgung vor allem Chinas, Japans und Südkoreas. Aber auch sehr viele Containerschiffe nutzen täglich diese Route in beiden Richtungen. Die Passage dieser Wasserstraße erfordert von den Schiffführungen hohe Aufmerksamkeit. Zum einen wegen der Enge des von vielen Wracks und Sandbänken gesäumten Fahrwassers und zum anderen

→ Navigatorisch schwierig und wegen häufiger Piratenüberfälle gefährlich ist die viel befahrene Straße von Malakka.

wegen der enormen Verkehrsdichte, denn zu den großen und sehr großen Frachtschiffen kommt eine Unzahl kleinerer Schiffe, insbesondere Fischerei- und Küstenfahrzeuge sowie traditionelle Segler, aber auch Freizeitboote und die Straße überquerende Fähren. Immer wieder passieren Havarien, wobei das Horrorszenario, nämlich eine durch ein Tankerunglück verursachte Ölpest, wie die seinerzeit von der PRESTIGE vor der baskischen Küste oder die Havarie eines großen Containerschiffes mit einer Vielzahl von Chemikalien und anderer gefährlicher Stoffe in den Boxen. Beides ist bisher glücklicherweise noch nicht eingetreten, würde aber, wenn es dennoch eines Tages dazu käme, für die angrenzenden, dicht besiedelten Länder eine kaum vorstellbare Katastrophe bedeuten. Etliche Jahre galt die Straße von Malakka darüber hinaus als schwer piratengefährdet, oft in Verbindung gebracht mit möglichen Terrorangriffen.

Die Zahl der Überfälle ist jedoch in jüngster Zeit infolge verstärkter Überwachungsmaßnahmen durch die Anrainerstaaten zurückgegangen.

Übrigens, und das zeigt, dass die Straße von Malakka doch zumindest kanalähnlich ist, gibt es auch dort gewisse Beschränkungen. In diesem Fall, was den Tiefgang betrifft. Der maximal zugelassene Tiefgang ist 20 Meter und danach richtete sich wiederum ein in den Niederlanden entwickelter Entwurf eines Containerschiffes, der die Bezeichnung »Malakkamax« erhalten hat. Eines Schiffes also, dessen maximale Abmessungen gerade noch die Durchfahrt erlauben würde.

Eine Entlastung für die Straße von Malakka könnte ein Kanal quer durch die malaiische Halbinsel, durch den Isthmus von Kra zwischen den beiden thailändischen Städten Kraburi und Chumphon oder weiter südlich zwischen Surat Thani und Phangnga, bringen. Der Abstand zwischen der

Andamanensee auf der einen Seite und dem Golf von Thailand auf der anderen beträgt dort lediglich 44 Kilometer. Die Landenge ist nach der Stadt Kra Buri, Hauptstadt des gleichnamigen Landkreises in der Provinz Ranong, benannt. Der jetzige Schifffahrtsweg um die malaiische Halbinsel herum mit der Passage der Straße von Malakka als Verbindung zwischen den westlichen und östlichen Wirtschaftszentren würde durch einen solchen Kanal deutlich verkürzt, wodurch sich gleichermaßen Zeit und Brennstoff sparen ließe.

Ein solches Projekt als »Kra-Kanal« oder auch als »Thai-Kanal« bezeichnet, ist bereits seit dem 17. Jahrhundert immer wieder diskutiert worden. Auch in jüngster Zeit sind derartige Überlegungen erneut aufgegriffen worden. Wegen der immensen Kosten und auch wegen der zu erwartenden Umweltprobleme ist es bislang allerdings bei den Plänen geblieben. Darüber hinaus ist ein solches Kanalprojekt ein nicht leicht zu nehmendes Politikum. China, dessen lebenswichtige Ölimporte zu 90 Prozent die Straße von Malakka durchlaufen, ist ein Befürworter, weil es sich davon mehr Sicherheit für seine Versorgungswege verspricht, der Stadtstaat Singapur ist dagegen, weil dadurch das Herz seiner Wirtschaft, der Hafen, den nahezu alle die Straße von Malakka durchfahrenden Schiffe passieren oder anlaufen müssen, an Bedeutung verlieren könnte. Außerdem wird auch ein nennenswerter Teil des für China bestimmten Rohöls in den singapurischen Raffinerien verarbeitet, was sich bei Existenz eines Kra-Kanals wohl bald verlagern dürfte.

Noch eine andere Bedeutung unter ebenfalls auch anderen Aspekten hat ein weiterer regulierter Seeweg. Es ist der so genannte Nördliche oder Arktische Seeweg durch die eisigen Gewässer entlang der nördlichen Küsten Russlands. Wegen der nach vielen Vorhersagen zunehmenden Erderwärmung könnte, so eine Meinung, der bis jetzt noch monatelang mit Eis bedeckte und nur mit Hilfe starker Eisbrecher zu durchfahrende Seeweg eventuell in wenigen Jahren ganzjährig zu passieren sein und damit die Distanzen wichtiger Seeverkehrswege erheblich verkürzen. Allerdings wird diese Routenführung für die Containerschifffahrt auch in absehbarer Zeit wohl kaum von Bedeutung sein, wie einmal mehr eine Mitte 2009 vorgelegte Studie der norwegischen Klassifikationsgesellschaft Det Norske Veritas (DNV) belegt. Sie ist wegen der in diesen Gewässern herrschenden nach wie vor unsicheren Witterungs- bzw. Eisverhältnisse allein schon wegen der geforderten Fahrplaneinhaltung für Containerschiffe keine Alternative, soll jedoch als mögliche Option für eine fernere Zukunft hier nicht unerwähnt bleiben.

Hinzu komme, auch das lässt die DNV-Studie nicht unerwähnt, dass Containerschiffe verstärkt und aufgerüstet werden müssten, damit sie den dann immer noch eisigen Verhältnissen gewachsen seien. Hierbei sei zu bedenken, dass ein für Eisbrechen optimierter Schiffsrumpf in offenem Wasser eine deutlich geringere Effizienz aufweise. Die Fahrt in eisfreiem Wasser mache jedoch einen erheblichen Teil der Gesamtroute aus, was den Nutzen der transarktischen Strecke vermindere. Ein regulärer transarktischer Containerbetrieb sei deshalb momentan nicht so attraktiv, wie die traditionelle Route durch den Suez-Kanal.

Aber eine in Russland seit Jahrhunderten gebräuchliche Redewendung heißt: »Nitschewo, der Tag wird kommen, vielleicht, oder auch nicht!« Wir werden sehen.

← Trotz der viel beschworenen drohenden Erderwärmung werden sicher noch einige Jahrzehnte vergehen, bevor – wenn überhaupt – der nördliche Seeweg einmal regelmäßig von Containerverkehren genutzt werden kann. Auch modernste Eisbrechertechnik wird daran nichts ändern.

Gigantisches Wachstum der Containerschiffsflotten

→ Für den Südafrika-Verkehr war die 2005 gebaute DAL KALAHARI mit ihren 4000 TEU schon eine besondere Größenordnung.

Foto: CP Offen Archiv

Foto: Hapag Lloyd

↑→ Eine wichtige Funktion erfüllen nach wie vor die mit bordeigenem Ladegeschirr ausgestatteten Mehrzweckfrachter.

Foto: Conti

Die Nachfrage nach Containertransporten wuchs weiter in raschem Tempo. 2002 betrug die Zunahme 10,4 Prozent, 2003 waren es 10,6 Prozent und für 2004 gingen Analysten sogar von 12,3 Prozent aus. Als wichtigster Faktor für diese Entwicklung wurde immer wieder der geradezu explodierende chinesische Außenhandel genannt. Allein im ersten Halbjahr 2004 nahm das Ladungsaufkommen von Asien nach Europa noch einmal um 20 Prozent zu. Positive Impulse kamen aber auch aus anderen Regionen, wie z.B. aus Brasilien. Von dort stieg das Exportvolumen im ersten Halbjahr um 15,6 Prozent.

Diese außerordentliche Transportnachfrage stimulierte natürlich eine ebenso expansive Vergrößerung der Containerflotten. Die Zahl der in Fahrt befindlichen Containerschiffe werde in den nächsten Jahren weiter stark zunehmen, da die Reeder angesichts des hohen Verkehrswachstums kräftig investiert hätten, prognostizierte das Londoner Schiffsmaklerunternehmen Braemar im Herbst 2004, und gegen Ende des Jahres komme es sogar zu einer »Phase hoher Neubauablieferungen«. Wie es weiter hieß, würden bis Ende 2007 pro Quartal mehr als 60 neue Containerschiffe mit Stellplatzkapazitäten von zusammen mehr als 200 000 TEU in Dienst gestellt werden. Ihren Höhepunkt werde die Tonnageflut im dritten Quartal 2006 erreichen, wenn Frachter von zusammen rund 400 000 TEU neu in Fahrt kämen.

Die Reedereien, die allerdings mit zwischenzeitlich stark gestiegenen Kosten zu kämpfen hatten, etwa bei den Brennstoffen und auch beim Personal, das weltweit immer knapper wurde, nutzten das stark steigende Ladungsaufkommen zu kräftigen Ratenerhöhungen, die sich auch durchsetzen ließen. Ein Anfang November 2004 publizierter Situationsbericht kündigte an, dass die Far Eastern Freight Conference (FEFC) die Raten für Transporte von Asien nach Europa um 400 USD pro TEU erhöhen wolle. Für Ladung aus Japan werde bis zu 300 USD pro TEU mehr verlangt. Aufgrund der hohen Chinaexporte sei das Verkehrsaufkommen in Richtung Europa seit Jahresanfang um 18 Prozent gewachsen. »Für 2005 erwarten wir ähnliche Zuwächse«, ließ die FEFC verlauten. Aber die Linienreeder schränkten ein: Die Kapazitäten der Carrier reichten jetzt schon kaum aus, um die Ladungsflut zu bewältigen. Freie Charterschiffe seien absolute Mangelware, und wegen der Tonnageknappheit seien die Charterraten für diese binnen Jahresfrist um 50 Prozent gestiegen. Dazu kämen steigende Ausgaben für neue Container, deren Produktion sich in Folge der galoppierenden Stahlpreise ebenfalls massiv verteuert hätte. Die Einkaufspreise der Boxen lägen doppelt so hoch wie vor neun bis zwölf Monaten und auch die Leasing-Gesellschaften hätten ihre Raten hoch geschraubt.

Gewisse Probleme brachte das enorm gewachsene Ladungsaufkommen mit sich, an dem, das sei nebenbei angemerkt und soll nicht vergessen werden, alle, auch die Linienreeder, glänzend verdienten, weil das Aufkommen nicht in allen Richtungen gleichmäßig zugenommen hatte. Das galt vor allem für den Güteraustausch mit China. Von dort wurden immer umfangreichere Mengen nach Europa und in die USA exportiert, ohne dass gleich viel Ladung für die Gegenrichtung zur Verfügung stand. Das Ergebnis war, dass die in diesen Verkehren eingesetzten immer größeren Schiffe auf ihren Reisen nach Europa zwar immer mehr oder weniger voll abgeladen waren, während sie in Richtung Fernost große Mühe hatten, ihre Kapazitäten wenigstens einigermaßen auszulasten. Die vielen freien Stellplätze wurden zunehmend mit Leercontainern belegt. »Derartige Rücktransporte kosten die Reedereien im Durchschnitt etwa 40 USD pro Box«, errechnete das Londoner Consultant-Unternehmen Drewry 2004. Die Unpaarigkeit der Verkehre zeige zudem einen deutlichen Trend nach oben, hieß es weiter. Mitte der 90er Jahre habe der Anteil der Leercontainer bei gut 18 Prozent gelegen, heute schon bei fast 23 Prozent.

Und noch etwas anderes begann den Akteuren im Containergeschehen zunehmend Sorgen zu bereiten. Es zeigte sich, dass bei der Bewältigung der Importflut vor allem aus China die Umschlagkapazitäten in den Häfen, zumindest in den Haupthäfen, allmählich an ihre Grenzen stießen bzw. diese bereits überschritten hatten. Einige Reedereien mussten ihre Schiffe inzwischen immer häufiger an Umschlagplätzen wie beispielsweise Le Havre oder Southampton vorbeifahren lassen, weil dort in der fahrplanmäßig gebuchten Zeit kein Platz zur Verfügung stand. So blieben Import-Container an Bord, die anschließend von einem anderen Hafen zu ihrem eigentlichen Bestimmungsort umgefahren werden mussten, während Export-Container entweder auf die gleiche Weise doch noch zur Verschiffung kamen oder erst bei der nächsten Bedienung des Hafens an Bord genommen werden konnten. Noch angespannter sei die Lage an der US-Westküste, berichteten Reedereien. Dort seien nicht nur die Terminals überlastet, sondern gleichermaßen die Straßen- und Güterbahnnetze. Eine Situation, die sich in der Folgezeit noch weiter verschärfen würde, denn nach damaliger Einschätzung würde sich der weltweite Containerumschlag bis 2015 auf rund 650 Mio. TEU jährlich erhöhen, allein in Nordeuropa von knapp 40 Mio. TEU auf 73 Mio. TEU. Es mehrten sich warnende Stimmen, dass eine Verstopfung der Häfen die weitere Entwicklung bremsen könnte.

Das unterstrich im April 2005 einmal mehr Dirk Visser, Schifffahrtsexperte der niederländischen Dynamar BV, anlässlich eines Seminars über Post-Panamax-Terminals in Hamburg. Mit der rasanten Entwicklung der Containerverkehre könne der Ausbau der Infrastruktur der Terminals, die sie abfertigen müssten, nicht mehr Schritt halten, warnte er. Vor

↑ EVER ULTRA – 5364 TEU
↗ CONTI CHAMPION – 8073 TEU
→ CMA CGM PELLEAS – 9661 TEU

→ Ansteuerung Containerterminal Bremerhaven

dem Hintergrund eines bisher nicht gekannten Wachstums im weltweiten Containertransport sowohl bei den Ladungsmengen als auch bei den Schiffsgrößen und dazu bei der Anzahl der Schiffe entstehe auf der Landseite ein Problem bei der Abfertigung, das »allmählich zum Hemmschuh der Globalisierung wird«, betonte Visser. Schon die Tatsache, dass nach jetzigem Auftragsbestand bis zum 1. Januar 2009 nicht weniger als 4530 Containerschiffe aller Größen mit einer Kapazität von über 11,5 Mio. TEU in Fahrt sein würden – unterstellt, dass keine Verschrottungen stattfinden –, verdeutliche das bevorstehende Problem.

Allein deutsche Reeder, die in der Containerschifffahrt weltweit mit Abstand führend seien, hätten bislang 62 Post-Panamax-Schiffe mit einer Gesamtkapazität von knapp 500 000 TEU bestellt. Insgesamt seien 137 Schiffe mit jeweils 17 Containerreihen nebeneinander an Deck in Auftrag gegeben worden sowie weitere 41 mit jeweils 18 Reihen und bis 9600 TEU Stellplatzkapazität. Damit sei ein bisher nie da gewesener Kapazitätsschub zu erwarten, für den es zwar keine Probleme geben werde, ausreichend Beschäftigung zu finden, der aber die Gefahr von Ladungsstaus in den Häfen weltweit mit sich bringe, und zwar nicht nur kurzfristig, sondern auf Jahre hinaus.

Die Ladungsschwemme habe die Terminals mehr oder weniger unvorbereitet getroffen, so Visser. Niemand habe den China-Faktor, der wesentlich ursächlich für die sich plötzlich entwickelnde Containerflut sei, voraussehen können, sonst hätte man sich besser darauf eingestellt. Zwar gebe es, so hieß es später, eine ganze Reihe von großen Terminalneubauten, so beispielsweise Maasvlakte II (7 Mio. TEU p.a.) und Euromax (2,8) in Rotterdam, das Erweiterungsgebiet Freihafen-Mitte in Hamburg (4,7) und der JadeWeserPort (2,7) in Wilhelmshaven, das Problem dabei aber sei, dass sich die Realisierung dieser wichtigen Infrastrukturprojekte vor allem wegen meistens gerichtlich zu klärender Vorbehalte von Seiten der Umweltschützer oder von solchen, die sich dafür halten, immer wieder auf Jahre hinaus verzögere. So läge das Projekt Maasvlakte II bereits drei bis vier Jahre hinter den Planungen zurück, Euromax etwa zwei Jahre und der Baubeginn in Wilhelmshaven sei noch gar nicht abzusehen.

Noch ein Wort zu der von Dirk Visser gemachten Bemerkung, dass die deutschen Reedereien in der Containerschifffahrt mit Abstand weltweit führend seien. Das entsprach absolut den Tatsachen, denn Deutschland hatte sich dank einer

→ Platz für 13 500 TEU bietet der Mega-Boxer MSC DANIELA. Er war bei seiner Ablieferung im Dezember 2008 einer der ersten Vertreter dieser neuen Klasse, während...

großzügigen Steuer- und Finanzpolitik zu einem Zentrum der Containerschifffahrt entwickelt und in diesem Segment tatsächlich in wenigen Jahren die Weltspitze sowie dadurch ebenfalls, um das hier noch hinzuzufügen, den Platz drei im Ranking der Handelsflotten international erreicht. Die Rede dabei ist allerdings immer von einer wirtschaftlich deutschen Reedereien zuzuordnenden Schifffahrt. Einer Schifffahrt, die zwar von deutschen Unternehmen betrieben wird, die aber nur zu einem kleineren Teil auch die deutsche Flagge führt. Die Schifffahrt war zwar schon immer ein internationales Geschäft, aber sie hatte sich in den vorangegangenen fünf, sechs Jahrzehnten in noch weitaus höherem Maße als zuvor in diese Richtung bewegt. In Deutschland waren es vor allem Trampreedereien in Zusammenarbeit mit Emissionshäusern, die diese Entwicklung vorangetrieben haben.

Im Bericht des Verbandes Deutscher Reeder (VDR) für das Jahr 2005 heißt es dann auch: »Führend blieben die deutschen Reedereien bei Containerschiffen. Hier belegen sie mit großem Vorsprung mit 33 Prozent der Stellplatzkapazität weltweit den ersten Platz.« Bezogen auf die Welthandelsflotte wurde vermerkt, dass die Containerschiffstonnage 24,1 Prozent des gesamten Auftragsbestandes im Schiffbau weltweit ausmachten. »Mitte des Jahres 2005 befanden sich 1101 Containerschiffe (Vorjahr: 724) mit einer Kapazität von insgesamt 4 287 000 TEU in Bau und Auftrag. (Vorjahr: 3 016 000 TEU)« Ein erneutes Beispiel für das sprunghafte Wachstum in diesem Segment der Welthandelsflotte.

Einen gewissen Einbruch hatten die stark expandierenden Containerreedereien etwa 2006 trotz der ununterbrochen weiter wachsenden Ladungsmengen zu verzeichnen. Wesentliche Gründe dafür waren ein schmerzlich spürbarer Druck auf die Frachtraten, exorbitant gestiegene Treib- und Schmierstoffpreise sowie wachsende Personalkosten.

Die Sache mit den sinkenden Frachtraten hatten die Reedereien oder zumindest etliche von ihnen selbst verursacht, indem sie angesichts der ihrer Meinung zu erwartenden Überkapazitäten, aufgebaut nicht zuletzt durch die eigenen Neubaubestellungen, selbst ihre Raten zurückschraubten, um in den befürchteten schlechteren Zeiten möglichst viele Kunden fester an sich zu binden.

Die Treibstoffpreise hatten mehr weltpolitische Gründe, wobei Lieferländer und Ölgesellschaften noch niemals um irgendwelche Argumente verlegen waren, mit denen sie sich bemühten, Preissteigerungen zu begründen. Die jetzt zu verkraftenden waren aber tatsächlich außergewöhnlich und sie gingen ungebremst weiter kräftig nach oben. Hatte man 2005 noch eine Tonne Bunkeröl für unter 200 USD übernehmen können, waren es 2006 im Jahresdurchschnitt bereits 280 USD/t, 2007 350 USD/t und im November 2007 wurde erstmals die 500-USD/t-Marke überschritten, um, das im Vorgriff, in 2008 zeitweise bis auf einen Spitzenwert von 800 USD/t zu klettern. Erst dann setzte wieder eine allmähliche Beruhigung ein, wobei die Preise aber weiterhin auf einem relativ hohen Niveau verblieben. Das war schon ein dicker Brocken, der da verkraftet werden musste, wenn man bedenkt, dass zum Beispiel die Reederei Hamburg Süd 2007 nach eigenen Angaben einen Jahresverbrauch an Bunkeröl von rund 2 Mio. Tonnen hatte.

Die Personalkosten schließlich gingen aus dem einfachen Grund in die Höhe, weil seemännisches Personal für die rasant wachsende Welthandelsflotte zunehmend knapper geworden war, denn die Reedereien überall in der Welt hatten es versäumt, rechtzeitig und in ausreichendem Maße für den nötigen Nachwuchs zu sorgen. Wollte man nun gutes Personal finden, dann musste wegen des Wettbewerbs darum eben deutlich tiefer in die Tasche gegriffen werden.

Um den Bunkerverbrauch ihrer Schiffe zu senken, begannen etliche Reedereien das so genannte »Slow Steaming« zu testen, also ihre Schiffe langsamer fahren zu lassen. Hatten sie bisher auf möglichst schnelle Transitzeiten gesetzt, so gingen sie jetzt dazu über, in ihren Diensten lieber ein Schiff mehr einzusetzen, um die gleiche Ladungsmenge abfahren zu können. So kündigte die Grand Alliance – Hapag-Lloyd, MISC, Nippon Yusen Kaisha (NYK) und Orient Overseas Container Line (OOCL) – an, von Beginn 2007 an auf einem ihrer Fernostdienste neun statt bisher acht Schiffe einzusetzen. Durch die Drosselung der Geschwindigkeit würde sich die Rundreisedauer von 56 auf 63 Tage erhöhen. Falls sich diese Umstellung bewähre und sich positiv auf das wirtschaftliche Ergebnis auswirke, sollten weitere Liniendienste in gleicher Weise umgestellt werden.

Die durch die Drosselung der Geschwindigkeit zu erreichenden Einsparungen waren in der Tat erheblich: Auf der

↓ ... die nur wenige Jahre ältere, 1999 in Fahrt gekommene HANJIN COPENHAGEN heute bereits nur noch als mittelgroßes Containerschiff zählt.

Basis von 310 USD/t Treibstoff könnten es bis zu 12 Mio. USD pro Jahr bei einem 8000-TEU-Containerschiff sein, errechnete der Germanische Lloyd. Um rund 30 Mio. USD könnte die Kalkulation für einen wöchentlichen Fernostdienst entlastet werden, wenn die Schiffe 22 Knoten statt der bisherigen 26 Knoten liefen. Allerdings waren die Kosteneinsparungen im Brennstoffbereich nicht der einzige Grund für die »Slow Steaming«-Überlegungen. Hinzu kam dabei nämlich noch der Effekt, dass infolge des dadurch notwendig werdenden zusätzlichen Schiffseinsatzes, sollte in den Diensten die Abfahrtsfrequenzen gehalten werden, mehr Tonnage gebunden würde, wodurch das Gespenst von Überkapazitäten möglicherweise etwas weniger schrecklich drohe. Irgendwelche Auswirkungen darauf, dass nun auch die Orderwut gebremst würde, hatten diese Befürchtungen jedoch in keiner Weise. Kaum zu glauben, aber das Gegenteil war Realität. Keine weiteren Neubauten bestellen, das sollten schon immer nur die anderen.

Und um noch einmal auf die Geschwindigkeit auch im Zusammenhang mit dem Slow Steaming zurückzukommen, ist es grundsätzlich so, dass bei der Einrichtung bzw. bei dem Betrieb von Containerdiensten die Geschwindigkeit der Schiffe nicht unbedingt die entscheidende Rolle spielt. Wichtiger ist die Pünktlichkeit der Lieferungen und die Einhaltung der Fahrpläne. Damit aber sah es nach einer Mitte 2006 von Drewry Shipping Consultants vorgelegten Studie gar nicht so toll aus. Untersucht worden waren zwischen Dezember 2005 und April 2006 insgesamt 3300 Ankünfte von Containerschiffen auf 23 verschiedenen Routen sowohl in Ost-West- als auch im Nord-Süd-Verkehren.

Von den geprüften Schiffen trafen rund 22 Prozent einen Tag und sieben Prozent zwei Tage zu spät ein, während in rund zwölf Prozent der Fälle die geplante Ankunftszeit sogar um drei Tage oder mehr überschritten wurde. Die Reederei, die bei der Untersuchung am besten abgeschnitten hatte, war in 91 Prozent ihrer Ankünfte pünktlich, während die schlechtesten Reedereien keine ihrer angekündigten Ankunftszeiten eingehalten hatten. Von 63 international tätigen Linienreedereien hatten nur 16 von ihnen 60 Prozent oder mehr Pünktlichkeit zu bieten.

Zu den Routen, auf denen die größte Pünktlichkeit geboten wurde, gehörten u.a. der Transpazifik und der Verkehr zwischen Europa und Südamerika. Als Routen mit der niedrigsten Fahrplanzuverlässigkeit, in denen weniger als 40 Prozent der Schiffe pünktlich waren, wurden u.a. Europa–Afrika und Europa–Karibik–Mittelamerika genannt. Auf diesen Routen summierten sich die Verspätungen auf bis zu vier Tage. Die großen Routen zwischen Fernost und Europa sowie Nordamerika und Europa bewegten sich bei der Pünktlichkeit etwa im Mittelfeld.

Die Verspätungen lastete Drewry allerdings nicht allein den Reedereien an. In vielen Fällen seien dafür Faktoren ausschlaggebend, auf die sie keinen Einfluss hätten. Dazu gehörten sich mehrende Abfertigungsprobleme und Wartezeiten etwa vor dem Panamakanal ebenso wie ungünstige Wetterverhältnisse. Dennoch gab Drewry zu verstehen, dass die Reedereien dies durchaus in gewisser Weise einplanen könnten, etwa durch entsprechende Pufferzeiten in ihrer Fahrplangestaltung.

Diese Situation hat sich jedoch inzwischen verbessert. Wie Drewry in seiner Studie für das zweite Quartal 2009 belegt, erreichten 69 Prozent der 1700 beobachteten Containerschiffe entweder am geplanten Tag oder sogar früher den Zielhafen. Dies sei das beste Ergebnis seit Einführung der Verlässlichkeitsprüfung, hieß es. Im ersten Quartal habe der Wert noch erst bei 60 Prozent gelegen.

»Die Ergebnisse zeigen, dass die Reeder mehr auf Zuverlässigkeit achten. Ein Grund für die verbesserten Werte könnten aber auch die durch die Wirtschaftskrise bedingten Transportrückgänge sein. Die Häfen sind nicht mehr so verstopft«, erklärte Simon Heaney, Autor der Studie. Die Analysten von Drewry sehen aber trotz der 69 Prozent Pünktlichkeit noch Verbesserungspotenzial und empfehlen Befrachtern, dauerhaft auch Zuverlässigkeitsindikatoren in die Ratenverhandlungen

↘ Eigentlich nicht so gedacht, aber der Wulstbug eines im Hafen liegenden großen Containerschiffes kann auch einem Robbenchef und seinen Harem ein beschauliches Plätzchen bieten.

Foto: Hansa Treuhand

einzubringen. »Ansonsten werden die Werte beim nächsten Aufschwung der Warenströme schnell wieder absinken«, so Heaney.

Wie bereits weiter oben angedeutet, zeigten die immer wieder zu vernehmenden Warnungen vor Überkapazitäten keinerlei Wirkung auf das Orderverhalten der Reedereien. Beflügelt von anderen Prognosen, die bestätigten, dass wegen des weiteren Wachstums im Welthandel die Märkte die auf den Werften der Welt entstehenden bzw. georderten Stellplatzkapazitäten allemal verkraften könnten, ja, sie sogar benötigten, hielt der Orderboom unvermindert an und erreichte immer neue Höhen. Die weltweit vorhandenen Schiffbauplätze wurden knapp, und Ablieferungstermine bis in das Jahr 2011 hinein und sogar auch schon darüber hinaus waren schon keine Überraschungen mehr. Die Anzahl der neu bestellten Schiffe wuchs ebenso rasch wie deren Größe.

So kam es nicht von ungefähr, dass Dr. Burkhard Lemper, wissenschaftlicher Mitarbeiter am Institut für Seeverkehrswirtschaft und Logistik (ISL) in Bremen und ausgewiesener Kenner der Szene, in einem Zeitungsbeitrag das Jahr 2007 als solches bezeichnete, das in der Geschichte der Containerschifffahrt als das der 12 000er eingehen werde, womit er die Mega-Carrier mit Stellplatzkapazitäten um 12 000 TEU meinte. Er wusste natürlich, wovon er sprach, denn wenn auch zu Beginn des Jahres außer der schon immer in diesem Segment voranpreschenden dänischen Maersk Line noch keine andere Reederei ein derart großes Schiff bestellt hatte, so konnten die koreanischen Werften, andere hatten ja kaum die Möglichkeit dazu, bereits im Herbst des genannten Jahres 115 Aufträge über Neubauten dieser neuen Generation in ihren Auftragsbüchern verzeichnen.

Wenn wir nun Dr. Lemper in seinen Ausführungen noch weiter folgen, dann hatte nicht zuletzt durch diese Bestellungen der Auftragsbestand einen Rekordumfang erreicht, der für die nächsten Jahre erhebliche Kapazitätszuwächse erwarten ließ. Trotzdem, entgegen seit geraumer Zeit immer wieder zu hörenden Warnungen vor einer Ratenkrise wegen drohender Überkapazitäten, seien derartige Befürchtungen, so auch Dr. Lemper, aber nach wie vor als gering einzustufen. »Die Containerschifffahrt wächst weiter überdurchschnittlich dynamisch. Mit Zuwachsraten von durchschnittlich rund 11 Prozent in 2005 und 2006 lag das Wachstum über dem langjährigen Durchschnitt. Und auch 2007 und 2008 sind auf Basis der bislang bekannten Zahlen und aktuellen Wirtschaftsprognosen zweistellige Zuwachsraten für den Containerumschlag weltweit zu erwarten.

Längerfristige Prognosen avisieren für 2020 inzwischen einen Umschlag von 1 Mrd. TEU, und dies selbst unter der sehr vorsichtigen Annahme von nur 6,5 Prozent jährlichem Wachstum. Von Seiten der Nachfrage gibt es somit kaum einen Zweifel an der positiven Entwicklung. Ein über Gebühr wachsendes Kapazitätsangebot könnte allerdings selbst bei einer positiven Nachfrageentwicklung das Gleichgewicht der Märkte gefährden. Angesichts eines Auftragsbestands von rund 67 Prozent der aktuellen Kapazität lässt sich durchaus zwar die Gefahr eines erheblichen Überangebots erkennen, aber hierzu sind mehrere Punkte zu beachten.

Zu Beginn des Oktober 2007 befanden sich in den Orderbüchern der Werften insgesamt 1 484 Vollcontainerschiffe mit zusammen 6,7 Mio. TEU. Dies ergibt auf Basis der geplanten Ablieferungsdaten nach knapp 16 Prozent im laufenden Jahr Steigerungen von 14 Prozent in 2008 und jeweils 13 Prozent in 2009 und 2010. Viele der großen Schiffe kommen aber erst ab 2011 in Fahrt. Damit verteilen sich die Ablieferungen mittlerweile über den Zeitraum der kommenden vier Jahre und die jährlichen Zuwachsraten relativieren sich bereits in eine Größenordnung, die deutlich weniger beeindruckend erscheint als die genannten 67 Prozent.«

Hinzu kämen, so Dr. Lemper, weitere Faktoren, die den Druck von Überkapazitäten verringern würden. Als ersten nannte er die zu erwartenden Verschrottungen, denn da in den vergangenen Jahren so gut wie kein Containerschiff ausgesondert worden sei, belaufe sich inzwischen der Anteil der über 25 Jahre alten Einheiten in der Containerschiffsflotte, die aufgrund ihres Alters normalerweise zur Verschrottung anstünden, auf gut vier Prozent. Ein Anreiz dazu böte auch das Rekordniveau der Schrottpreise. Hinzu käme die Veränderung in der Flottenstruktur. Rund 50 Prozent der Kapazität, die in den kommenden Jahren in Fahrt gesetzt werde, entfiele auf Schiffe mit Stellplatzangeboten von 8000 TEU und mehr. Die kämen aber fast ausschließlich auf den Routen zwischen Europa und Asien oder Nordamerika und Asien zum Einsatz, also im Verkehr zwischen Märkten, die besonders rasch wüchsen, mit Zuwachsraten von schätzungsweise 20 Prozent jährlich. Die zunehmenden Kapazitäten könnten also durchaus aufgenommen werden. Hinzu käme der Faktor Geschwindigkeit. Da viele Reedereien aufgrund der hohen Bunkerpreise langsamer fahren ließen, würden in den einzelnen Diensten mehr Schiffe benötigt, um das Transportangebot zu halten. Insgesamt sei damit zu rechnen, dass die Raten von ihrem derzeit hohen Niveau etwas abgeben müssten, die Gefahr einer allgemeinen Ratenkrise sei aber eher gering einzuschätzen. So weit Dr. Lemper.

Die weltweite Containerschifffahrt hatte in dieser Zeit also nicht nur einen starken Flottenzuwachs zu verzeichnen und einen weiteren, noch stärkeren zu erwarten, sondern bei den Reedereien selbst war seit längerem ein dynamischer Konzentrationsprozess zu beobachten, der damit einherging. Die Großen wurden immer größer, war der Trend. Besonders spektakulär waren die Übernahmen von P&O Nedlloyd durch die dänische Großreederei Maersk und die der kanadischen CP Ships durch Hapag-Lloyd.

Nach einer im Oktober 2007 veröffentlichten Marktanalyse des niederländischen Beratungshauses Dynamar hatten die 25 größten Containerreedereien der Welt in 2006 gut

80 Prozent aller Container befördert, verfügten über 85 Prozent der Stellplatzkapazität und hatten die Bau- oder Charterverträge für 88 Prozent der in Auftrag gegebenen Neubauten gezeichnet. 2006 beförderten die 25 Großen zusammen knapp 95,5 Mio. TEU. Das waren 18,65 Prozent mehr als 2004. Ein weiteres Indiz für die Konzentrationsbewegung war, dass die zehn führenden Containerlinien zu Beginn des neuen Jahrtausends erst über 49,3 Prozent der Stellplatzkapazität verfügten, jedoch Anfang 2007 bereits 60 Prozent oder genau 6,28 Mio. TEU. In diesem Zeitraum hatte sich das gesamte Angebot an Containertransportraum mehr als verdoppelt, und zwar um 103 Prozent von 5,15 Mio. TEU auf 10,47 Mio. TEU.

Mit deutlichem Abstand größte Containerreederei der Welt war unverändert die dänische Maersk Line mit einem Anteil von 16,8 Prozent (1,87 Mio. TEU) an der Welt-Containerflotte. Es folgten die in Genf ansässige, aber italienische Mediterranean Shipping Co. (MSC) mit 9,8 Prozent Tonnageanteil und auf Platz drei die französische CMA CGM mit 6,5 Prozent. Die beiden letztgenannten Reedereien hatten ihre Kapazitäten in kürzester Zeit besonders stark ausgebaut. So hatte die MSC innerhalb von zwei Jahren die Zahl ihrer Stellplätze um 61 Prozent auf 1,184 Mio. TEU gesteigert, CMA CGM sogar um 75,6 Prozent auf 852 000 TEU.

Die umfangreichen Neubaubestellungen zeugten davon, dass die Carrier von einem weiter anhaltenden starken Wachstum der Nachfrage ausgingen. Bei den Werften der Welt waren mit Stichtag 1. Oktober 2007 von den »Top 25« 754 Containerschiffe mit 4,58 Mio. TEU bestellt. Das entsprach 72 Prozent des damals aktuell verfügbaren Transportraums. Allein die israelische Reederei ZIM Integrated Logistics hatte Neubauaufträge vor allem nach Korea vergeben, mit denen sie die Stellplatzkapazität ihrer seinerzeit fahrenden Flotte mehr als verdoppeln wollte. Insgesamt ein gigantisches Volumen also, das die Weltschifffahrt in den nächsten Jahren zu erwarten hatte.

Allerdings begann sich das so fantastische Bild des immerwährenden goldenen Zuwachses bereits gegen Ende 2007 ein wenig einzutrüben. Wenn man doch nur etwas genauer hingeschaut hätte! Das Umschlagwachstum in den Häfen ging zurück. Zwar erst noch eher leicht, aber immerhin und an manchen Plätzen doch auch schon spürbarer. Dennoch hatte es den Anschein, dass sich eine seit längerem schwelende Finanzkrise nur eher geringfügig auf das Wachstum der weltweiten Containertransporte auswirken würde. So gingen denn auch die Neubaubestellungen der Reedereien, vornehmlich der deutschen, auch jetzt noch in unvermindertem Tempo weiter.

↓ Die chinesische Cosco-Gruppe hat sich innerhalb weniger Jahre zu einer der ganz großen Reedereien in der Containerschifffahrt entwickelt – hier die 2002 gebaute COSCO ROTTERDAM mit einer Stellplatzkapazität von 5446 TEU.

← Auf den koreanischen Großwerften entstehen Containerschiffe in Serien nebeneinander in einem Baudock.

Auch die Krise wird gigantisch

Im Herbst 2008 mehrten sich dann die Anzeichen einer bevorstehenden echten Krise, die zunächst von dem Finanzdesaster in den USA ausging und sich dann zu einer Wirtschaftskrise entwickelte, von der die gesamte »globalisierte« Welt erfasst wurde. Nicht zuletzt hatte das Nachlassen des »China-Effekts«, der in den vorangegangenen Jahren für einen Großteil der enormen Ladungszuwächse »verantwortlich« gewesen war, einen erhebliche Einfluss auf die weitere Entwicklung. Auf Einzelheiten darüber muss hier sicher nicht eingegangen werden, denn die Horrormeldungen in den Medien überschlugen sich, häufig in unverantwortlicher Weise, und die Containerschifffahrt traf es, wie manche andere Branchen auch, brutal. Zwar gab es immer noch Stimmen, die vor einer Panikmache warnten, aber die Realität stellte sich inzwischen doch anders dar.

Mit einem Mal, und das war zumindest eine erste Reaktion der Reedereien, ging die Flut der Aufträge für Containerschiffe spürbar zurück. Nach einer Analyse der Nord LB Bank war in den fünf Wochen vor Mitte September 2008 kein einziges Containerschiff mehr bestellt worden. Schon im zweiten Quartal des Jahres hätte sich diese Zurückhaltung der Reedereien bemerkbar gemacht. Mit 104 Neubauten (zusammen 605 000 TEU) seien 40 Prozent weniger Tonnage geordert worden, als im Vergleichszeitraum 2007. Urplötzlich begann eine gewisse Panikstimmung die Oberhand zu gewinnen.

Ein Kommentar zur Lage Ende 2008

Zu dieser Entwicklung passt ein Ende 2008 publizierter Kommentar mit der Fragestellung »Ist die internationale Containerschifffahrt in der Krise oder doch nicht?«. Er spiegelt ein Stimmungsbild der damaligen Situation. Etwas gekürzt hieß es: »Das außergewöhnliche, explosionsartige Wachstum der Welt-Containerschiffsflotte bietet natürlich ein weites Feld für viele speziell engagierte Consulting-Unternehmen und sonstige mehr oder weniger ausgewiesene Experten. Entsprechend ausgefächert ist seit Jahren die Bandbreite ihrer Vorhersagen die weitere Entwicklung betreffend. Sie reichen beispielsweise vor dem Hintergrund des bis vor kurzem nahezu ungebrochenen Bestellbooms für neue, immer größere Containerschiffe von der Warnung vor Überkapazitäten bis hin zur Bestätigung, dass das Potenzial der Containerschifffahrt immer noch nicht ausgeschöpft sei und der Markt die neuen Kapazitäten aufnehmen könne und werde. Natürlich wird dieser immer wieder – so oder so – zitierte »Markt«, wie auch schon in der Vergangenheit, selbstverständlich für jede Art von Entwicklung entscheidend sein. Eine keinesfalls neue Erkenntnis.

Aber nach einem langen geradezu beispiellosen Boom haben nun einige Reedereien bereits wieder angefangen zu klagen, die Trampreedereien darüber, dass die Charterraten für Containerschiffe deutlich nachgegeben hätten und die Linienreedereien stöhnen über das sinkende Frachtratenniveau. Beides ist zwar nicht von der Hand zu weisen, denn tatsächlich gibt es Einbrüche auf breiter Front, aber bei der Bewertung der Klagen darf nicht in Vergessenheit geraten, dass sie von einem sehr hohen Niveau ausgehen. Hinzu kommt, dass bei einer Betrachtung der Gesamtsituation auch die von den Unternehmen in den vergangenen Jahren eingefahrenen satten Gewinne nicht außer Acht gelassen werden sollten. Ratenschwankungen und die schon fast ritualhaften Klagen darüber hat es in dem zyklischen Schifffahrtsgeschäft immer gegeben. Sie sind von gesunden Unternehmen auch immer verkraftet worden, und es besteht kein Grund zu der Annahme, dass dies aktuell nicht der Fall sein wird.

↓ Bestimmungshafen Hamburg. Der Große kommt von Übersee, der Kleine aus der Ostsee. Beide ergänzen sich.

Foto: HHM

Sehen wir uns aber einige der häufig in der Öffentlichkeit zitierten Prognosen an. Nicht selten stammen sie von großen Bankhäusern, die, wie es sich jüngst gezeigt hat, mit Milliardenverlusten in den Strudel der US-Finanzkrise gerutscht sind, weil sie diese und damit ihre eigene Geschäftspolitik nicht richtig einschätzen konnten. So erhebt sich allgemein die Frage, wie denn deren Vorhersagen für die Containerschifffahrt zu bewerten sind. Das sei nur, zugegebenermaßen etwas provokant, vorausgeschickt. Außerdem, und das ist allgemein gültig, wird sich in zwei oder drei Jahren noch kaum jemand darum scheren, welche Prognosen damals abgegeben worden sind. Dennoch haben sie ihre Berechtigung und die Beteiligten nutzen sie selbstverständlich gemäß ihren eigenen Ansprüchen und Zielen.

So rechnete die Schweizer UBS Bank, um auf den Kern zurückzukommen, Mitte September in ihrem »Global Shipping Outlook« angesichts der in jüngster Zeit zu verzeichnenden Ratenrückgänge und der damit verbundenen Gewinnreduzierungen für die Containerschiffsreedereien mit einer längeren Schwächephase, in der die Carrier in den nächsten eineinhalb Jahren sogar in die Verlustzone gelangen könnten.

Wenn aber zu hören ist, dass die großen Containerreedereien selbst ihr erkennbar schlechteres Abschneiden gegenüber den Vorjahresergebnissen weitgehend mit den rasant gestiegenen Brennstoffkosten und einer nachlassenden Nachfrage begründen, dann greift das den UBS-Analysten zu kurz. Sie vertreten die Ansicht, dass zwar eine Mischung aus den beiden genannten Gründen zweifellos schon von Bedeutung ist, jedoch ein Tonnageüberangebot verbunden mit einem aggressiven Preiswettbewerb erschwerend hinzukommen. Damit schreiben sie den Reedereien zumindest

↓ Container-Linien und deren Transportleistungen im Vergleich

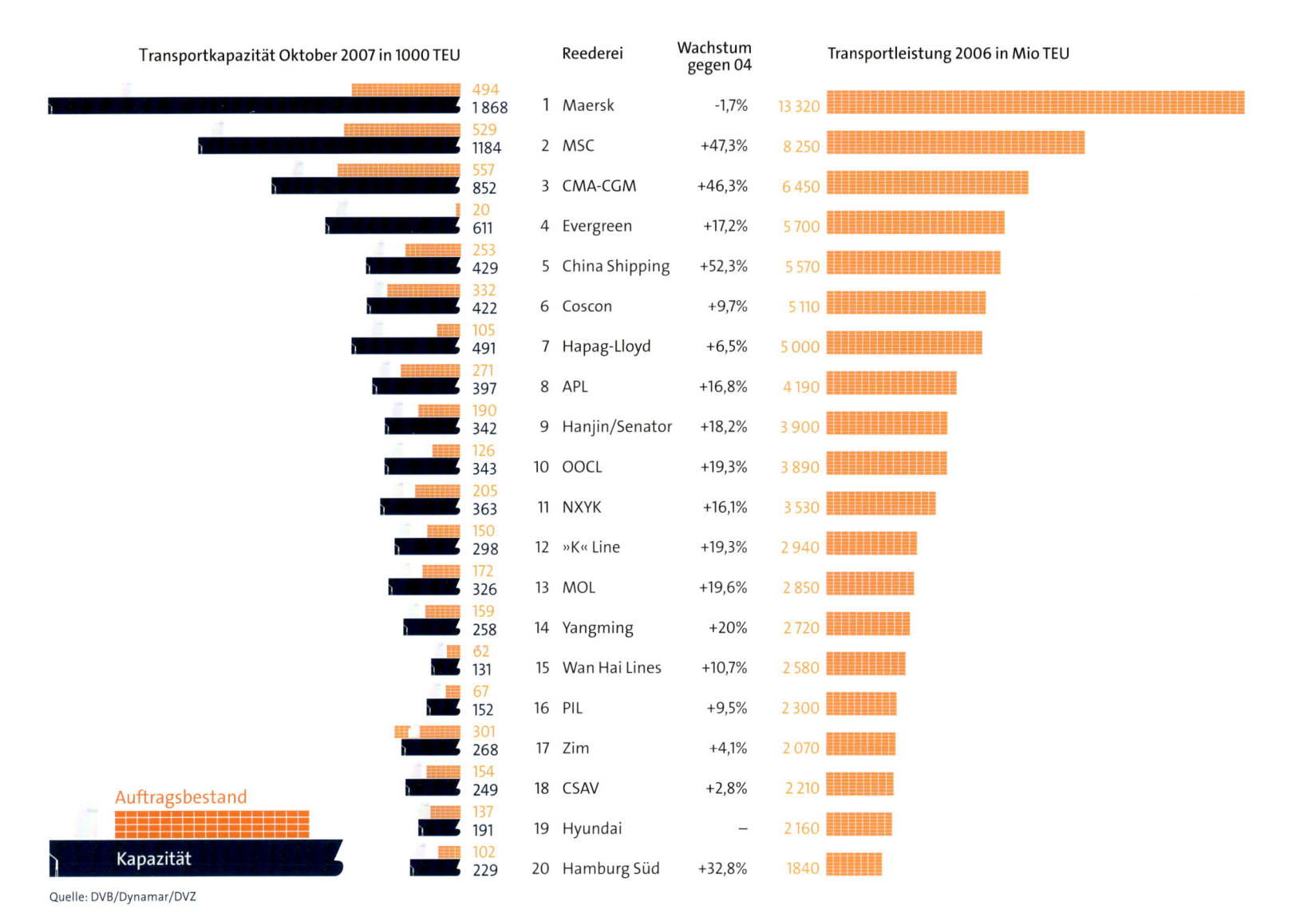

Transportkapazität Oktober 2007 in 1000 TEU		Reederei	Wachstum gegen 04	Transportleistung 2006 in Mio TEU
Auftragsbestand / Kapazität	494 / 1868	1 Maersk	-1,7%	13 320
	529 / 1184	2 MSC	+47,3%	8 250
	557 / 852	3 CMA-CGM	+46,3%	6 450
	20 / 611	4 Evergreen	+17,2%	5 700
	253 / 429	5 China Shipping	+52,3%	5 570
	332 / 422	6 Coscon	+9,7%	5 110
	105 / 491	7 Hapag-Lloyd	+6,5%	5 000
	271 / 397	8 APL	+16,8%	4 190
	190 / 342	9 Hanjin/Senator	+18,2%	3 900
	126 / 343	10 OOCL	+19,3%	3 890
	205 / 363	11 NXYK	+16,1%	3 530
	150 / 298	12 »K« Line	+19,3%	2 940
	172 / 326	13 MOL	+19,6%	2 850
	159 / 258	14 Yangming	+20%	2 720
	62 / 131	15 Wan Hai Lines	+10,7%	2 580
	67 / 152	16 PIL	+9,5%	2 300
	301 / 268	17 Zim	+4,1%	2 070
	154 / 249	18 CSAV	+2,8%	2 210
	137 / 191	19 Hyundai	–	2 160
	102 / 229	20 Hamburg Süd	+32,8%	1 840

Quelle: DVB/Dynamar/DVZ

eine Teilschuld an der augenblicklichen nicht so erfreulichen Situation zu. Auch für das kommende Jahr sind die Aussichten laut UBS nicht günstiger. Nach ihren Recherchen wird der Kapazitätsbedarf nur noch um fünf Prozent, das Tonnageangebot wegen der zahlreichen zulaufenden Neubauten dagegen um 10,7 Prozent zulegen. Und auch das Volumenwachstum werde sich von 5,6 Prozent im laufenden Jahr auf vier Prozent in 2009 deutlich abschwächen.

Mit Sorge bewertet die Bank vor allem den Europa-Fernost-Verkehr. Gerade der dort herrschende Preiswettbewerb habe die Frachtraten in letzter Zeit erheblich unter Druck gebracht und könnte schon jetzt die Rentabilität der in diesem Fahrtgebiet tätigen Reedereien nachhaltig bedrohen. Besondere Gefahren gingen in dieser Hinsicht von der bevorstehenden Infahrtsetzung der zahlreichen Mega-Containercarrier mit Stellplatzkapazitäten von über 10 000 TEU aus. Ihr Betrieb führe in dem derzeitig schwachen Umfeld nicht etwa zu fallenden Kosten infolge von Skaleneffekten, sondern ganz im Gegenteil würden die Stückkosten wegen der in der nächsten Zeit zu erwartenden schwachen Auslastung dieser Großschiffe sogar steigen.

Allerdings wird sich der Einsatz dieser inzwischen auch so genannten Mega-Carrier auf den Fernostrouten gar nicht mehr aufhalten lassen. Zu viele von ihnen sind bereits geordert und werden jetzt nach und nach in die Dienste eingefädelt. Sie sind für diese Verkehre konzipiert und auch kaum irgendwo anders einsetzbar.

Das Pariser Consulting-Unternehmen Alphaliner geht in diesem Zusammenhang davon aus, dass bei der Annahme eines Gesamtvolumens von 11,5 Mio. TEU p.a. spätestens bis 2012 nur noch rund 130 Schiffe mit Stellplatzkapazitäten für 12 500 TEU und darüber die Verkehre zwischen Nordwesteuropa/Mittelmeer und Fernost abwickeln werden. Für Schiffe mit Kapazitäten darunter, gemeint sind die bis dato gängigen Größen um die 8000 TEU, müsste dann Beschäftigung in anderen Relationen gefunden werden.

Auch nach Einschätzung der britischen Beratungsfirma Ocean Shipping Consultants (OSC) stehen der Containerschifffahrt bei den Fracht- und Charterraten harte Jahre bevor. Der Abschwung dürfte nach ihrer Ansicht wahrscheinlich noch bis 2011 anhalten. Ein großer Teil der Unsicherheiten ergebe sich auch nach ihrer Einschätzung dabei aus der Frage, was mit den Schiffen der gerade in Fahrt gekommenen 8000-TEU- bis 10 000-TEU-Generation passieren werde, wenn sie von den noch größeren Schiffen aus ihrem angestammten Fahrtgebiet Fernost verdrängt würden. Angesichts des gegenwärtig geringer gewordenen Ladungsaufkommens

Wachstum der Containerkapazität in TEU ohne Verschrottungen

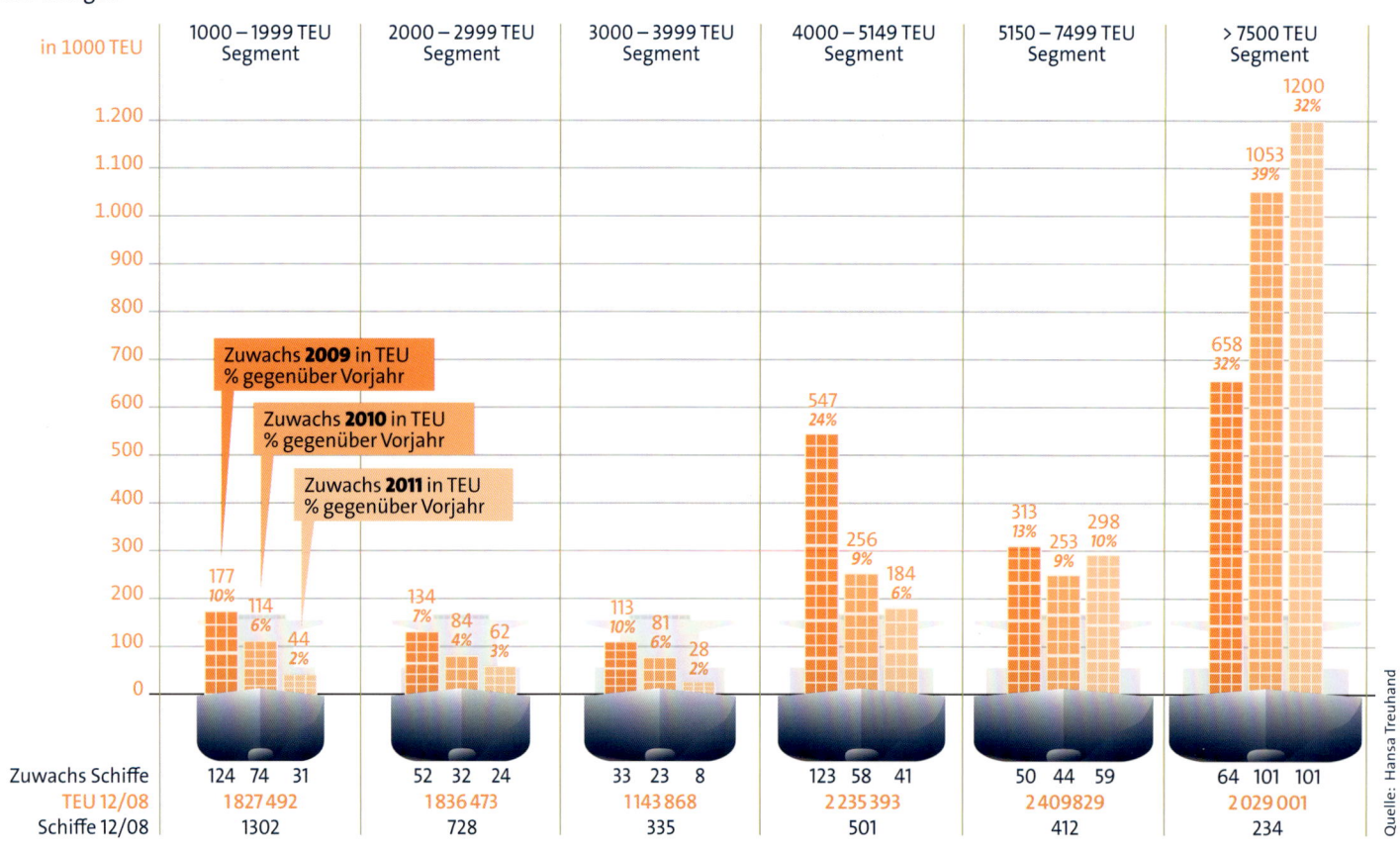

Quelle: Hansa Treuhand

und der unzureichenden Infrastruktur in vielen Seehäfen könnten diese Schiffe nicht einfach in andere Transatlantik-, Transpacific- oder Nord-Süd-Verkehre umgelenkt werden.

Wesentlich gelassener beurteilte dagegen in etwa zum gleichen Zeitpunkt Dr. Burkhard Lemper (Anm: bereits weiter vorn schon einmal zitiert) vom Bremer Institut für Seeverkehrswirtschaft und Logistik (ISL) auf einem Schifffahrtssymposium der Hansa Treuhand Schiffsbeteiligungs GmbH in Hamburg die Lage: »Es handelt sich um eine Delle, von Krise kann nicht die Rede sein«, stellte er fest. Nach seiner Einschätzung werden die Charterraten zwar noch länger unter Druck stehen, aber bereits Ende 2009 sei eine Wende zu erwarten. Er begründete dies mit dem anhaltend hohen Wachstum der Weltwirtschaft. Das habe zwar nachgelassen, liege mit 3,9 Prozent aber dennoch deutlich über dem langfristigen Durchschnitt. Das Gleiche gelte für den Anstieg der Containerverkehre, den das ISL für das noch laufende Jahr mit weltweit neun Prozent veranschlagt.

Dennoch sollten sich die Reedereien auf niedrigere Steigerungsraten einstellen, empfahl Lemper. Denn zum einen zeigten sich inzwischen Grenzen im internationalen Outsourcing: »Auch in China steigen die Lohnkosten und es werden bereits Produktionen zurückverlagert, beispielsweise nach Osteuropa.« Außerdem gelte es zu berücksichtigen, dass die Containerisierung der Stückgüter in den vergangenen Jahren mit jetzt bereits über 70 Prozent weitgehend ausgereizt sei. Trotz allem erwartet das ISL aber in den Containerverkehren insgesamt eine langfristige Wachstumsrate von immerhin noch 6,5 Prozent.

Einig waren sich die Experten auf dem Symposium darüber, dass künftig die Reduzierung des Brennstoffverbrauchs und der Schadstoffemissionen eine der ganz großen Herausforderungen für die Containerreedereien sein werde. Dabei würde die Optimierung der Schiffe in Hinblick auf die Energieeffizienz zusätzlichen Schub bekommen, nicht zuletzt dann, wenn die Branche in den Emissionshandel einbezogen werde und der Brennstoff sich noch weiter verteuere, wovon ausgegangen werden könne.

Noch günstiger als das Bremer Institut beurteilt die Norddeutsche Landesbank in einer aktuellen Studie die Lage und die Aussichten der internationalen Containerschifffahrt. Diese werde nach den Ergebnissen ihrer Untersuchungen bis 2012 mit voraussichtlichen Wachstumsraten zwischen neun und zwölf Prozent weiterhin stärker als der Welthandel expandieren.

Vor allem würde die aus ihrer Sicht noch weiter zunehmende Containerisierung von Stückguttransporten und die ebenso weiter wachsende Globalisierung der Produktionsketten zu steigender Nachfrage führen. Temporäre Angebotsüberhänge seien dabei jedoch keineswegs auszuschließen, was im Schifffahrtsgeschäft aber völlig normal sei, heißt es in der Studie. Die aktuelle Abschwächung des Marktes wird von der Bank dagegen nur als vorübergehend eingestuft.

Gegenwärtig sei bei den Charterraten zwar eine rückläufige Tendenz zu verzeichnen, ein so starkes Absinken wie in den letzten Monaten werde jedoch nicht mehr weiter zu beobachten sein, denn deutliche Wachstumsimpulse kämen auch in Zeiten zyklischer Abschwächung aus Asien. Ab Mitte/Ende 2009 erwartet die Bank wieder eine verstärkte Nachfrage nach Tonnage und damit eine Erholung in allen Segmenten der Containerschifffahrt, die sich in dem dann folgenden Jahr beschleunigt fortsetzen und über dem heutigen Niveau liegen werde. Die Wahrscheinlichkeit einer schweren, nachhaltigen Krise wird auch in dieser Studie als gering eingeschätzt.

Weiter berichtet die NordLB in ihrer Analyse, dass die Flut von Neubauaufträgen für Containerschiffe spürbar abgeebbt sei. Danach ist in den fünf Wochen vor dem 10. September kein einziges Schiff bestellt worden. Schon im zweiten Quartal des Jahres habe sich die Zurückhaltung der Reedereien deutlich bemerkbar gemacht. Mit 104 Neubauten mit zusammen 605 000 TEU Stellplatzkapazität wurden 40 Prozent weniger Tonnage geordert als im Vergleichszeitraum des Vorjahres.

Diesen Trend, der alle Schiffsgrößen erfasst hat, bestätigt ebenfalls das Londoner Consultingunternehmen Clarkson. Nach seinen Angaben sind in den ersten Monaten des laufenden Jahres weltweit nur 179 Containerschiffe geordert worden. Ein Rückgang um 50 Prozent gegenüber dem Vorjahreszeitraum, der sich noch deutlicher zeigt im Vergleich mit 566 Bestellungen im Jahr 2005, 479 in 2006 und 530 in 2007. Ende September beinhalteten die Orderbücher der Werften in der Welt laut Clarkson Containerschiffe mit einer Gesamtstellplatzkapazität von 6,5 Mio. TEU, das waren 55 Prozent des Bestandes der zu diesem Zeitpunkt bereits fahrenden Flotte. Ein großer Teil dieser Neubauten, nach Angaben des Germanischen Lloyd waren es 158, haben jeweils Stellplätze für 10 500 TEU und darüber. Studien gibt es bereits für Schiffe mit bis zu 22 000 TEU, wobei deren

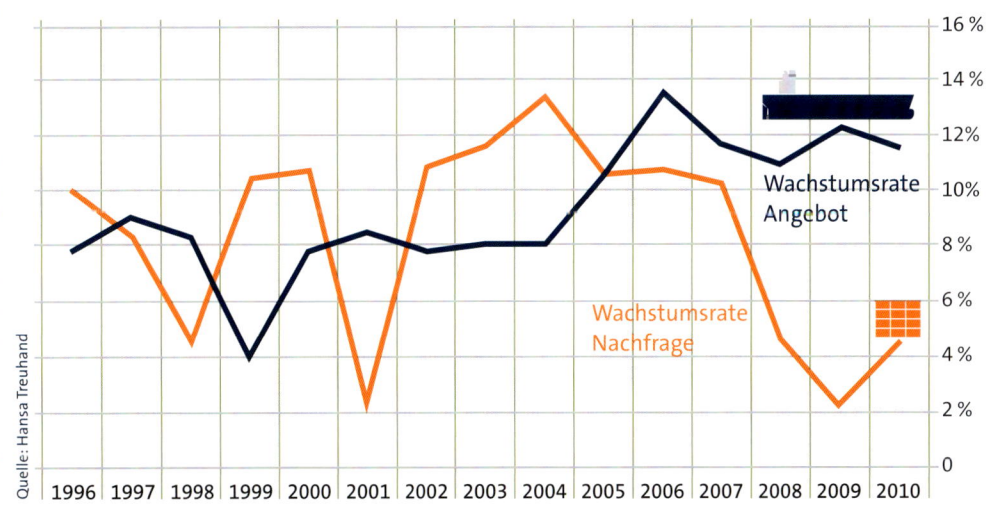

Entwicklung der Transportkapazität: Marktungleichgewichte in der Containerfahrt

technische Machbarkeit keinem Zweifel unterliegt. Ob sie allerdings noch wirtschaftlich einsetzbar sind, wird mehrheitlich bezweifelt. Sie wären äußerst unflexibel, weil sie ausschließlich im Fahrtgebiet Fernost einsetzbar seien und auf beiden Seiten nur eine an einer Hand abzählbare Anzahl von Häfen anlaufen könnten. Wie diese aber, sollten derartige Schiffe tatsächlich kommen, die dann bei jedem Anlauf anfallenden riesigen Containermengen im Zu- und Ablauf bewältigen würden, steht noch ganz fern in den Sternen. Dieses Nadelöhr aufzuknacken, also die erforderlichen adäquaten Hinterlandverbindungen zu schaffen und damit ein sich immer weiter verschärfendes Problem in der Containerlogistik zu beseitigen, wird als wesentliche Aufgabe der Verkehrspolitik in allen Ländern angesehen. Das gilt selbstverständlich auch für die jetzt erwarteten Schiffe unterhalb der 22 000-TEU-Grenze. Was kommt, ist einerseits sehr fraglich, andererseits war der Containerverkehr bisher schon immer für Überraschungen gut gewesen.

Eine der jüngsten Überraschungen war, wenn auch nur beispielhaft, die Bestellung von sieben weiteren inzwischen Megaboxer genannten Großcontainerschiffen von jeweils 13 100 TEU durch die deutsche Reederei MPC Capital bei der koreanischen Werft Hyundai Heavy Industries in Ulsan mit Ablieferung des letzten Schiffes Mitte 2012. Und dies trotz des augenblicklich nicht berauschenden Ratenniveaus, trotz der nach wie vor durchaus noch verbreiteten Skepsis gegenüber diesen Großcarriern und trotz der beschriebenen allgemeinen Zurückhaltung bei Neubestellungen. Risikobereit und optimistisch gegen den Strom schwimmen? Krise?

Vielfach wurden als Grund für die Zurückhaltung bei den Neubestellungen die in Anbetracht der gewaltigen Zahl der in den nächsten zwei, drei Jahren neu zulaufenden Schiffe wieder einmal zunehmenden Sorgen wegen möglicher Überkapazitäten angeführt. Das hat sicher seine Berechtigung, aber ebenso sicher gibt es auch noch andere Gründe. Da es einerseits vor 2012 kaum noch Bauplätze auf der Welt gibt und andererseits natürlich auch niemand weiß, wie dann die Märkte in und nach dieser Zeit aussehen werden, ist es verständlich, dass Neubestellungen im Moment nicht unbedingt auf der Tagesordnung der Reedereien stehen. Außerdem gibt es wohl kaum eine Werft, die trotz möglicher Gleitklauseln angesichts der rapide steigenden Material- und Arbeitskosten seriös kalkulierte Neubaupreise für 2012 und danach anbieten kann. Aber, wie der MPC-Auftrag zeigt, ist die Luft keineswegs raus. Auch andere Reedereien sehen das so, wenn auch zunächst sehr viel verhaltener als in den vergangenen Jahren. Mut zum Risiko war jedoch schon immer ein Teil des Geschäftes.

Noch ein Wort zu den drohenden oder bereits seit Jahren angeblich drohenden Überkapazitäten. Diese Befürchtungen sind keineswegs neu, haben aber die Reedereien in den vergangenen Jahren keinesfalls davon abgehalten, die Werften mit einer bisher kaum erlebten Orderflut zu beglücken. Ohne den Begriff Überkapazitäten nun klein reden zu wollen, übrigens ein seit Beginn der modernen Handelsschifffahrt vor gut 200 Jahren immer wieder gern aufgezeigtes Schreckensszenario, gibt es durchaus auch Aspekte, die dagegen sprechen.

↓→ Dass der Sichtstrahl von der Brücke über die Containerlagen hinweg gewährleistet bleibt, ist mit international verbindlichen Vorschriften festgelegt.

Fotos: PSW

Das sind in erster Linie die in vielen Prognosen genannten mehr oder weniger großen noch zu erwartenden Zuwachsraten. Weiter wird durch das von vielen Reedereien zur Brennstoffeinsparung bereits eingeführte langsamere Fahren der Schiffe in den Diensten zusätzliche Tonnage benötigt und darüber hinaus ist angesichts der seit Jahren gezahlten sehr hohen Raten viel Alttonnage in Fahrt gehalten worden, da auch sie immer noch gutes Geld verdiene. Möglicherweise wird, falls sich tatsächlich Überkapazitäten abzeichnen, auf die Abbruchbetriebe mehr Arbeit zukommen. Angesichts der hohen Schrottpreise für die Eigner dann immer noch ein zusätzliches gutes Geschäft.

Ein Übriges könnte von der gegenwärtigen und sicher auch in den nächsten Monaten nicht abflauenden Finanzkrise ausgehen. Viele Schiffsfinanzierer und ebenso viele große, meist asiatische Werften haben erhebliche Schwierigkeiten, die Zwischenfinanzierung der bestellten Neubauten zu bewerkstelligen. Zum einen agieren die ins Trudeln geratenen Banken sehr restriktiv, zum anderen sind die Kreditkosten kräftig gestiegen. Auch aus diesem Grund liegen bereits etliche der platzierten Orders auf Eis, weil sie sich mit den neuen Zinssätzen nicht rechnen. Also auch deswegen dürfte sich einiges von dem ursprünglich erwarteten Zulauf abschwächen.«

So weit das Stimmungsbild aus dem Jahre 2008. Es betrifft zwar die Schifffahrt, wäre aber unvollständig, wenn es nicht mit einem Blick auf die Häfen ergänzt würde. Dazu hieß es: »Ganz entscheidenden Einfluss auf die weitere Entwicklung der Containerverkehre vor allem auf den ladungsträchtigen Überseerouten wird der weiteren Anpassung, das heißt dem zügigen Ausbau der Häfen und ihrer Hinterland-Infrastruktur zukommen. Das gilt keineswegs nur für die großen, sondern auch für die zahlreichen mittleren und kleineren Häfen, die wichtige Funktionen für die Zubringer- und Verteilerdienste zu erfüllen haben. Allerdings brauchen sich die großen Häfen nach Meinung von Ocean Shipping Consultants (OSC) vor den bisher lediglich nur projektierten noch größeren Containerschiffen überhaupt nicht fürchten. Bei Schiffen bis zu einer Kapazität von 15 000 TEU und einer Geschwindigkeit von 24,5 Knoten sei nämlich das Ende der Fahnenstange erreicht. OSC vergleicht diesen Typ, für dessen Start etwa die EMMA MAERSK 2006 das Signal gegeben habe, in seiner Einschätzung mit dem Tankergeschäft in den siebziger Jahren. Damals habe es auch Höhenflüge in der Größenentwicklung bis hin zu Tragfähigkeiten von 500 000 tdw (ULCC) gegeben, die sich dann aber wieder sehr schnell auf deutlich kleinere Einheiten bis höchstens 300 000 tdw (VLCC) eingependelt hätten. Einer der Gründe dafür war damals ebenfalls die Erreichbarkeit nur sehr weniger Häfen für diese großen Schiffe.

Zwar bietet die südkoreanische Werft Samsung schon ein 16 000-TEU-Schiff an, STX, der Konkurrent im selben Land, sogar eines, wie schon erwähnt, von 22 000 TEU. Aber nach heutigen Erkenntnissen von OSC könnten Reedereien derartig große Schiffe überhaupt nicht wirtschaftlich betreiben, selbst wenn sie im Idealfall zwischen zwei Häfen in Europa und Fernost hin- und her pendelten. Bei einem Schiffsanlauf müssten dann mehr als 25 000 Container geladen und gelöscht werden. Das würde eine Woche Zeit in Anspruch

↓
Struktur des Orderbuches für »Mega«-Boxer (VLCS)

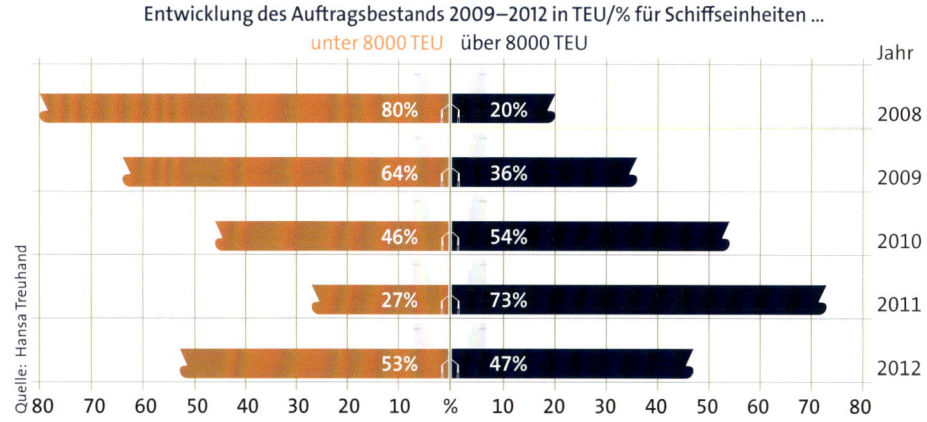

Entwicklung des Auftragsbestands 2009–2012 in TEU/% für Schiffseinheiten …

unter 8000 TEU   über 8000 TEU

Jahr	unter 8000 TEU	über 8000 TEU
2008	80%	20%
2009	64%	36%
2010	46%	54%
2011	27%	73%
2012	53%	47%

Quelle: Hansa Treuhand

→ Die MARIT MAERSK war Anfang 2009 das bis dahin längste in Hamburg abgefertigte Schiff.

↓ Ein Schiff wie die CMA CGM ANDROMEDA kann mit ihren 363 Metern Länge und voll abgeladen 15,5 Meter Tiefgang Häfen wie Hamburg nur noch eingeschränkt bedienen.

nehmen und die Produktionsvorteile auf der Seestrecke durch den Einsatz eines großen Schiffes wieder aufheben. Dieses zeigt einmal mehr die Hafen- und Hinterlandproblematik auf.

Auch die britischen Drewry Consultants sehen in den Häfen und deren Umfeld, sprich wiederum in der Bewältigung des Zu- und Ablaufs der Boxen, den entscheidenden Punkt. Bereits vorhergesagte Engpässe auf den Terminals konnten im vergangenen Jahr wegen des etwas rückläufigen Ladungsaufkommens zwar noch relativ gut bewältigt werden, dennoch seien hohe Investitionen notwendig, um dem weiter zunehmenden Bedarf an Umschlagkapazitäten nachkommen zu können. Großen Bedarf gebe es vor allem in den Häfen in Mittelost, Südasien und Osteuropa, wobei die größte Lücke bis 2013 in Osteuropa klaffen werde. Weitere Problemzonen seien Ostseehäfen sowie Häfen in Südamerika und am Schwarzen Meer. Kapazitätsprobleme drückten jedoch auch in Nordwesteuropa und den USA. Sie ließen sich nur bewältigen, wenn das Investitionsvolumen auf dem bisherigen Niveau gehalten werden könne.

Was Deutschland betrifft, das sei dazwischen geschoben, könnte der Staat entschiedener für den nachhaltigen Ausbau der Hinterlandverbindungen tätig werden. Die Privatindustrie ist jedenfalls in jeder Beziehung investitionsbereit, fordert aber entsprechende Rahmenbedingungen, was nachvollziehbar ist. Negatives Beispiel ist Hamburg und in ähnlicher Weise auch Bremerhaven. Dabei geht es um die seit Jahren von der Hafenwirtschaft angemahnte Vertiefung des Fahrwassers der Elbe bis Hamburg und der Außenweser bis Bremerhaven. Beide Städte sind in unterschiedlichem Maße abhängig von ihrer Hafenwirtschaft, und zwar mit allen ihren Funktionen, die sie nicht nur für die deutsche Wirtschaft, sondern auch als Transitplätze für die Nachbarländer in Mittel- und Osteuropa erfüllen. Um diese Positionen nicht nur sichern, sondern möglichst auch noch ausbauen zu können, bedarf es nun einmal des Ausbaus der Fahrwasser, denn allein so kann mit der aufgezeigten Entwicklung der Schiffsgrößen Schritt gehalten werden. Bis sich das allerdings, bei aller Bereitschaft von Seiten des Staates und der Wirtschaft, hierzulande realisieren lässt, sind hohe politisch-administrativ aufgebaute Barrieren zu überwinden, die es in dieser Form woanders auf der Welt nicht gibt, zumindest nicht in dieser Dichte.

Dennoch und trotz alledem ist zu hoffen, dass die deutschen Häfen als Tore für die größte Exportnation der Welt weiter geöffnet sowie in ihren Möglichkeiten nicht im Dschungel von Behördenkompetenzen und Privatinteressen stecken bleiben und dadurch in die zweite Reihe abfallen.« So weit zur Lage der Häfen 2008.

Es wird eng

Wie eng es wegen der unzureichenden Fahrwassertiefe inzwischen für den Hamburger Hafen geworden ist, verdeutlicht beispielhaft die MARIT MAERSK der dänischen Reederei Maersk Line, die wenige Monate später, Anfang 2009, als bisher längstes Containerschiff im Elbehafen abgefertigt worden ist. Der auf der konzerneigenen Werft in Odense entstandene Neubau war mit seinen 367 Metern 15 Meter länger als alle anderen Containerschiffe, die bisher den Hafen angelaufen haben. Die 42,80 Meter breite MARIT MAERSK hat nach Angaben der in dieser Hinsicht immer zu Untertreibungen neigenden Reederei eine Stellplatzkapazität von 7000 TEU. Externe Fachleute gehen jedoch von ungefähr 10000 TEU aus. Beim Besuch des Hamburger Hafens handelte es sich in diesem Fall jedoch lediglich um eine einmalige Überführungsfahrt im Europa-Fernost-Dienst der Maersk Line durch den Suezkanal nach Südostasien. Anschließend wurde das Schiff im Transpazifik-Dienst eingesetzt.

Das bis dahin größte Schiff folgte im April des selben Jahres mit der CMA CGM ANDROMEDA der in Marseille ansässigen Reederei CMA CGM, die bei 343 Metern Länge und einer Tragfähigkeit von 135000 Tonnen eine Stellplatzkapazität von 11356 TEU aufweist. Auch dieses in einem der

Fernostdienste der Reederei verkehrende Schiff erreichte zwar ohne spektakuläre Schwierigkeiten den Hafen, allerdings gelang das nur, weil es, wie die MARIT MAERSK, lediglich teilabgeladen war.

Schiffe mit Stellplatzkapazitäten von 10 000 Boxen und mehr werden, um es noch einmal anzumerken, in der internationalen Schifffahrt zunehmend in die großen Verkehre zwischen Europa und Fernost sowie zwischen Fernost und Nordamerika eingefädelt. Sie kommen zwar auch nach Hamburg, können aber den Hafen wegen der derzeitigen Fahrwassertiefe nicht voll beladen anlaufen. Eine Vertiefung des Elbfahrwassers um einen Meter wird deshalb seit Jahren angestrebt, konnte aber wegen der zahlreichen Einsprüche bisher nicht realisiert werden. Ziel ist es, Schiffen mit einem Tiefgang von bis zu 13,50 Meter die Einfahrt tideunabhängig zu ermöglichen. Schiffe mit Tiefgängen bis zu 14,50 Meter sollen den Hamburger Hafen künftig tideabhängig anlaufen können. Bislang liegen die Grenzwerte bei 12,50 Meter und 13,50 Meter.

Ursprünglich war der Beginn der dafür notwendigen Baggerarbeiten einmal für das Jahr 2007 vorgesehen. Nach jüngsten Informationen Mitte 2009 aus dem »Projektbüro Fahrrinnenanpassung« kann aber nun nicht vor Mitte 2010 damit begonnen werden, wahrscheinlicher ist aber noch 2011. Bis dahin müsse die Planfeststellungsbehörde nämlich zunächst die noch immer anstehenden 7200 gegen das Vorhaben gerichteten Einwendungen sorgfältig und aktenkundig abarbeiten und erst im Anschluss daran könne der Entwurf des Planfeststellungsbeschlusses formuliert werden, hieß es weiter. Nicht zuletzt hat das alles zu immer weiter steigenden Kosten geführt. Sie waren einmal mit 350 Mio. Euro angegeben, inzwischen hat sich dieser Ansatz durch die fortwährenden Verzögerungen wohl, wie zu hören ist, um rund 90 Mio. Euro oder sogar mehr erhöht. Hinzuzurechnen sind noch die immensen Verwaltungskosten, die meistens nicht berücksichtigt werden.

Das Ganze ist ein weiteres Beispiel dafür, wie die überlangen Planungsabläufe in Deutschland gerade besonders wichtige Verkehrsinfrastrukturvorhaben über Jahre hinaus verzögern. In diesem Zusammenhang hatte sogar Bundeskanzlerin Merkel noch auf der Nationalen Maritimen Konferenz 2006 in Hamburg gemeinsam mit Verkehrsminister Tiefensee angekündigt, dass es dringend notwendig sei, diese Planungsprozesse zu verkürzen, wenn nötig mit gesetzlichen Mitteln. Erfolgt ist in dieser Hinsicht aber leider bisher immer noch nichts. Dabei besteht kein Zweifel an der Notwendigkeit des Elbausbaus, damit Postpanamax-Containerschiffe mit Stellplätzen über 10 000 TEU und Breiten von gut 42 Metern möglichst bald ohne Behinderungen den Hamburger Hafen anlaufen können. Geschieht in dieser Sache aber nichts, oder geschieht das Notwendige erst sehr viel später, dann werden die Reedereien ihre Fahrpläne umstellen und dann fahren diese Schiffe bald an Hamburg vorbei – mit schwerwiegenden Folgen für die Hafenwirtschaft und die dort beschäftigten Menschen, wie für die Hansestadt selbst, als deren Herz der Hafen mit allen seinen direkten und indirekten Funktionen unverzichtbar bleibt.

In der Hamburger Hafenwirtschaft wächst wegen dieser immer wieder verzögerten Vertiefung des Elbfahrwassers mittlerweile die Sorge, gegenüber den Westhäfen Antwerpen, Rotterdam und Amsterdam (ARA-Häfen) deutlich ins Hintertreffen zu geraten. Zudem wird befürchtet, dass, wenn die Fahrpläne der Reedereien für die Mega-Boxer erst einmal so weit umgestellt sind, dass sie nur noch Rotterdam anlaufen, eben weil Hamburg nicht mehr problemlos zu erreichen ist, es weitreichende Folgen auch für die Feederverkehre geben werde, für die der Elbehafen in Richtung Ostsee via Nord-Ostsee-Kanal bis dato noch immer der günstigste Transitplatz gewesen war. Rückgänge sind schon jetzt zu spüren. Diese für den Hamburger Hafen sehr wichtige Transit-Funktion könnte möglicherweise dann Rotterdam übernehmen, wobei die etwas längere Seestrecke kaum noch ins Gewicht falle. Hamburg würde so, das ist das Szenario, mittelfristig gesehen seinen Platz als eine der Welthandelsmetropolen verlieren und auch als Transitplatz nur noch zur zweiten Liga der europäischen Häfen gehören. Angeblich sollen die Hafenunternehmen vor diesem Hintergrund schon jetzt ihre Planungen darauf ausrichten, dass Hamburg nicht, wie unlängst zuvor noch vollmundig erklärt wurde, bald die 10-Mio.-TEU-Grenze im Umschlag überschreiten würde, sondern auf etwa fünf Mio. TEU zurückfallen werde.

← Die Mega-Boxer setzen neue Maßstäbe – Häfen, die mithalten wollen, müssen in ihren Zufahrten erreichbar bleiben.

Die Weltwirtschaftskrise setzt einen vorläufigen Schlusspunkt

Insgesamt hat die in der zweiten Hälfte 2008/Anfang 2009 mit voller Wucht und nahezu schlagartig ausgebrochene internationale Finanz- und in deren Folge Weltwirtschaftskrise ganz erhebliche und vielfältige Auswirkungen gerade auch auf die weltweite Containerschifffahrt, die mit ihrem engmaschigen Netz die Basis für den Warenaustausch der Volkswirtschaften untereinander geworden war. Das galt gleichermaßen für die vielen Unternehmen, die man, von außen gesehen, vielleicht Randbereichen zuordnen würde, die aber voll in die Verkehrsabläufe integriert und für diese unverzichtbar sind: die größtenteils im Reich der Mitte arbeitenden Containerhersteller, die wegen kaum noch vorhandener Nachfrage zeitweise ihren Betrieb ganz einstellten, ebenso die Container-Leasingfirmen, die zahlreiche Boxen von den Reedereien vorzeitig zurückgeliefert bekamen oder die Straßen- und Bahntransporteure, die mangels Aufträgen beträchtliche Teile ihrer Kapazitäten stilllegen mussten, mit allen Auswirkungen für die Beschäftigten – meistens hochqualifiziertes, spezialisiertes Personal.

Vor allem traf die Krise aber naturgemäß die drei größten Segmente des Containersystems, wenn auch natürlich, im Verhältnis gesehen, die kleineren ebenso zu leiden hatten. Zwar griff alles ineinander über, war voneinander abhängig, aber Werften, Häfen und Reedereien hatten nun einmal volkswirtschaftlich eine ungleich höhere Bedeutung.

Die Werften, die zuvor mit Aufträgen geradezu überschwemmt und verwöhnt worden waren, und die, vor allem in Asien, ihre Kapazitäten großenteils mit kräftiger staatlicher Unterstützung erheblich ausgebaut hatten, erlebten urplötzlich eine Flaute, die darin gipfelte, dass kein oder kaum noch ein Containerschiff bestellt wurde. Für viele Betriebe waren Schiffe dieses Typs das »tägliche Schwarzbrot« gewesen. Am 1. Februar 2009 standen weltweit zwar immer noch 1147 Containerschiffe mit zusammen 6,1 Mio. TEU in den Auftragsbüchern der Werften, aber es war der niedrigste Stand seit 16 Monaten und, vor allem, es kam nichts Neues dazu. Seit dem vierten Quartal 2008 war weltweit kein neues Containerschiff mehr bestellt worden. Zwar reichte der Auftragsbestand mancher Werft nach dem vorangegangenen Auftragsboom noch bis in das Jahr 2012 hinein, aber für die meisten sah es schlechter aus, zumal für solche, die, ohne in die Zukunft zu investieren, allein auf den Containerschiffsboom gesetzt hatten. Vor allem aber belastete die Frage, was denn danach kommen würde, die Beteiligten von Monat zu Monat immer stärker.

In den Häfen, die sich zuvor und zu Recht noch selbst als »Jobmaschinen« bezeichnet hatten und gar nicht genug qualifiziertes Personal bekommen konnten, gingen die Containerumschlagzahlen deutlich zurück, wenn auch in unterschiedlichem Maße. Oder es verringerten sich, nicht zuletzt von China ausgehend, ebenso deutlich die vorher gewohnten hohen Zuwachsraten. Das verursachte jedoch bei den Häfen keineswegs generelle Zukunftsängste, da sie die hereingebrochene Krise nicht als strukturelle, sondern als eine konjunkturelle bewerteten. Sie gaben sich überzeugt und waren durchgängig der Meinung, dass es sich um eine vorübergehende Schwächephase handele, die sie nutzen wollten, um auf den nächsten Aufschwung besser vorbereitet zu sein. In diesem Zusammenhang warnten sie nachdrücklich davor, bestehende Ausbauvorhaben der Häfen und geplante Infrastrukturmaßnahmen zu verschieben oder gar ganz aufzugeben. Viele von ihnen, wie zum Beispiel Hamburg, waren bereits seit geraumer Zeit an der Grenze ihrer Kapazität angelangt und hätten weiteres Wachstum in dem zuvor erlebten Umfang so ohne weiteres gar nicht mehr verkraften können. Die Krise als Chance? Ein Mut machender Aspekt!

Ungleich stärker, selbst im Vergleich mit den Werften, waren die Folgen für die Containerreedereien und dort vor allem für die Trampreedereien, die ihre Schiffe, in hohem Maße initiiert durch Emissionshäuser, geordert hatten. Nicht wenige Marktteilnehmer sprachen gerade ihnen eine Mitschuld an der Krise zu. Keineswegs alle, aber viele von ihnen seien vor dem Hintergrund anhaltend großer Wachstumsraten im Weltseeverkehr und eines exorbitant hohen Ratenniveaus einfach zu gierig gewesen, hätten in zunehmend unverständlichem Maße neue Tonnage geordert und damit die enormen Überkapazitäten geschaffen, mit denen sie nun fertig werden müssten.

Aber, wie auch immer, die Reedereien mussten reagieren, und sie taten es, neben ihren üblichen Klagen, auch in vielfältiger Weise. Als eine der ersten Maßnahmen begannen sie, wie stets in solchen Situationen, wenn Ladung für die zuviel vorhandenen Kapazitäten fehlte, Schiffe aufzulegen. Das ist sicherlich zunächst einmal der nachhaltigste, wenn auch wohl ein schmerzhafter Schritt. Nach einer Information der französischen Consulting-Firma AXS-Alphaliner lagen Ende Februar/Anfang März 2009 bereits 453 Containerschiffe mit einer Stellplatzkapazität von 1,35 Mio. TEU auf, was damals mehr als zehn Prozent der zur Verfügung stehenden Kapazität entsprach. Tendenz, weiter deutlich steigend, wobei weltweit die vorhandenen Plätze bereits knapp geworden waren. Unter den Aufliegern waren 23 Einheiten mit Stellplätzen zwischen 7500 und 10000 TEU sowie 58 mit solchen zwischen 5000 und 7500 TEU. Ende April dümpelten nach derselben Quelle bereits 42 Schiffe mit Stellplätzen von jeweils über 6000 TEU beschäftigungslos vor sich hin. Mitte Oktober waren es insgesamt 568 Schiffe mit 1,35 Mio. TEU – die bisherige traurige Höchstzahl. Zum Ende des Jahres 2009 erwarteten Marktbeobachter eine weitere Zunahme der aufgelegten Schiffe.

Da man sich allgemein auf eine längere Dauer dieses Zustandes einstellen musste, wurden nicht nur neue Plätze gesucht, in Deutschland etwa in der Geltinger Bucht, wo bereits während der Ölpreiskrise 1973 zahlreiche Tanker und Bulker, darunter werftneue, auf eine neue Beschäftigung gewartet hatten, sondern es wurden darüber hinaus spezielle Programme für die Instandhaltung der in unterschiedlichen Zuständen außer Betrieb genommenen

← Vier Containerschiffe der Hamburger Reederei Claus-Peter Offen als Auflieger im Kieler Ostuferhafen. – Ende Februar, Anfang März 2009 lagen bereits 453 Containerschiffe mit 1,35 Mio TEU auf, etwas mehr als 10% der damals zur Verfügung stehenden Kapazität.

Foto: Einar Maschmann

↑ Die wachsende Zahl von Leercontainern ist zu einem großen Problem geworden.

Schiffe entwickelt. Als ein vielleicht marginaler, aber dennoch positiver Nebeneffekt ist im Zusammenhang mit den Aufliegern zu vermerken, dass nach Beobachtungen von AXS Alphaliner Reedereien zunehmend die wachsende Zahl der aufliegenden Containerschiffe als Zwischenlager für leere Container benutzen. Das sei kostengünstiger, als die derzeit nicht benötigten Boxen auf den Terminals im Hafen oder in Inlanddepots zu stauen. Laut Alphaliner sind besonders viele dieser »Zwischenlagerschiffe« in Singapur, Hongkong und der Hangzhou Bay ausgemacht worden. In Singapur sollen »wild« auf Reede ankernde Schiffe, allerdings nicht nur Containerschiffe, sogar inzwischen zu einem nautischen Problem geworden sein. Das wurde zwar von der Singapore Maritime and Port Authority (MPA) bestritten, da sie alles »im Griff« habe, so wie alle Behörden des streng regierten Stadtstaates Singapur stets alles »im Griff« haben.

Auch die Schiffsversicherer stellten sich auf die Situation ihrer Kunden ein und gewährten Prämienreduzierungen bzw. Rückerstattungen, deren Höhe vom Grad der Stilllegung (»warm« oder »kalt«) sowie von äußeren Faktoren (Liegeplatz, Hafen) abhängig gemacht wurde.

Leere Container, inzwischen gibt es hunderttausende, sind neben den aufgelegten Schiffen zu einem weiteren großen Problem geworden. Sie bis zur Wiederverwendung in Depots oder auf den Terminals zu lagern, kostet ihren Eigentümern Geld, und zwar nicht zu knapp. Deshalb werden nicht nur, wie erwähnt, aufgelegte Schiffe als Zwischenlager genutzt, sondern auch fahrende Einheiten in die entsprechenden Überlegungen einbezogen. Freie Plätze an Deck, die gibt es derzeit reichlich, werden mit Leercontainern belegt und so über die Meere kutschiert. Selbst wenn dabei in den Häfen Umschlagkosten für das Umsetzen der Boxen anfallen, um den Weg für den Umschlag voller Container frei zu machen, sei das immer noch günstiger, als die leeren Container über längere Zeiten an Land zu lagern, haben einige Reedereien errechnet. Teilweise werden nicht gebuchte Stellplätze an Deck auch genutzt, um Leercontainer nach China zu bringen, in der Hoffnung, dass sich dort irgendwann am ehesten Ladung für sie findet. Als ein Extremfall kann die EUGEN MAERSK genannt werden, mit 13 500 TEU eines der größten Containerschiffe der Welt. Sie wurde im Mai 2009 fast ausschließlich mit leeren Containern beladen nach Fernost auf die Reise geschickt.

Mehr als 400 000 leere Container sollen sich derzeit allein in Shenzhen und Hongkong türmen, berichteten zur gleichen Zeit die »AXS Alphaliner News«. In anderen chinesischen Häfen sehe es nicht besser aus. In diesem Zusammenhang drang ein Kuriosum an die interessierte Öffentlichkeit, nämlich, dass einige Häfen im Reich der Mitte ihren großen Kunden seit längerem kostenfreie Lagerplätze für Leercontainer anbieten würden. Damit wollten sie, so wurde gemutmaßt, auf und von den Terminals den Eindruck erwecken, dass sie nach wie vor trotz Krise gut beschäftigt seien. Wenn's stimmt, ist auch gut.

Noch drastischer als das Auflegen von Schiffen ist deren Verschrottung, wobei es natürlich nur um Alttonnage geht, die in den vorangegangenen Boomjahren so lange es ging in Fahrt gehalten wurde, weil auch mit ihr noch erklecklich Geld zu verdienen war. Mit Beginn der Krise sind dann auch sofort vermehrt ältere Schiffe zum Abbruch verkauft worden. Zu diesem Zeitpunkt befanden sich allerdings die vorher sehr hohen Schrottpreise ebenfalls bereits in freiem Fall. Auch eine Folge der deprimierenden wirtschaftlichen Lage in der Welt. Dennoch, wiederum nur beispielhaft, hat die spanische Reederei Naviera Inillos im März/April 2009 innerhalb weniger Wochen drei deutlich über zwanzig Jahre alte Containerschiffe an indische Abbrecher veräußert. Zur gleichen Zeit gingen zwei Conbulker mit gut dreißigjähriger Fahrtzeit an chinesische Abwrackbetriebe. In der Folgezeit nahm die Abbruchtätigkeit weiter deutlich zu. Eine Entlastung der Märkte dadurch werde sich jedoch in Grenzen halten, da die weltweite Containerschiffsflotte im Durchschnitt noch ziemlich jung sei, schätzte Mitte 2009 Lloyd's Register/Fairplay die Lage ein. Nach deren Recherchen würden in den kommenden Jahren lediglich 900 000 TEU verschrottet werden. Im ersten Halbjahr 2009 gingen 94 Containerschiffe mit insgesamt 184 000 TEU den Weg allen alten Eisens.

Nach Mitte August 2009 veröffentlichten Angaben von Alphaliner sollen bis dahin im Laufe des Jahres 148 Containerschiffe mit 275 000 TEU an Abbrecher verkauft worden sein. 85 davon gehörten Linienreedereien, 63 Trampreedereien, also solchen, die ihre Schiffe verchartern. Spitzenreiter war MSC mit 20 Schiffen, darunter 12, die unmittelbar davor bei ihr in Charter waren, gefolgt von der japanischen Mitsui OSK Lines (MOL) mit 12 Schiffen. Eine Folge dieser als aggressiv bezeichneten Abbruchaktionen war, dass MSC zu diesem Zeitpunkt überhaupt keine Schiffe auflegen musste, während bei MOL die Aufliegerquote von 17 Prozent im Mai auf acht Prozent gesunken war.

Trotz der wieder deutlich zurückgegangenen Brennstoffpreise gehört auch das »Slow Steaming« wieder oder weiter zu den Sparprogrammen. Nicht nur dadurch werden die Rundreisezeiten länger, sondern auch durch das Anlaufen zusätzlicher Häfen, damit auf diese Weise mehr Boxen eingesammelt werden können.

Um die hohen Kosten für eine Suezkanal-Passage zu sparen, die für ein 9500-TEU-Schiff immerhin mit rund 600 000 USD zu Buche schlägt, nehmen immer mehr Reedereien die längere Rundreise von Europa nach Fernost um das Kap der Guten Hoffnung herum in Kauf. Ein zusätzlicher Effekt dabei ist, dass dadurch auch der Versicherungszuschlag für die Querung der gefährlichen, von Piraten verseuchten Gewässer im Bereich des Horns von Afrika eingespart werden kann. Sie ist bei Nutzung des Suezkanals unumgänglich. Nach einer Auskunft der französischen Reederei CMA CGM betrug die Gesamtersparnis trotz des erhöhten Treibstoffverbrauchs auf dieser mehrere zusätzliche Tage in Anspruch nehmenden längeren Route immerhin noch rund 300 000 USD pro Schiff und Rundreise.

Die Möglichkeiten, Treibstoff zu sparen, sind vielfältig. Das geht insgesamt weit über das »Slow Steaming« hinaus bis hin zu immer weiter optimierten Rumpfformen und speziellen Antifouling-Beschichtungen des Rumpfes. Und unter dem Eindruck des Geschehens ist man in der Branche auch durchaus bereit, völlig neue, unkonventionelle Wege in Betracht zu ziehen. Das zeigt ganz aktuell ein Vorhaben der Gesellschaft für angewandten Umweltschutz und Sicherheit im Seeverkehr GAUSS mbH, Bremen, das gleichzeitig auch dem Umweltschutz dient. Unterstützt vom Deutschen Zentrum für Luft- und Raumfahrt (DLR) will GAUSS untersuchen, wie sich aus Informationen wetterunabhängiger Radarsatelliten Hinweise auf Meeresströmungen ableiten lassen. Diese sollen zusammen mit meteorologischen und Seegangs-Modellen zu genau entsprechenden Informationssystemen und Vorhersagediensten führen. Bei GAUSS ist man davon überzeugt, dass mit derartigen Meeresströmungs-Vorhersagediensten für die Schifffahrt mit einer darauf abgestimmten Routenführung während der Reise der Gegenstrom reduziert beziehungsweise der Mitstrom optimal genutzt werden könne und sich so die Treibstoffverbräuche der Schiffe senken ließen. Damit ließen sich Einsparungen erreichen sowie zusätzlich der Ausstoß schädlicher Emissionen reduzieren. Die Meeresströmungen erreichen in manchen Gebieten bis zu fünf Knoten Geschwindigkeit. Vier Bremer Reedereien stellen Schiffe für dieses Vorhaben zur Verfügung, das von der

↑ Sorgfalt und Präzision zeichnen den modernen Schiffbau mehr denn je aus. Hier werden Achterschiff, Propeller und Ruder mit einem letzten Schliff versehen, denn jede Unebenheit beeinträchtigt die Geschwindigkeit und kostet Brennstoff.

Europäischen Union und vom Bundesland Bremen finanziell gefördert wird.

Die Krise zwingt alle Reedereien dazu, nach allen möglichen Ansätzen zu suchen, wie und wo gespart werden kann. Das gilt sowohl für die operativen Abläufe wie für den strukturellen Bereich. Das sei eine absolute Notwendigkeit, denn keine Containerreederei in der Welt könne von sich sagen, dass sie heute noch Geld verdiene, formulierte es Dr. Ottmar Gast als neuer Chef der Hamburg Süd im April 2009 sehr deutlich. Alle Reedereien hätten daher durchgreifende Sparprogramme aufgelegt. Bei der Hamburg Süd sollen beispielsweise bis zu 300 Mio. Euro im Jahr eingespart werden, bei der französischen CMA CGM, der Nummer drei unter den großen Containerreedereien, werden 500 Mio. Euro angepeilt. Bei der arg ins Schlingern geratenen Hapag-Lloyd AG soll das Einsparungsziel sogar noch höher liegen. Dennoch haben die beiden erstgenannten Reedereien erklärt, dass sie trotz allem an ihren bestehenden Neubauprogrammen festhalten würden. Bei der Hamburg Süd waren es mit Stand April 2009 noch 15 bestellte Schiffe, bei CMA CGM sogar 52, vor allem sehr große Schiffe, die bis 2012 in Fahrt kommen sollen. Das kann durchaus als Vertrauensbeweis für eine in absehbarer Zeit erwartete Erholung des Marktes gewertet werden. Auch bereits geschlossene Charterverträge für noch kommende Neubauten wollten beide Reedereien einhalten.

Gründlich überprüft werden dagegen natürlich von allen Linienreedereien die zu erneuernden Charterverträge. Hier lassen sich bei reduziertem Bedarf aufgrund des Überangebots weitaus bessere Raten aushandeln, als in den vorangegangenen Jahren, in denen sie zeitweise wegen Tonnageknappheit schwindelerregende Höhen erreicht hatten. Bei CMA CGM soll es sich im Laufe des Jahres 2009 immerhin um 180 Kontrakte handeln, die zu überprüfen seien. Allein hier könnten Einsparungen in dreistelliger Millionenhöhe erreicht werden, hieß es. Kein kleiner Brocken also. Mit der Übernahme der CMA CGM VANCOUVER (5744 TEU) Ende Juni 2009 überschritt CMA CGM übrigens nach Maersk und MSC mit der von ihr eingesetzten Flotte als dritte Reederei die Eine-Mio.-TEU-Marke.

Der CMA CGM-Chef Jacques Saadé ging im September 2009 sogar so weit in die Offensive, indem er an die Europäische Union, die nationalen Regierungen und die Banken appellierte, »die drei großen europäischen Reedereien Maersk Line, MSC und CMA CGM zu erhalten und damit den Fortbestand der Seeschifffahrt in Europa zu sichern«. Dieser Vorschlag wurde allerdings vom dänischen Reederverband umgehend strikt abgelehnt.

Die Nummer zwei in der Welt der Containerschifffahrt, MSC, will dagegen, so wie es Ende Juli 2009 nach Aussagen von deren Chef Gianluigi Aponte in der Londoner »Financial Times« zu lesen war, zunächst nicht weiter wachsen und die gegenwärtige Kapazität halten. Dazu sollen ältere Schiffe zum Abbruch gegeben und, wo es möglich ist, Charterverträge nicht weiter verlängert werden. Das werde dazu führen, so Aponte, dass weniger Schiffe mit insgesamt gleicher Kapazität eingesetzt würden. Wie sich das mit den bis 2011 zulaufenden sehr großen Neubauten, die elf Prozent der gegenwärtigen Flotte darstellen, machen lässt, bleibt trotz hoher Abwrackquote erst einmal das Geheimnis des Herrn Aponte. Ende Mai 2009 disponierte MSC über 410 eigene und gecharterte Schiffe mit zusammen ca. 1,5 Mio. TEU Stellplatzkapazität. Bedient wurden mehr als 270 Häfen weltweit.

↓ Bei der Hamburg Süd sollen beispielsweise 300 Mio. Euro im Jahr eingespart werden.

Foto: Hamburg Süd

Diese ergänzenden Angaben sollen einen Eindruck von der Größenordnung vermitteln, um die es geht.

In ernste Turbulenzen geraten ist neben anderen auch Deutschlands einstige Renommierreederei Hapag-Lloyd. Nachdem erst 2008 eine Übernahme durch die singapurische Neptune Orient Line (NOL) mit dem Engagement eines Hamburger Konsortiums »Albert Ballin« verhindert worden war, schlugen 2009 die Auswirkungen der weltweiten Finanz- und Wirtschaftskrise voll durch. Hinzu kamen interne Probleme und unterschiedliche Auffassungen der Gesellschafter, wie die Krise zu überwinden sei. Fazit ist, dass die Reederei 1,75 Mrd. Euro frisches Kapital benötigte, um längerfristig die Krise durchstehen zu können. Davon sollten 750 Mio. Euro von den Eigentümern kommen. Eine Milliarde Euro waren als Bankkredite geplant, für die der Bund eine Bürgschaft übernehmen sollte. Um das Unternehmen aktuell liquide zu halten, war dessen 25,1-prozentiger Anteil am Hamburger Containerterminal Altenwerder für 315 Mio. Euro an drei Partner des Eignerkonsortiums verkauft worden. Gleichzeitig hatte Hapag-Lloyd einen rigiden Sparkurs angekündigt, der unter dem Strich 560 Mio. Euro einbringen soll. Dieses Konzept ist im September 2009 nach Genehmigung der Bundesbürgschaft auf den Weg gebracht worden.

Einen anderen Weg stellte sich die tief in den roten Zahlen steckende chilenische CSAV-Gruppe vor. Sie verhandelte (Stand Ende April 2009) intensiv über eine Rekapitalisierung, wobei es nicht nur um frisches Geld für das laufende Geschäft ging, sondern auch um die Finanzierung der bei mehreren Werften für insgesamt rund 817 Mio. USD bestellten Neubauten. Als einen Teil der Refinanzierung wollte CSAV die noch ausstehenden Ratenbeträge für die von ihr gecharterten Containerschiffe, etwa 90 von 21 Reedereien, darunter stark beteiligte deutsche, mit Forderungen von etwa 400 Mio. USD in Beteiligungen von zusammen 15 bis 17 Prozent am Gesamtkapital umwandeln. Auch mit neuen Beteiligungen und Allianzen werden die Karten also neu gemischt, um die Krise zu überstehen – vielleicht.

Im ersten Halbjahr 2009 hat das Unternehmen nach einem Bericht des »Journal of Commerce« 412,6 Mio. USD Verlust eingefahren, nach einem Gewinn von 18,3 Mio. USD im gleichen Zeitraum des Vorjahres. So schnell konnte das gehen. Nach jüngsten Berichten scheint das Sanierungskonzept jedoch aufzugehen, zunächst jedenfalls. Wie das Unternehmen Mitte Juli 2009 berichtete, konnten die Vorbereitungen für eine Kapitalerhöhung erfolgreich abgeschlossen werden. Die bisherigen Aktionäre hätten in einem ersten Schritt mehr als das erwartete neue Kapital bereitgestellt, weiteres soll in einem zweiten Schritt folgen, und schließlich wurde dann die Beteiligung von den Reedereien, die Schiffe an die CSAV verchartert haben, erwartet. Aus deren Kreisen war zu erfahren, dass man wohl bei dem Konzept mitmachen wolle oder müsse. So bleibe zumindest die Hoffnung, irgendwann von dort einmal wieder Geld zu sehen – vielleicht.

Einen Erfolg konnte die Reederei inzwischen auch bei der Anpassung ihres Neubauprogramms verzeichnen. Wie Ende August bekannt wurde, ist es ihr gelungen, vier bei Korea's Samsung Heavy Industries georderte 12 500-TEU-Schiffe in fünf 8000-TEU-Schiffe umzuwandeln und deren Ablieferung etwa ein Jahr nach hinten zu verschieben. Das letzte soll jetzt erst in 2012 in Fahrt kommen. Sogar auf der Preisseite konnte ein Vorteil erreicht werden. Während die 12 500-TEU-Neubauten 161 Mio. USD pro Stück gekostet hätten, liegt der ausgehandelte Preis bei den 8000-TEU-Schiffen bei jeweils 125 Mio. USD. Insgesamt können so nicht nur »handlichere« Schiffe erwartet werden, sondern unterm Strich sogar noch 19 Mio. USD gespart werden.

Das Modell CSAV will sich auch die israelische Linienreederei ZIM Navigation zu Eigen machen. Neben den Gesellschaftern sollen auch dort die Eigner der eingecharterten Schiffe einen Beitrag leisten. Die Reederei erwartet bis einschließlich 2013 einen negativen Cashflow in Höhe von 1 Mrd. USD. Um das Unternehmen über Wasser zu halten, hat die ZIM-Muttergesellschaft Israel Corp. Anfang August 2009 einen Restrukturierungsplan vorgelegt. Der sah eine Kapitalerhöhung um 350 Mio. USD und die Umwandlung eines Gesellschafterdarlehens über 100 Mio. USD vor. Darüber hinaus sollten die Eigner der 59 von ZIM eingecharterten Containerschiffe der Umwandlung von Forderungen aus den laufenden Verträgen in Aktien zustimmen. Nach Mitteilung der Israel Corp. ging es dabei um rund 150 Mio. USD. Auch hier sind, wie bei CSAV, deutsche Vercharterer betroffen. Von der griechischen Danaos Group, die sechs Containerschiffe an ZIM verchartert hat, hieß es dazu, dass die Charterraten einseitig um 35 Prozent gekürzt worden seien. Weiterhin hatte ZIM zu diesem Zeitpunkt bereits einen Neubauauftrag über sechs Containerschiffe unter Verzicht auf die Anzahlung storniert. Für weitere 14 Schiffe wurde mit den Werften eine Verschiebung der Aufträge ausgehandelt, so beispielsweise sollen nun vier 10 000-TEU-Schiffe von der koreanischen Hyundai Samho Shipyard nicht, wie ursprünglich geplant, 2010 abgeliefert werden, sondern erst 2014/2015. Bei Verhandlungen mit einer anderen koreanischen Werft geht es (September 2009) um die Verschiebung der Ablieferung von neun 12 600-TEU-Schiffen, die ebenfalls 2010 in Fahrt kommen sollten.

Einsparmöglichkeiten gibt es über diese großen Posten hinaus natürlich noch viele, wobei selbstverständlich auch kleinere Beträge zählen. Letztlich geht es darum, was unter dem Strich zusammenkommt. Manches mutet dann aber doch schon etwas kurios an, so, wenn beispielsweise die Maersk Line ihren Schiffsbesatzungen bei deren Mahlzeiten an Bord keine herkömmlichen Servietten mehr zur Verfügung stellt, sondern nur noch Papiertücher. Erhoffte Ersparnis: 60 000 USD im Jahr. Allerdings auch keine kleine Summe, denn immerhin betreibt Maersk die mit Abstand größte Containerschiffsflotte der Welt mit vielen Schiffen und vielen

Mitarbeitern an Bord. Eine weitere als natürlich schwerer wiegend empfundene Maßnahme war die Entscheidung, dänisches Schiffsführungspersonal, 170 Mitarbeiter insgesamt, gegen billiges ausländisches auszutauschen.

Und auch das gehört dazu: Mehr als dreißig deutsche Reedereien haben, um die Auswirkungen der Containerschifffahrtskrise abzufedern und die Risiken zu verteilen, ein bereits seit 2002 bestehendes, aber bisher nie wirksam gewordenes Solidaritätsmodell »Containership Association« aktiviert. Danach zahlen die Mitglieder für jedes ihrer in diese Gemeinschaft eingebrachte Schiff einen Beitrag in einen Solidarfonds ein. Der wird dann dazu verwendet, für solche Schiffe eine Unterstützung zu zahlen, die keine Beschäftigung haben und vorübergehend stillgelegt werden müssen oder sich in Warteposition befinden.

Außerdem haben Schiffsmakler in Hamburg gemeinsam mit Banken und Wirtschaftsprüfern einen neuen Ansatz für die Schiffsbewertung entwickelt. Der soll verhindern, dass niedrige Marktwerte der Schiffe auf die Kreditvergabe an die Reedereien durchschlagen. Dieser neue Schiffbewertungsstandard orientiert sich nach Aussage der Initiatoren nicht nur, wie bei Banken üblich, am aktuellen Zeitwert, sondern an einem mittelfristigen Maßstab unter Berücksichtigung der Ertragssituation.

Auch die Banken sind in hohem Maße betroffen, von der allgemeinen Krise ohnehin, zumal sie diese durch weit verbreitetes, skandalös unverantwortliches Handeln sogar ausgelöst haben. Hier geht es speziell um die Kreditvergabe für Containerschiffsneubauten, die in der Rückschau nicht zuletzt eine der Voraussetzungen dafür waren, die weltweit in diesem Segment führende Flotte aufzubauen. So sitzen also auch die Geldhäuser tief mit im »schwarzen Loch«. Denn wenn ein Containerschiff, das sie mit- oder ganz finanziert haben, aufgelegt ist oder es die erwarteten auskömmlichen Raten nicht verdient und deswegen weder Zinsen noch Tilgung ganz oder auch nur teilweise gezahlt werden können, dann sieht es auch für die jeweilige Bank schlecht aus. Sie könnte zwar theoretisch auf ihre Sicherheit – das Schiff – zurückgreifen und es – theoretisch – versteigern lassen, aber das Schiff ist wegen der Krise schlicht kaum noch etwas wert. Es ist nicht unterzubringen, weil es gegenwärtig einfach zu viele Containerschiffe gibt. Die Secondhand-Preise sind nämlich genau so schnell gefallen wie die Fracht- und Charterraten. Die Bank müsste also mit Verlust aussteigen, was ja auch nicht Sinn der Sache sein sollte. Was also ist zu tun? Was kann getan werden? Schlüssige Antworten auf diese Fragen zu finden haben viele der vorher so großartigen Bankmanager inzwischen recht kleinlaut gemacht.

Generell haben die Banken demnach angesichts der tiefgreifenden Misere ein großes Interesse daran, ihren Schifffahrtskunden dabei behilflich zu sein, die Krise durchzustehen, indem sie beispielsweise Kredite prolongieren. Das fällt ihnen jedoch schwerer als zuvor, denn diese Krise ist ja nicht nur auch, sondern vor allem ihre Krise. Was sie allerdings trotzdem versuchen, ist, wo es möglich erscheint, sich aus schon gegebenen Kreditzusagen zurückzuziehen. Das ist verständlich und durchaus nahe liegend, denn wer will schon ein noch nicht gebautes Schiff finanzieren, für das es nach seiner Ablieferung auf absehbare Zeit keine Beschäftigung gibt und das also somit auch kein Geld für Kreditabtragung verdienen kann.

Eine andere Qualität hat das Verhalten der koreanischen Eximbank, die in hohem Maße bei den auf den Werften des Landes platzierten Neubauten eingeschaltet war und nun in zunehmendem Maße, so wird berichtet, europäische Containerschiffsreedereien verstimmt, da sie für bereits finanzierte und zur Ablieferung bereite Neubauten plötzlich eine höhere Beteiligung der Eigner verlangt. Auch das zeigt einmal mehr die große Misere, in die die gesamte Branche geraten ist. Darüber informiert ein Beitrag in der August-Ausgabe 2009 der Fachzeitschrift HANSA, wonach die Bank damit argumentiere, »dass der ursprüngliche Wert dieser im Höchstmarkt bestellten Schiffe erheblich gesunken sei. Bisher betraf es die Containerreedereien CMA CGM und MSC, andere Reedereien könnten jedoch bald folgen. So verweigert CMA CGM als einer der führenden Kunden für Containerschiffsneubauten die Abnahme ihrer Tonnage, solange die Bank auf der Einhaltung der »Loan-to-Value-Clause« besteht. Diese beinhaltet, dass der Kreditnehmer seinen Anteil erhöhen muss, wenn das Loan-to-Value-Verhältnis sich verschlechtern sollte.

Nach Ansicht der Reedereien handelt es sich hier jedoch um ein Problem zwischen der Bank und der Bauwerft. Eximbank wiederum beharrt darauf, sie habe keine vertraglichen Vereinbarungen mit der Werft und verfolge lediglich die gleiche Politik wie die anderen betroffenen Banken. Das wird von den Reedereien bestritten. So sollen der israelischen Reederei ZIM mittlerweile neue Finanzhilfen in Korea eingeräumt worden sein, um im letzten Monat zwei Neubauten übernehmen zu können. Das könnte, so hofft man bei CMA CGM, den Weg zu einer Lösung dieser Frage auch bei anderen Reedereien eröffnen. Dabei müssen mehrere Hürden genommen werden. Zudem bleibt es schwierig, die aktuellen Schiffswerte zu ermitteln, da es praktisch keine vergleichbaren zeitnahen Schiffsverkäufe auf dem Secondhand-Markt gibt. Ein 12 000-TEU-Schiff, das im Jahre 2007 noch 160 Mio. USD gekostet hat, würde heute unter der Hand mit einem Abschlag von 30 Mio. USD bis 40 Mio. USD gehandelt, erklärten eingeweihte Kreise. Über tatsächliche Verkäufe wurde bisher jedoch nichts berichtet.

Wir kennen den Vertragstext nicht. Selbstverständlich sind aber derartige Gleitklauseln üblich. Erstaunlich aber, dass die Bank zusammen mit der Werft und den Reedern keine Lösung zu finden scheint, die das Problem fair auf alle Schultern verlagert. Dies wäre nach Ansicht der deutschen schiffsfinanzierenden Banken der richtige Weg in der gegenwärtigen Krise. Dieser Weg setzt allerdings voraus, dass alle beteiligten Parteien eine dem ursprünglichen Vertragstext entsprechende Lösung tatsächlich wollen.

»Die Finanzierung des Neubauprogramms in vollem Umfang wird bei der augenblicklichen Zurückhaltung der Banken sicherlich problematisch«, unterstrich dies hanseatisch zurückhaltend der Hamburger Reeder Claus-Peter Offen in einem Zeitungsinterview. Allerdings komme es da sehr auf den Einzelfall an. »Kritisch wird es bei der Finanzierung von Schiffen, die über keine Charter bei einer Reederei mit guter Bonität und auch über kein Eigenkapital verfügen. Geschätzt wird, dass es sich dabei um etwa 150 Schiffe handelt.«

Auch bei den Schiffsfinanzierern, den Kapitalsammelstellen, die mit dem Geld meistens schifffahrtsferner Anleger einen großen Teil der deutschen Containerschiffsflotte finanziert haben, läuft es längst nicht mehr so leicht, wie in den Jahren zuvor. Bei vielen der rasch an den vormals florierenden Markt gebrachten »Newcomern« geht meistens schon gar nichts mehr. Sie alle bekamen ohnehin eine Gänsehaut, wenn sie sich vergegenwärtigten, wie viele Neubauten insgesamt geordert waren und welche riesige Neubauwelle noch auf den immer weiter schrumpfenden Markt zukommt.

Der Auftragsbestand Mitte 2008 belief sich auf gigantische 60 Prozent der bereits vorhandenen Stellplatzkapazität. Die deutschen Reedereien waren mit 523 Containerschiffen und zusammen 2,3 Mio. TEU dabei. Darunter allein 64 Superpostpanamax-Schiffe mit jeweils 10 000 TEU und mehr Stellplatzkapazität. Der größte Teil davon wird bis Ende 2010 abgeliefert und dabei ist so gut wie sicher, dass die Mehrzahl dieser Neubauten nicht gebraucht wird bzw. angemessen einzusetzen ist. Vorerst jedenfalls nicht. Für diese Neubauten bzw. deren Eigner werden die Zeiten besonders schwer werden. Die weltweite Containerschiffsflotte wird im Laufe des Jahres 2009 bedingt durch den hohen Neubauzulauf um 13 Prozent wachsen, die Nachfrage nach Tonnage jedoch nur um ein Prozent. Das zumindest schien Anfang 2009 noch einigermaßen gesichert. »Jedes dieser Schiffe, das nicht gebaut wird beziehungsweise nicht zur Ablieferung gelangt, ist eine Entlastung für den Markt«, hieß es bei einer großen Reederei in Hamburg. »Es werden einige sein, die derzeit noch in den Statistiken geführt werden. Bei etlichen fehlt die Finanzierung, die sie jetzt wohl nur noch in den seltensten Fällen bekommen werden. Andere sind bei Werften, vor allem in China, geordert worden, die zu dem Zeitpunkt der Bestellung gerade erst auf der ›grünen Wiese‹ noch im Entstehen begriffen waren. Ob die noch tatsächlich in Betrieb gehen werden, sei dahingestellt. Wieder andere sind von Betreibern geordert worden, die es zu dem Zeitpunkt der geplanten Ablieferung wahrscheinlich gar nicht mehr geben wird. Man muss diese Entwicklung abwarten und sehen, wie viel der zur Zeit nicht benötigten Tonnage dadurch wegfällt.« Das große Problem werden in den nächsten Jahren vor allem aber die vielen, viel zu vielen »Giganten« bleiben, die nicht flexibel einsetzbar sind, sondern nur in den Fernostverkehren wirtschaftlich beschäftigt werden können. Aber in den Fernostverkehren fehlen die seit Jahren wie selbstverständlich gewordenen zweistelligen Zuwachsraten. Sicher wird es irgendwann eine Erholung geben, in welchem Umfang aber ist ebenso fraglich wie der

← Trübe Aussichten für die nächsten Jahre

Zeitpunkt, wann das sein wird. Potenzial sollte genügend vorhanden sein. Dabei muss man nicht nur an das chinesische Riesenreich mit allen seinen Möglichkeiten, wenn auch mit tiefgreifenden inneren Problemen belastet, denken, sondern auch an Indien mit seiner Milliardenbevölkerung. Vietnam und andere gehören ebenfalls dazu.

»Vor Ende 2010 wird sich der Markt sicherlich nicht erholen«, schätzte Nils Andersen, Chef der Maersk Line, die Lage in einem Gespräch mit der »Deutschen Verkehrszeitung« ein. Die Frage aber, wie lange es tatsächlich dauern wird, bis sich die Schere zwischen Nachfrage und Tonnageangebot wieder schließt, kann niemand seriös beantworten. Sicher ist jedoch, dass sich die Reedereien mit dem von ihnen aufgebauten Tonnageüberangebot ihre Märkte selbst kaputt gemacht haben. Reeder Claus-Peter Offen meinte dazu, dass sich der Markt sogar erst in drei bis vier Jahren stabilisiert haben könnte. Eine lange Zeit, eine lange Durststrecke.

Offen und etliche weitere Reederkollegen bemühen sich zwischenzeitlich in Gesprächen mit den Werften, die vereinbarten Ablieferungstermine möglichst weit nach hinten zu verschieben. Die koreanischen Werften sollen sich bei derartigen Verhandlungen dem Vernehmen nach weniger flexibel gezeigt haben als die chinesischen. Beide waren Hauptauftragnehmer der deutschen Reedereien. Es kann jedoch davon ausgegangen werden, dass sich Reedereien, Banken und Schiffbauer schon irgendwie einigen. Alle sitzen in einem Boot und keiner der beteiligten Parteien kann daran gelegen sein, mögliche Kunden von morgen zu verprellen. Wie aus dem Hause Hansa Treuhand in Hamburg zu hören war, sollen koreanische Werften bereit sein, Ablieferungstermine um fünf bis sechs Monate nach hinten zu verschieben, bei chinesischen könne man auch schon mal über ein Jahr sprechen. Alles werde hoch vertraulich behandelt und noch vertraulicher gehe es bei Stornierungen zu, um möglichst keine Präzedenzfälle bekannt werden zu lassen. Allerdings sei der Markt sehr transparent. So wurde unter anderem berichtet, dass es Reedereien gebe, die sogar auf bereits geleistete Anzahlungen für ihre Neubauten verzichteten, nur um diese nicht abnehmen zu müssen. Das könnten dann wiederum »Schnäppchen« für risikobereite Käufer sein, solche, die bei Mitnahme der von anderer Seite bereits geleisteten Anzahlungen und in Anbetracht des auf der Werft lastenden Drucks, den Neubau doch irgendwie noch loszuwerden, bereit sind, sich sicher mit sensationellen Preisen und im Vertrauen auf bessere Zukunft, als Abnehmer zu engagieren. Derartige Transaktionen gibt es inzwischen.

Die Deutsche Schiffsbank äußerte in diesem Zusammenhang Ende Mai 2009, dass weitaus mehr Schiffsneubauaufträge als bisher bekannt storniert oder verschoben seien. Nach Einschätzung dieses Instituts könnten es im laufenden Jahr weitaus mehr als zehn Prozent der weltweit bestellten Schiffe und 25 bis 30 Prozent der für 2009 geplanten Ablieferungen sein. Wie weit und wie lange die Märkte dadurch tatsächlich entlastet werden, bleibt abzuwarten.

Ein Beispiel: Mitte Juli 2009 wurde bekannt, dass die China Shipbuilding Corporation (CSBC), Taiwans größter Schiffbauer, sich bereit erklärt hat, 14 von der zur Yang Ming-Gruppe gehörenden All Oceans Transportation geordertete Containerschiffe zeitverzögert anzuliefern. Darunter sind fünf 8240-TEU-Schiffe, die 15 Monate später als vorgesehen kommen, vier 6600-TEU-Schiffe kommen sechs Monate und

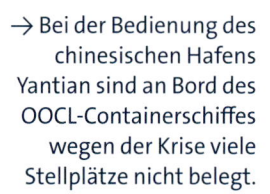

→ Bei der Bedienung des chinesischen Hafens Yantian sind an Bord des OOCL-Containerschiffes wegen der Krise viele Stellplätze nicht belegt.

ein 4500-TEU-Schiff sogar 13 Monate später. Insgesamt werden so die Neubauten nicht wie geplant 2010/2011 in Fahrt gebracht, sondern erst 2011/2012. Bereits einen Monat zuvor hatte CSBC mit der taiwanesischen Wan Hai Lines und der deutschen Peter Döhle Schiffahrts-KG vereinbart, die Lieferung von 24 von ihnen bestellten Containerschiffen zwischen vier und 16 Monate nach hinten zu verschieben.

Alphaliner schätzte Mitte 2009 in seinem Newsletter die Gesamtkapazität der Schiffe, für die verzögerte Ablieferungen akzeptiert worden sind, auf 1,8 Mio. TEU, was in etwa einem Drittel des aktuellen Auftragsbestandes entspreche. Der bei weitem größte Anteil entfalle auf Schiffe über 5000 TEU, 168 insgesamt. Im Durchschnitt würden die Schiffe acht Monate später als vorgesehen abgeliefert. Das Forschungszentrum der China Association of the National Shipbuilding Industry (CANSI) schätzte zum gleichen Zeitpunkt, dass in der Zeit zwischen Dezember 2008 und Anfang Mai 2009 allein auf koreanischen Werften Neubauaufträge für 220 Schiffe, darunter etwa ein Drittel Containerschiffe, storniert worden seien. Leider wurden über die Situation im eigenen Land keine Zahlen genannt.

Nicht übersehen sollte man allerdings bei dem Komplex der Ablieferungsverschiebungen, dass sich dabei auch durchaus Vorteile für die Werften ergeben können: Die Preise für Material und Zulieferteile sind günstiger geworden, sodass es für die Werften mehr »Luft« in den vereinbarten Neubaupreisen gibt. Da sie außerdem in den nächsten Jahren mit dramatisch weniger Aufträgen rechnen müssen, kann es auch in ihrem Interesse sein, zur Beschäftigungswahrung vorhandene Aufträge zu strecken, um, wenn auch auf einem abgesenkten Niveau, die Kapazitäten auszulasten und so die absehbar längere Durststrecke durchzuhalten.

So weit, so gut oder auch nicht gut. Die Krise hat alle in der »Containerkette« erfasst. Das ist hart, aber muss in einem globalen Zusammenspiel, auf das man ja ansonsten immer gern verwiesen hat, verkraftet werden. Jedoch bietet die Krise auch die Chance, das jeweils eigene Unternehmen auf mögliche Schwachstellen abzuklopfen und diese, wo es passt, in Zusammenarbeit mit anderen Partnern abzustellen. Zu sehr waren alle Beteiligten bisher damit beschäftigt, allein das Wachstum zu bewältigen, nun sollte die Pause dazu genutzt werden, die Abläufe in der Logistikkette zu optimieren.

Folgen wir noch einmal Claus-Peter Offen, der im Verlauf eines Schiffsfinanzierungsforums Anfang 2009 eine klare und schonungslose Analyse der aktuellen Situation bot. Er bekannte, dass es viel zu viel Optimismus gegeben habe. Das habe zu einer viel zu hohen Orderzahl geführt und ebenso seien die Werften viel zu optimistisch auf den Trend aufgesprungen. Der einzige Weg, den Tonnageüberschuss der kommenden zwei Jahre abzubauen, sei es, massiv Schiffe aufzulegen. Offen sagte voraus, dass seiner Meinung nach bis Ende 2010 rund ein Viertel der weltweiten Containerschiffsflotte aufgelegt werden müsse. In drei Jahren würden dann die Charterraten wieder steigen und in fünf Jahren sei der Ausgleich zwischen Angebot und Nachfrage erreicht.

Es gibt aber Ausnahmen unter den Reedereien, solche nämlich, die zwar ebenfalls die Krise abwettern müssen, diese jedoch nutzen wollen, um weiter zu wachsen. Das reicht vom Ankauf gebrauchter Tonnage, die heute so billig wie nie zuvor zu haben ist, bis hin zu vorausschauenden neuen Charterabschlüssen zu niedrigsten Raten, wie es sie ebenfalls seit Jahren nicht gegeben hat. Ein Beispiel dafür ist die MSC Mediterranean Shipping Company. Das belegen von ihr getätigte Charterabschlüsse, die im April 2009 bekannt geworden sind. Danach hat sich die Reederei eine ganze Reihe von bis zu 8400 TEU tragenden Schiffen zu den derzeit sehr niedrigen Raten gesichert und gleichzeitig einige mehr als dreißig Jahre alte Frachter an Abbrecher verkauft. MSC habe derzeit lediglich ein Prozent ihrer Tonnage aufgelegt, berichteten die Marktforscher von AXS Alphaliner. Im Branchendurchschnitt liege die Quote bei neun Prozent. Zudem habe die Reederei ihren Marktanteil seit Anfang des Jahres 2008 von 10,4 auf 11,5 Prozent gesteigert.

Weniger optimistisch zeigte sich dagegen, um etwas von den unterschiedlichen Prognosen und Stimmungen wiederzugeben, die Hamburg Süd. Nach Einschätzung ihres Sprechers der Geschäftsleitung, Dr. Ottmar Gast, würden der Wettbewerb um Ladung und der damit einhergehende Ratenverfall für einige der Container-Reedereien wahrscheinlich das wirtschaftliche Aus bedeuten. Vor allem die immer noch schnell wachsende Flotte verschlimmere das Problem weiter. Bis 2013 werde die weltweite Containertonnage jährlich um etwa 20 Prozent zunehmen. Die wenigen Verschiebungen (Anm.: der Ablieferungen) und Stornierungen bei den Werften reichten nicht aus, um die Überkapazität der Tonnage kurzfristig auszugleichen. Auch die von einem sehr niedrigen Niveau aus gestiegenen Abwrackungen könnten kaum Entlastung bringen, da ohnehin erst neun Prozent der gegenwärtigen Containerschiffsflotte älter als 20 Jahre sei und damit in das »normale« Abwrackalter komme. Laut Gast gebe es zur Zeit schlicht zu viele Konkurrenten auf dem Markt, weshalb es momentan unmöglich sei, das Ratenniveau auf ein vernünftiges Maß anzuheben. Gast deutete an, dass es Eigner gebe, wie die United Arab Shipping Company (UASC) oder die israelische ZIM-Reederei, deren Flotten nach dem aktuellen Orderbuch in den nächsten Jahren um über 90 Prozent wachsen würden. Für das Ratenniveau wäre das fatal. Andere hätten in der Vergangenheit wohl in die Glaskugel geschaut. Evergreen zum Beispiel erwarte überhaupt keine Neubauten. Für die Hamburg Süd sah er keine Gefahr, da die eigene Flotte »nur« um 40 Prozent zunehmen werde. Zwar seien künftig noch weitere Verschiebungen und Stornierungen zu erwarten, dennoch blieb seine Prognose skeptisch: »Auch unter Berücksichtigung solcher Veränderungen weiß keiner, wie es weitergehen wird. Ich gehe davon aus, dass die Schifffahrt bis 2010 ein negatives Wachstum von zehn bis 15 Prozent haben wird. Falls dies eintritt, wird die Liste der größten Containerreedereien in wenigen Jahren sicherlich nicht mehr so aussehen wie jetzt.«

Aber auch diese Krise wird vorübergehen, selbst wenn sie sich bis jetzt als besonders tiefgreifend erwiesen hat. Derzeit überbieten sich zwar Ökonomen und Analysten und solche, die sich dafür halten, mit Negativprognosen. Das liegt wohl im Trend, vor allem in der veröffentlichten Meinung. Es kann aber auch sein, dass diese Experten dadurch ihre in den vorangegangenen Jahren meistens geradezu euphorischen Vorhersagen wieder ausgleichen wollen. Darüber kann sich jeder selbst seine Gedanken machen. Aber, wie auch immer, gesunde Unternehmen werden dieses wirtschaftliche Tief überstehen. Andere, die mehr spekulativ tätig waren, wahrscheinlich eher nicht. Das ist als normale Marktbereinigung anzusehen, die es nicht nur in der Schifffahrt schon immer gegeben hat.

Hermann Ebel, Gründer der erfolgreichen Hansa Treuhand Schiffsbeteiligungs GmbH, schätzte die Lage Mitte Mai 2009 so ein: »Zwar ist bereits wieder eine leichte Zunahme des Ladungszuwachses zu spüren, aber diese wird überdeckt von dem mit weitem Abstand hohen Tonnagezuwachs. Aber, China importiert wieder in steigendem Maße Erz, was leicht an den höheren Bulkcarrier-Raten zu erkennen ist. Es wird also wieder mehr Stahl produziert, was sich auch auf die vermehrte Fertigung anderer Güter niederschlägt. Der stark ins Stottern geratene Exportmotor Chinas beginnt wieder ruhiger zu laufen, wenn auch zunächst noch auf niedrigem Niveau.«

Hoffnung verbreitete ebenfalls eine Anfang Juni 2009 vorgelegte Studie von Lloyd's Register/Fairplay, nach der die weltweite Containerschifffahrt bald wieder auf Wachstumskurs gehen werde. Allerdings würden die Wachstumsraten geringer ausfallen, als vor der Krise prognostiziert. Natürlich sei die gegenwärtige Lage aufgrund des krassen Ungleichgewichts zwischen Tonnageangebot und Nachfrage äußerst unbefriedigend. So werde von Spotraten von nur 250 USD für die Verschiffung eines Containers von Hongkong nach Rotterdam berichtet. Ein Jahr zuvor hätte man dafür noch 1400 USD bekommen. Aber noch im laufenden Jahr könne wieder mit auskömmlichen Raten gerechnet werden, prognostizierten die britischen Experten von Lloyd's Register/Fairplay. Andere britische Experten, nämlich die Drewy Shipping Consultants, meinten dagegen nur einen Monat später: »The bad news for container shipping is that there is no good news.« Positive Aussagen aus einigen Industriekreisen seien lediglich Wunschdenken. Die weltweite Containerschiffsflotte stand zu diesem Zeitpunkt, etwa Mitte 2009, bei 4671 Schiffen mit einer Gesamtstellplatzkapazität von 12,4 Mio. TEU und einem im selben Jahr zu erwartenden weiteren Wachstum um 13 Prozent.

Etwas differenzierter fiel dann Mitte September die Schätzung des Londoner Maklerhauses Clarkson aus. Danach würde die Wachstumsrate der Containerschiffsflotte 2009 nur 7,3 Prozent betragen. Anfang des Jahres hätten die Prognosen noch bei 13,4 Prozent gelegen. Ähnlich sehe es bei der Gesamtflotte aus. Sie werde bei Jahresende einen Gesamtumfang von 13,26 Mio. TEU erreichen, bei Jahresanfang waren noch 14,02 Mio. TEU erwartet worden. Grund für diese Verringerung seien Bauzeitverschiebungen und eine unerwartet hohe Abbruchrate. Bis Ende August waren im

Foto: Maersk

Liebe Kundin, lieber Kunde,

gerne informieren wir Sie über unsere Buchneuheiten. Senden Sie einfach diese Karte an uns. Wenn Sie gezielt über Buchtitel informiert werden wollen, die Sie interessieren, dann beantworten Sie bitte unsere Fragen auf der Rückseite. Unter allen Einsendern verlosen wir monatlich 10 Bücher aus unserem Programm.

Frau/Herr, Vorname, Name

Alter

Straße, Hausnr.

PLZ, Ort

E-Mail

O ja, ich möchte Ihren E-Mail-Newsletter beziehen

✘ Datum, Unterschrift

Mit der Rücksendung dieser Karte erkläre ich mich einverstanden, dass ich in Ihre Informationskartei aufgenommen werde. Meine Daten werden nicht an Dritte außerhalb der Tamm Media GmbH weitergegeben.

TAMM MEDIA

Koehlers Verlagsgesellschaft

Georgsplatz 1
20099 Hamburg

Porto
zahlt
Empfänger

Bitte schicken Sie mir ein kostenloses Probeheft von:

- ○ **SWISSBOATYACHTING**
- ○ **segel** JOURNAL
- ○ **HANSA**
- ○ **Binnenschifffahrt**

Unser Buchprogramm
finden Sie unter: **www.koehler-books.de**

○ Senden Sie mir bitte Ihr Verlagsprogramm zu.

Danke für Ihre Meinung!

Diese Karte fand ich in dem Buch:

Ich bin auf dieses Buch aufmerksam geworden durch:

- ○ meine Buchhandlung
- ○ im Internet
- ○ Anzeige/Werbung
- ○ eine Empfehlung
- ○ eine Buchbesprechung
- ○ Sonstiges

Ihren Verlag kenne ich schon:

○ ja ○ nein

Ich interessiere mich für folgende Themen besonders:

- ○ Schifffahrt
- ○ Hamburg
- ○ Segeln
- ○ Norddeutschland
- ○ Reisen/Tourismus

Besonders gern würde ich ein Buch lesen über:

_____

_____

← Sieht zwar voll bepackt aus, der Mega-Carrier, aber wie viele Boxen sind leer?

Laufe des Jahres 2009 190 Containerschiffe mit 784 000 TEU abgeliefert und 145 Schiffe mit 275 000 TEU zum Abbruch gegeben worden.

Alphaliner erwartete zum gleichen Zeitpunkt in 2009 einen Zugang von 1,25 Mio. TEU bei Abbrüchen von 350 000 TEU – ein Nettozugang von 900 000 TEU also.

Dennoch, wie auch immer, für die Containerschifffahrt ist, bei aller gebotenen Vorsicht vor so oder so ausfallenden Prognosen, allgemein zu erwarten, dass mit dem anhaltenden Wachstum der Weltbevölkerung ein irgendwann wieder einsetzender ebenso konstanter Anstieg des globalen Handelsvolumens einhergeht. Neue Märkte werden hinzukommen. Auch die internationale Arbeitsteilung wird weiter voranschreiten und deshalb wird auch die Menge der Containertransporte weiter wachsen. Die Schifffahrt steht also unvermindert, und wie schon immer, vor großen Aufgaben.

Ein kurzer, steiler Weg bis zu den Giganten von heute

Analog zu den wachsenden Anforderungen in den internationalen Liniendiensten, in denen, wie vorher aufgezeigt, immer mehr Güter »containerisiert« wurden, ist auch die Größe der dort eingesetzten Schiffe in einem vergleichbar rasanten Tempo gewachsen. Sprunghaft geradezu und zwangsläufig, so wie es die Zuwachsmengen auf der Ladungsseite notwendig machten. Das eine hat sich aus dem anderen ergeben. Dies erklärt, wie es zu diesen neuen Giganten der Schifffahrt gekommen ist und dass diese Entwicklung außerordentlich vielschichtiger ist, als beispielsweise die zu den »Riesendampfern« der Hamburg-Amerika Linie vor dem Ersten Weltkrieg, den schwimmenden Hotel- und Spaßpalästen der heutigen Passagierschifffahrt oder zu den Supertankern mit bis zu 500 000 Tonnen Tragfähigkeit in den siebziger Jahren des vorigen Jahrhunderts. Letztere übertreffen zwar mit ihrer Tragfähigkeit und ihren Abmessungen von 415 Metern Länge und 63 Metern Breite die heutigen Container-Giganten noch, aber von ihnen sind nur ganz wenige gebaut worden, und als sie in Fahrt kamen, da war ihre Zeit schon endgültig wieder vorbei. Bei den neuen Großcontainerschiffen, die selbst die größten Flugzeugträger in ihrem Schatten fahren lassen können, sieht es dagegen ganz anders aus. Von ihnen sind schon jetzt weit über hundert Einheiten geordert worden. Sie kommen zwar unglücklicherweise gerade in einer Periode zur Ablieferung, in der sich die Weltwirtschaft mit allen Auswirkungen auf den internationalen Warenaustausch in einer tiefen Rezession befindet, was aber wahrscheinlich nichts oder nur wenig an ihren künftigen Einsatzperspektiven nach Beendigung der Flaute ändert. Die Überwindung der Durststrecke bis dorthin dürfte allerdings nicht einfach werden.

Es ist, geschichtlich betrachtet, ein relativ kurzer Weg von dem umgebauten Weltkriegstanker IDEAL X, der gemeinhin als Urvater der heutigen Containerschiffe betrachtet wird, bis hin zu den heutigen Giganten, deren Zeitalter 2006 die nun schon fast legendäre EMMA MAERSK einläutete. Während die IDEAL X 1956 an Bord Platz für 58 gleichartige Behälter bot, hat die EMMA MAERSK eine Stellplatzkapazität von mehr als das Zweihundertfache. Eine gewaltige technische Entwicklung innerhalb von knapp fünf Jahrzehnten, die ihresgleichen sucht. Ein Blick auf die Zwischenstationen zeigt, wie rasch es vorangegangen ist.

Die IDEAL X war, wie weiter vorn bereits erwähnt, ein entsprechend umgebauter US-Standardtanker des Typs »T2« aus der Zeit des Zweiten Weltkrieges. Diesem »Adam« eines

↘ Die ersten beiden Schiffe der ersten Generation, ELBE EXPRESS und WESER EXPRESS, am Hamburger Burchardkai, der einen noch sehr überschaubaren Eindruck macht

↓ Aus der Anfangszeit: Die aus einem Liberty-Schiff umgebaute HAWAIIAN CITIZEN bot Platz für 221 Boxen.

neuen Schiffstyps folgten zunächst weitere umgebaute Weltkriegsveteranen, nicht nur Tanker, sondern auch »Liberty«-Trockenfrachter. Alles das lief als »Testphase«, wenn man es denn so bezeichnen will, innerhalb der Gewässer der Vereinigten Staaten von Amerika ab, bis einschließlich Hawaii. Auch das erste rein für den Containerverkehr gebaute Schiff, die SEA-LAND VENTURE, wurde in den USA gebaut.

Allgemein kann festgehalten werden, dass es in der langen Geschichte des weltweiten Schiffbaus wohl keinen Schiffstyp gegeben hat, der eine ähnlich rasche, ja geradezu sprunghafte Entwicklung erlebt hat wie das Containerschiff. Schon zu Beginn der sich weltweit ausbreitenden Containerverkehre in der zweiten Hälfte der sechziger bis hinein in die siebziger Jahre des vorigen Jahrhunderts, also vor nur knapp vier Jahrzehnten, erlebte die maritime Welt eine geradezu explosionsartige Größensteigerung bei diesen damals neuartigen Frachtschiffen, mit deren Einsatz sich große Hoffnungen verbanden. Grob einteilen ließen sie sich während der ersten Jahre dieses neuen Zeitalters der Schifffahrt in drei Generationen, die damals auch zu festen Begriffen wurden. Gut darstellen lässt sich das am Beispiel der Hapag-Lloyd AG, die bekanntlich unter dem Druck der für die Containerverkehre zu erwartenden hohen Investitionen durch die Fusion der beiden großen deutschen Linienreedereien Hamburg-Amerika Linie/Hapag und Norddeutscher Lloyd 1970 entstanden war.

Die **erste Generation** bildeten die vier für den Nordatlantikverkehr 1968 vom Bremer Vulkan und von Blohm + Voss abgelieferten Motorschiffe WESER EXPRESS, ELBE EXPRESS, MOSEL EXPRESS und ALSTER EXPRESS. Sie waren bei 171 Metern Länge und 25 Metern Breite mit rund 14 000 BRT vermessen. Die Antriebanlage leistete 15 750 PS für eine Geschwindigkeit von 20 Knoten. Die Besatzung bestand aus 33 Mann. 730 20-ft-Container (TEU) konnten geladen werden.

Die **zweite Generation** kam 1970 in Fahrt. Es waren die wiederum vom Bremer Vulkan und von Blohm + Voss gebauten Turbinenschiffe MELBOURNE EXPRESS und SYDNEY EXPRESS. Sie brachten es bei 220 Metern Länge und 30 Metern Breite auf eine Vermessung von 26 000 BRT und eine Stellplatzkapazität von 1600 TEU. Rund eine Verdoppelung also gegenüber den Vorgängern. Die Antriebsanlage leistete 32 450 PS für 21,5 Knoten Geschwindigkeit. Zur Besatzung zählten 39 Mann. Eingesetzt wurden die Neubauten im Australien-Dienst.

Den vorläufigen Höhepunkt bildeten dann die für den Fernostverkehr konzipierten vier Turbinenschiffe der **dritten Generation.** Auch die HAMBURG EXPRESS, BREMEN EXPRESS, HONGKONG EXPRESS und TOKIO EXPRESS waren 1972/73 bei Blohm + Voss und beim Bremer Vulkan entstanden, den vormaligen »Hauswerften« der beiden nun fusionierten Reedereien Hapag und Lloyd. Auch diese Neubauten waren

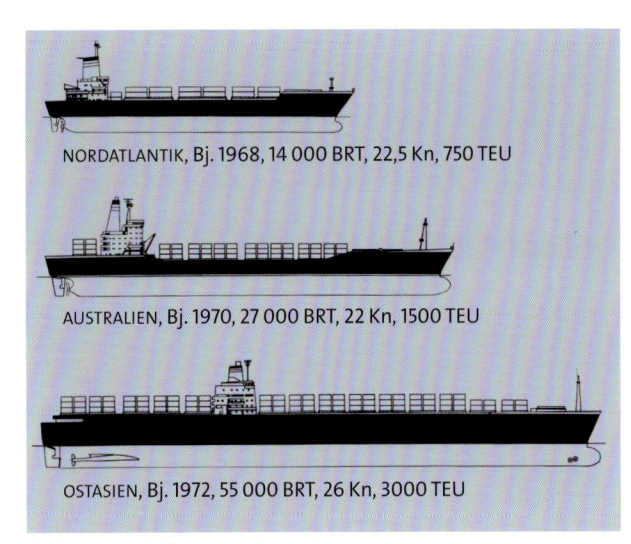

NORDATLANTIK, Bj. 1968, 14 000 BRT, 22,5 Kn, 750 TEU

AUSTRALIEN, Bj. 1970, 27 000 BRT, 22 Kn, 1500 TEU

OSTASIEN, Bj. 1972, 55 000 BRT, 26 Kn, 3000 TEU

↑ Die Entwicklungssprünge der ersten drei Containerschiffsgenerationen

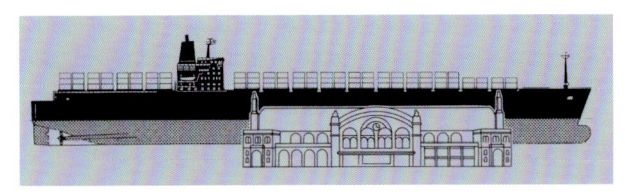

↑ Größenvergleich der BREMEN EXPRESS, ein Schiff der dritten Generation, mit dem Bremer Hauptbahnhof

← Die SYDNEY EXPRESS, ein Schiff der zweiten Generation, vor Sydney

↓ Die dritte Generation: TS HONGKONG EXPRESS und Schwesterschiff vor Hongkong

↑ Trotz Containerisierung und auch des Einsatzes schon einer Containerbrücke bot sich an den konventionellen Umschlaganlagen immer noch ein sehr vielfältiges Bild. Hier wird die 1976 gebaute CARIBIA EXPRESS (1456 TEU), eines der ersten Vollcontainerschiffe im Fahrtgebiet Karibik/Mittelamerika, am Schuppen 73 in Hamburg bedient.

wiederum doppelt so groß wie die davor in Fahrt gebrachten Schiffe der zweiten Generation. Sie waren 287 Meter lang, 32 Meter breit, hatten eine Vermessung von 58 000 BRT und eine Stellplatzkapazität von gut 3000 TEU. Die beiden Turbinen wirkten auf zwei Schrauben und leisteten 81 100 PS für eine Geschwindigkeit von 27 Knoten. Etwa 36 Mann bildeten die Besatzung. Bei dieser Gelegenheit soll gleich festgehalten werden, dass die Besatzungsstärke auf den Schiffen aller drei Generationen trotz deren gewaltiger Größensteigerung mehr oder weniger gleich geblieben ist, und da die Personalkosten einen erheblichen Teil der Schiffsbetriebskosten ausmachten, damals noch weit mehr als heute, lässt sich auch hier ein beachtlicher wirtschaftlicher Vorteil ableiten, den dieses neue Seeverkehrssystem den Reedereien bot und auch heute noch bietet, denn selbst bei den jüngsten Giganten sind die Besatzungsstärken nicht nur nicht gewachsen, sondern

konnten in Anbetracht der immer weiter voranschreitenden Automatisierung vieler Betriebsabläufe bis auf gut über 20 Personen reduziert werden. Bei manchen Reedereien sind es etwas mehr, bei anderen weniger.

Sicher betraten die Reedereien mit diesen Schiffen und dem damit verbundenen Aufbau völlig anders zu gestaltender Transportketten absolutes Neuland, gleiches gilt in hohem Maße aber auch für die Werften, die nicht nur einen völlig neuen Schiffstyp bauen, sondern gleichzeitig dabei in kürzester Zeit die verlangten enormen Größensteigerungen bei den jeweiligen Generationen bewältigen mussten, ohne dass Zeit geblieben war, Erfahrungen mit der vorangegangenen zu sammeln und auszuwerten. Fragen etwa nach Containerabständen, Toleranzen, zweckmäßigem Laschgeschirr und Ähnliches mussten zunächst weitgehend theoretisch gelöst werden.

Jedoch die Schiffbauer bekamen alle diese Problematiken in relativ kurzer Zeit und durchaus bewundernswerter Weise in den Griff. Das gilt besonders, aber nicht nur für die deutsche Werftindustrie und dort wiederum in erster Linie für Blohm + Voss, den später so kläglich untergegangenen Bremer Vulkan und für die Howaldtswerke-Deutsche Werft AG (HDW) bzw. deren Vorgängergesellschaften. Aber auch die vielen kleineren und mittleren deutschen Werften leisteten auf diesem Gebiet Hervorragendes, nicht nur beim Bau von Schiffen, die für Küstenverkehre konstruiert waren, sondern auch von solchen, die in der Überseefahrt zum Einsatz kamen. Die Hamburger Sietas-Werft, der älteste noch arbeitende Schiffbaubetrieb des Landes, kann sich sogar rühmen, noch bevor die großen Reedereien in das Geschäft einstiegen, das erste deutsche Vollcontainerschiff überhaupt gebaut zu haben. Es war die 1966 abgelieferte BELL VANGUARD, die mit ihrer Vermessung von 499 BRT bereits 67 TEU laden konnte, mehr schon, als der »Urvater« IDEAL X.

Nach den gekonnt in Fahrt gebrachten ersten Generationen trat zumindest scheinbar eine gewisse Ruhe in der Entwicklung dieser immer noch so bezeichneten Spezialtonnage ein. Zwar vergrößerten sich von Jahr zu Jahr in raschem Tempo die Zahl der Schiffe und damit die Anzahl der Stellplätze für die Boxen innerhalb der Welthandelsflotte, aber von spektakulären konstruktiven neuen Höhepunkten war außerhalb enger Expertenzirkel kaum etwas zu hören. Nicht wenige Fachleute waren damals davon überzeugt, dass es eine vierte Generation von Containerschiffen mit einer deutlich über die 3000-TEU-Grenze hinausgehenden Kapazität wegen der durch den Panamakanal gesetzten Grenzen wohl kaum jemals geben werde. Eher herrschte die Ansicht vor, dass man alle die für bestimmte Fahrtgebiete konzipierten Schiffe jeweils bis zu ihrem technischen Ende fahren werde. Was sollte sich da auch schon noch entwickeln? Es waren genormte eckige Boxen zu fahren, und das war es! Allerdings erwies es sich später dann doch nicht als ganz so einfach, obwohl die wesentlichen technischen Merkmale der Containerschiffe inzwischen weitgehend als gefestigt angesehen werden konnten.

Mitte der siebziger Jahre herrschte, den Containerschiffbau betreffend, also die allgemein akzeptierte Meinung vor, dass es in nächster Zeit weder eine vierte Containerschiffs-Generation geben würde noch eine mit Nuklearantrieb. Auch kein unter Wasser fahrendes oder gar ein Container-Luftschiff – alles Projekte, die dennoch seinerzeit mehr oder weniger ernsthaft diskutiert worden sind. »Die Grenzen des vernünftigen Wachstums sind nach den Sprüngen der vergangenen zehn Jahre deutlich geworden«, hieß es zum Beispiel 1977.

Diese Aussage hatte damals eine gewisse Gültigkeit, und zwar nicht nur in Bezug auf das Größenwachstum der Schiffe, sondern auch für deren Geschwindigkeit. In diesem Bereich hatte es nämlich ähnliche Sprünge gegeben wie bei den Stellplatzkapazitäten. So waren die 1970 für den Austral-Dienst in Fahrt kommenden Schiffe der zweiten Generation schneller als die der ersten Generation auf dem Nordatlantik, und die Neubauten für den Fernostverkehr hatten mit ihren 26/27 Knoten noch einige dazu gesetzt, was auf den langen Routen ja auch Sinn machte. Aber war das schon die Grenze? Im Großen und Ganzen zwar ja, aber dennoch hat es auch auf diesem Gebiet einige bemerkenswerte Ausreißer gegeben.

←↑ Die 1978 gebaute TRANSVAL (52 811 BRT) setzte neue Maßstäbe im Südafrika-Verkehr.

Fotos (2): DAL

↑ Das CTS EUROLINER erreichte eine Spitzengeschwindigkeit von 28 Knoten, verbrauchte dabei aber auch 300 Tonnen Gasöl täglich.

↗ Die Sea-Land-Neubauten des Typs SL-7 waren die schnellsten Frachtschiffe der Welt. Sie erreichten eine Spitzengeschwindigkeit von gut 33 Knoten. Hier die SEA-LAND FINANCE, eines von acht Schiffen dieses Typs, 1977 bei der Abfertigung in Bremerhaven.

Fotos: TKMS Archiv

Foto: BLG Logistics

Den Vogel schoss zunächst die amerikanische Seatrain Lines ab, als sie bei den damaligen Rheinstahl Nordseewerken in Emden für den Nordatlantikverkehr vier Containerschiffe mit Gasturbinenantrieb bestellte. »Die Reederei folgt damit dem wachsenden Bedarf nach schnellen Schiffen«, hieß es dazu. Als erstes wurde am 22. März 1971 das GTS EUROLINER abgeliefert. Bei 243,39 Metern Länge und 30,50 Metern Breite konnten 816 40-ft-Boxen geladen werden. Der Hauptantrieb bestand aus zwei Gasturbinen mit einer Leistung von je 30 900 PS, die auf je einen Verstellpropeller wirkten und für eine Geschwindigkeit von knapp 28 Knoten sorgten. Mit ihrem Brennstoffverbrauch von rund 300 t Gasöl täglich erwiesen sich die Schiffe jedoch bald als unwirtschaftlich, sodass der Antrieb, nachdem die Schiffe verkauft worden waren, Ende der siebziger Jahre auf Dieselmotoren umgestellt wurde.

Die Spitze, was die Geschwindigkeit betraf, schaffte schließlich Sea-Land mit ihren in Deutschland und Holland für rund 400 Mio. USD gebauten acht Containerschiffen des Typs SL-7. Als sie ab 1972 nach und nach in Fahrt kamen, waren es die schnellsten jemals gebauten Frachtschiffe der Welt. Die beteiligten Werften hatten für Konstruktion und Materialeinkauf sogar ein gemeinsames Büro eingerichtet, um die mit dem Betreten des Neulands beim Bau dieser außergewöhnlichen Schiffe verbundenen Probleme effektiver lösen zu können. Eine mehrjährige Planung und eingehende Modellversuche waren vorausgegangen.

Von den meisten anderen Containerschiffen jener Zeit unterschieden sich die 288,38 Meter langen, 32,16 Meter breiten und mit 41 127 BRT vermessenen Sea-Land-Neubauten mit einer Kapazität von 1096 TEU durch die Anordnung der Brücke am Ende der Back, um die Deckscontainer besser gegen Seeschlag zu schützen. Die Rumpfform war im Hinblick auf große Ladekapazität, hohe Geschwindigkeit und unter Berücksichtigung der Schleusenabmessungen des Panamakanals konzipiert. Im Unterschied zu anderen Containerschiffen gleicher Größe wurde auf eine Zweihüllenbauweise verzichtet, die wegen der geringeren Völligkeit keinen Festigkeitsvorteil gebracht hätte. Stattdessen wurden drei durchlaufende Stringer (an der Außenhaut längsschiffs verlaufende Versteifungen) und unter dem Hauptdeck zwei Kastenträger aus höherfestem Stahl vorgesehen. Die Deckscontainer wurden nach einem von Sea-Land entwickelten besonderen System gestaut. Zwischen den Luken standen so genannte »Vertical Buttress Towers«, in die Zurrrahmen über jede Containerlage gesetzt wurden. Der Doppelboden war für die Unterbringung von Heizöl und Ballast schachbrettartig unterteilt. Die maximale Ballastkapazität der Tieftanks an den Schiffsenden und der Doppelbodentanks betrug 10 360 Tonnen. Brücke und Kartenhaus bildeten einen großen Raum, in dessen Mitte das Fahrpult stand. Die Maschine wurde nicht von der Brücke aus ferngesteuert, da sich die Reederei von möglichst einfach aufgebauten Anlagen geringere Ausfallzeiten versprach. Ganz wesentlich aber war die aus zwei je 60 000 WPS leistenden General-Electric-Getriebedampfturbinen bestehende, auf zwei Propeller arbeitende Antriebsanlage für eine Geschwindigkeit von 33 Knoten. Angesichts der hohen Antriebsleistung galt der Brennstoffverbrauch mit 614 Tonnen pro Tag bei voller Geschwindigkeit als relativ niedrig. Bei 30 Knoten sank er auf 439 Tonnen und bei 25 Knoten auf ca. 240 Tonnen täglich. 1972 liefen die beiden ersten beiden dieser Neubauten, die SEA-LAND MCLEAN und SEA-LAND GALLOWAY, am selben Tag von Rotterdam und Bremen zu ihren Probefahrten aus. 1973 überquerte ein Schwesterschiff den Pazifik von Nordamerika nach Japan mit einer Durchschnittsgeschwindigkeit von 33,2 Knoten und die SEA-LAND EXCHANGE brachte es wenig später auf der Atlantikroute sogar auf 34,9 Knoten. Mit Ausnahme des legendären

Liners UNITED STATES hat nie zuvor ein Fracht- oder Passagierschiff eine derartige Geschwindigkeit erreicht.

Aber der extrem hohe Brennstoffverbrauch der Schiffe erwies sich sehr bald auch hier, wie bei den Seatrain-Schiffen, als sehr teurer, recht schnell zu teuer werdender Spaß. Unter dem Druck des als Folge eines neuerlichen Nahost-Konflikts eintretenden Ölpreisschocks, als die Bunkerkosten explodierten, mussten die Reedereien »auf die Bremse treten«. Die normale Geschwindigkeit ging bei Neubauten wieder auf deutlich unter zwanzig Knoten zurück, die in den vorangegangenen Jahren in Fahrt gekommenen schnelleren Schiffe drosselten ihre Antriebsleistung, und Sea-Land, die bei diesen Ölpreisen »voll ins offene Messer« gelaufen war, verkaufte ihre SL-7-Renner zu sicher ordentlichen Preisen an die US-Navy, wo sie nach entsprechenden Umbauten heute noch ihren Dienst versehen. Nach immerhin weit über dreißigjähriger Fahrtzeit ein erneuter Beweis für solides europäisches Schiffbaukönnen. Das aber nur am Rande.

Zwar ist die Geschwindigkeit auch in der folgenden Zeit ein immer wieder diskutiertes Thema geblieben, aber, etwas im Vorgriff, erst ab Mitte der neunziger Jahre erreichten die für die Europa-Fernostdienste bestimmten oder die für den Pazifik in Fahrt kommenden großen Neubauten wieder 24 bis 25 Knoten, bei einigen sogar noch etwas mehr. Darüber hinaus gab es zu der Zeit allerdings auch schon wieder neue Spitzen, etwa bei den von der chinesischen Staatsreederei China Ocean Shipping Co. (COSCO) in Japan georderten, für den Pazifik-Dienst bestimmten sechs 5250-TEU-Neubauten, von denen als erster Mitte 1997 die LU HE in Fahrt kam. Sie erreichte eine Probefahrtgeschwindigkeit von 29,2 Knoten. Auch die Post-Panamax-Schiffe, über die noch zu sprechen sein wird, zeigten nach einigen Jahren des Rückgangs wieder Geschwindigkeiten um 24,5 Knoten im Durchschnitt, verglichen mit knapp 19 Knoten Durchschnittsgeschwindigkeit der gesamten Containerschiffsflotte.

Doch zurück zu der Größenentwicklung. 1981 setzte sich Hapag-Lloyd mit der Indienststellung der FRANKFURT EXPRESS im Juni 1981 an die Weltspitze. Das nach einer Bauzeit von 321 Tagen bei den Howaldtswerken-Deutsche Werft (HDW) in Kiel an die Reederei abgelieferte, 287,70 Meter lange und 32,20 Meter breite Schiff hatte eine Stellplatzkapazität von 3035 TEU. Im Gegensatz zu den folgenden Neubauten wurden auf der FRANKFURT EXPRESS noch zwei Motoren für den Vortrieb installiert. Mit zusammen 54 400 PS sorgten sie über zwei sechsflügelige Festpropeller für eine Geschwindigkeit von 23 Knoten.

Aber Hapag-Lloyds FRANKFURT EXPRESS blieb nicht lange Weltmeister in der Containerschiffsflotte, denn in etwa zur gleichen Zeit hatte die United States Lines (USL) für ihren geplanten Round-the-world-Dienst in Korea bei der

← Das MS FRANKFURT EXPRESS war bei seiner Ablieferung 1981 das größte Containerschiff der Welt.

Foto: Hapag-Lloyd

↑ Im März 1988 stellte sich die SEA-LAND ATLANTIC als eines der größten Containerschiffe der Welt am Bremerhavener Containerterminal »Wilhelm Kaisen« vor.

Daewoo-Werft für rund 570 Mio. USD eine ganze Serie von 14, später reduziert auf zwölf, Großcontainerschiffen zur Ablieferung in den Jahren 1983 bis 1985 bestellt. Sie hatten bei 289,50 Metern Länge, 32,2 Metern Breite und 11,65 Metern Tiefgang Stellplätze für 4148 20-ft-Boxen, was einen erheblichen Größensprung von 26 Prozent im Vergleich mit der FRANKFURT EXPRESS bedeutete. Andere Reedereien ließen in dieser Zeit etliche ihrer Containerschiffe verlängern, um mehr Kapazität zu schaffen. Dabei ist zu bemerken, dass die Breiten aller bisher gebauten großen Schiffe immer so ausgelegt waren, dass sie gerade noch in die Schleusen des Panamakanals passten.

Malcom McLean, der legendäre Patriarch der Containerschifffahrt, wollte mit den Korea-Neubauten noch einmal ein neues Konzept initiieren. Die Schiffe sollten mit ihrer hohen Stellplatzkapazität bei gleichzeitig vergleichsweise kostengünstiger geringer Geschwindigkeit, auch als Reaktion auf die gestiegenen Brennstoffpreise, sowie mit möglichst kleiner Besatzung die Betriebskosten deutlich reduzieren und damit der Reederei die Möglichkeit geben, günstigere Raten als die Konkurrenz anzubieten. Ende Mai 1984 kam die AMERICAN NEW YORK als erstes dieser Schiffe in Fahrt. Die United States Lines bzw. Malcom McLean hatte allerdings an ihren so groß dimensionierten Schiffen keine Freude. Sie erwiesen sich für den vorgesehenen weltumspannenden Einsatz als zu langsam und konnten noch nicht einmal die geplante niedrige Geschwindigkeit von 18 Knoten dauerhaft durchhalten. Auch der kalkulierte Faktor des geringeren Brennstoffverbrauchs fiel wegen wieder sinkender Ölpreise nicht mehr besonders ins Gewicht. Darüber hinaus hatte es die Reederei versäumt, eine für sie adäquate Logistikorganisation aufzubauen. Auf Teilstrecken griff zudem die Konkurrenz die offerierten Raten stark an. Alles das führte dazu, dass das Konzept nicht aufging und die durch die Neubauten eingegangene hohe Verschuldung nicht abgebaut werden konnte. Dadurch verschwand das ganze Unternehmen letztlich mit einem Bankrott von der Bildfläche. Es war und blieb nicht die einzige renommierte Reederei, die im Zuge der Container-»Explosion« aufgeben musste.

Interessant ist im Zusammenhang mit diesen Schiffen, dass drei von ihnen, nämlich die ehemaligen AMERICAN KENTUCKY, AMERICAN MAINE und AMERICAN NEW JERSEY, 1994 bei Blohm + Voss in Hamburg zur Verbesserung ihrer Wirtschaftlichkeit umgebaut wurden. Das geschah nicht wie sonst üblich durch eine Vergrößerung des Ladevolumens, sondern hier im Gegenteil durch eine Verkürzung der Schiffe um drei Containersektionen von zusammen 40,74 Meter, wodurch sich die Stellplatzkapazität auf 3632 TEU verringerte. Aber,

← Eine Alternative für den Verkehr mit Vollcontainer-Schiffen bot sich mit den Con/Ro-Schiffen, also solchen, die auch rollende Ladung befördern. Die ATLANTIC CONVEYOR bot Platz für 1432 TEU. Hier 1986 in Beladung in Bremerhaven.

und das war die Absicht des von der Reederei Sea-Land, unter deren Flagge die Schiffe inzwischen fuhren, erteilten Auftrags, die Geschwindigkeit der Schiffe mit dem Anbau eines strömungstechnisch günstiger geformten Vorschiffs und einiger zusätzlicher Maßnahmen im Antriebsbereich von den vormaligen mickrigen, höchstens 18 Knoten auf 21 Knoten zu steigern. Es gelang. Umfangreiche Tests bei der Hamburgischen Schiffbau-Versuchsanstalt (HSVA) waren vorausgegangen. Die Reederei war mit den Ergebnissen der Umbaumaßnahmen zufrieden. Die Schiffe verließen unter neuen Namen als SEA-LAND PRIDE, SEA-LAND VALUE und SEA-LAND MOTIVATOR die Stätte ihrer Verjüngungskur.

Mit dem seinerzeit in Korea platzierten Großauftrag der United States Lines war allgemein wieder Bewegung in die Szene gekommen, in der auch deutsche Werften, die viele Jahre im Containerschiffbau führend waren und international beachtete Standards gesetzt hatten, kräftig mitmischten. Einen Höhepunkt brachte das Jahr 1988, als die ersten fünf Containerschiffe mit einer Breite von mehr als 32,2 Metern in Fahrt kamen – gebaut beim Bremer Vulkan und bei den Howaldtswerken-Deutsche Werft AG (HDW). Sie waren breiter, als die Schleusen des Panamakanals es zuließen und konnten daher diese wichtige künstliche Wasserstraße nicht mehr benutzen. Gewagt hatte diesen Schritt die American President Lines (APL). Da sie jedoch vorwiegend auf dem Pazifik engagiert war, spielte der den Atlantik und den Pazifik verbindende Kanal für ihre Aktivitäten aber ohnehin eine eher untergeordnete Rolle. Seit über zehn Jahren vorher hatte kein Schiff der Reederei mehr den Kanal passiert.

Für diese fünf neuen APL-PRESIDENTS, offiziell als »C 10«-Typ geführt und traditionell gemäß dem Namen der Reederei benannt nach US-Präsidenten, PRESIDENT TRUMAN usw., war konstruktiv ein Querraster von zwölf Containern im Raum, also unter Deck, und 16 an Deck gefordert. Daraus ergab sich eine Schiffsbreite von 39,40 Metern. Der Vorteil dieser gegenüber den Panamax-Schiffen größeren Breite lag außer der höheren Transportkapazität in den verbesserten Stabilitätswerten, wodurch hohe Decksasten bei wesentlich geringeren stabilitätsbedingten Wasserballastmengen gefahren werden konnten. Auch beim Höhenraster sind besondere Reedereiverhältnisse berücksichtigt worden. Im Raum sollten acht Lagen und an Deck vier bis fünf Lagen übereinander gefahren werden können. So konnte die Stellplatzkapazität dieser 275,13 Meter langen »C 10«-Schiffe auf 4340 TEU gesteigert werden. Im äußeren Erscheinungsbild dieser Neubauten prägten sich als dominierendes Merkmal die an den Lukenenden bzw. an den Enden der Containerstellplätze angeordneten »Laschbrücken« ein, mit denen die

84 GIGANTEN DER MEERE

↑ Die 1988 bei HDW in Kiel gebaute PRESIDENT TRUMAN gehörte mit ihrer Breite von 39,40 Metern zu den ersten Post-Panamax-Schiffen. (12)

Material- und Zeitaufwendungen für die mehr als die Hälfte der Gesamt-Containerkapazität ausmachenden Boxen an Deck reduziert und die Containerstauung insgesamt optimiert wurden.

Auch was die Antriebsleistung betrifft, setzten diese Neubauten neue Maßstäbe. Installiert wurde ein langsam laufender Diesel-Hauptmotor vom Typ Sulzer 12 RTA 84 – mit einer Leistung von 41900 kW –, der leistungsstärkste bis dahin gebaute Motor überhaupt. Er ermöglichte eine Geschwindigkeit von ca. 24,5 Knoten. Die Länge des Motors betrug 23 Meter, seine Höhe 13,5 Meter und sein Gewicht 1750 Tonnen.

Ebenfalls 1988 wurde die Fachwelt von den ersten Containerschiffen überrascht, die mit stark reduzierter Seitenkastenbreite bei Einhaltung der Panamax-Größe elf statt bisher zehn Container nebeneinander im Raum stauen konnten.

Initiator war die ebenso expansiv agierende wie innovative dänische Reederei Maersk, die diese Schiffe der so genannten »M«-Klasse auf ihrer konzerneigenen Werft in Odense bauen ließ – abgeschirmt von neugierigen Blicken Außenstehender. Ein ähnliches Konzept wurde kurz darauf bei mehreren Containerschiffsserien auf deutschen Werften auch für deutsche Reeder verwirklicht. Danach erhielten fast alle neuen Panamax-Schiffe diesen Elferstau.

Macht man nun einen Sprung in das Jahr 1992 und schaut sich um, dann ist festzustellen, dass zu den bemerkenswerten großen Neubauten der damaligen Zeit die HANNOVER EXPRESS-Serie zählt, die die Hamburger Hapag-Lloyd AG bei der koreanischen Samsung-Werft abwickelte. Diese Schiffe waren mit ihrer Vermessung von 58 783 BRZ und 64 500 tdw 294,00 Meter über alles lang und damit die seinerzeit längsten Containerschiffe der Welt. Ihre Breite betrug 32,25 Meter. Mit einer Antriebsleistung von 36 510 kW erreichten sie eine Geschwindigkeit von 23,8 Knoten. Die Stellplatzkapazität der Schiffe erreichte 4407 TEU, womit wohl das Panamax-Optimum erreicht zu sein schien. An Deck konnten maximal 15 Boxen nebeneinander gestaut werden. Bei voller Beladung waren die Schiffe jedoch gezwungen, erhebliche Mengen an Wasserballast, etwa 10 000 bis 15 000 Tonnen, aufzunehmen, um überhaupt aufrecht schwimmen zu können. Diese Mengen, die nicht selten mehr als 15 Prozent der Gesamttragfähigkeit entsprachen, waren zur Erreichung der notwendigen Stabilität zwar unbedingt erforderlich, ansonsten aber eine wirtschaftlich nutzlose »Ladung«. Generell hätte dieses Ärgernis mit dem Bau breiterer Schiffe vermieden werden können, die würden jedoch dann bekanntlich nicht mehr in

→ Die 1992 gebaute CMA CGM NORMANDIE (ex CGM NORMANDIE) hat einiges hinter sich, wie man am Rumpf und am Heck erkennen kann. Hier eine Aufnahme aus dem Jahr 2004.

der Lage sein, den Panamakanal zu passieren, und mit einer derartigen Entscheidung tat man sich noch schwer.

Hierzu etwas im Vorgriff: Der Germanische Lloyd hat später eine Methode entwickelt, mit der sich eine Verringerung der Ballastwassermenge erreichen ließ und dadurch bis zu 200 TEU mehr an Bord gestaut werden konnten.

Auf noch etwas mehr Stellplätze kamen damals mit 4419 TEU rein rechnerisch die von der koreanischen Daewoo-Werft gebaute CGM NORMANDIE (60 173 tdw/261,40 m Länge) der Compagnie Genéralé Maritime (CGM, später CMA CGM), die im Februar 1992 ihre Jungfernreise angetreten hatte, sowie die BUNGA PELANGI (61 777 tdw) der Malaysian International Shipping Corporation (MISC), die bei etwa gleichen Abmessungen wie das französische Schiff fein ausgetüftelt sogar 4469 TEU an Bord unterbringen konnte. Zum besseren Verständnis muss dazu erklärt werden, dass dies allerdings weitgehend theoretische Zahlen sind, denn in der Praxis kommt es auf 10 oder gar 100 TEU mehr oder weniger gar nicht an. Bis an ihre zahlenmäßige Grenze ausgelastet fahren diese Großschiffe ohnehin wohl kaum jemals, spielen doch neben anderen Faktoren beispielsweise auch die Gewichte der Container bzw. der Ladung, die sie transportieren, eine Rolle dabei, wie weit die Stellplätze der Schiffe zu belegen sind.

Im Gegensatz zu der deutschen HANNOVER EXPRESS-Klasse gehörten sowohl die CGM NORMANDIE als auch die BUNGA PELANGI, ebenso wie die vorher erwähnten APL-Schiffe zur neuen Klasse der Post-Panamax-Einheiten, also zu denen, die den Panamakanal wegen ihrer zu großen Breite nicht mehr durchfahren können. Das schränkte sie in der Flexibilität zwar ein, bot jedoch, wie gesagt, den Vorteil günstigerer Stabilitätsverhältnisse. Es konnte auf Stabilitätsballast verzichtet und wegen der größeren Breite auch »hafengerechter« gestaut werden. Das allerdings brachte wiederum die Häfen in einen erheblichen Investitionszwang, denn sie mussten mit neuen Containerbrücken dieser Größenentwicklung folgen, mit solchen, die mit größerer Höhe und weiterer Ausladung »Post-Panamax«-gerecht waren. Dieses ist ein weiteres Beispiel dafür, wie jedes Glied der Container-Logistikkette mit den anderen auf diese oder jene Weise zusammenspielen muss. Die CGM NORMANDIE war übrigens das erste Post-Panamax-Schiff, das im Europa-Fernostdienst eingesetzt wurde.

Intensiv wurde auch in dieser Zeit darüber diskutiert, wie es denn so weitergehen könnte mit der Größenentwicklung. Würden noch größere Schiffe in Fahrt kommen? Bei der Indienststellung der CGM NORMANDIE prophezeiten zwar Reedereivertreter bereits: »Wir werden Frachter erleben, die mehr als 5000 Container befördern können«, und auch Dr. Hanns Kippenberger, Vorstandssprecher der Schiffshypothekenbank zu Lübeck (SHL) sowie Generalvertreter der Deutschen Bank AG, berichtete von Plänen einiger Reedereien für 6000-TEU-Schiffe. Die meisten Fachleute zeigten sich aber doch sehr skeptisch, was diese Vermutungen anging.

Dr.-Ing. Wolfgang Fricke von der deutschen Klassifikationsgesellschaft Germanischer Lloyd in Hamburg betonte im Gleichklang mit anderen Kollegen, dass es zwar technisch überhaupt kein Problem gäbe, noch größere Schiffe als die derzeit größten zu bauen, andere Kriterien sprächen jedoch eher dafür, dass die 4000/4400-TEU-Schiffe für eine ganze Weile die obere Größenklasse bilden würden. So seien

← Nur ganz wenige Containerschiffe versuchten es mit Passagieren als »Zuladung«. Die 1995 in Wismar gebaute chinesische ZI YU LAN war bei einer Vermessung von 15 400 GT für die Aufnahme von 286 Containern und 392 Passagieren ausgelegt.

↑ Laschbrücken für
die sichere Stauung
von Containern

↗ Feederschiff BELL PIONEER,
Blick auf die drei hinteren
offenen Luken

Foto: BLG Logistics

Foto: Bell Lines

wegen der noch größeren Tiefgänge immer weniger Häfen auf der Welt für die angedachten Jumbos erreichbar und die Häfen hätten schon jetzt (1992) erhebliche Probleme, den Vor- und Nachlauf der Boxen befriedigend zu regeln bzw. ausreichend Fläche zur Verfügung zu stellen. Erkennbar sei, dass der Trend wieder eher dahin gehe, schlankere und damit schnellere Schiffe zu bauen mit nicht mehr ganz so großen Stellplatzkapazitäten. Die Brennstoffkosten würden nach dem Abflauen der von den Nahost-Kriegen ausgelösten Ölpreisschocks auch nicht mehr eine so große Rolle spielen, sodass es den Reedereien auf ein paar Tonnen mehr im Verbrauch nicht mehr ankäme, um wieder Geschwindigkeiten von 24/25 Knoten zu erreichen.

Dr. Fricke wies im Übrigen bei gleicher Gelegenheit darauf hin, dass es bei den Containerschiffen entgegen der landläufigen Meinung auch in den vergangenen Jahren niemals einen technischen Stillstand gegeben habe. Der Fortschritt während der vorangegangenen zehn bis 15 Jahre sei im Wesentlichen durch eine ständige Optimierung der Konstruktion gekennzeichnet gewesen. Dies werde insbesondere an der immer weiter vergrößerten Stellplatzkapazität bei gleichbleibenden Hauptabmessungen deutlich. Weitere Schwerpunkte seien durch das Bemühen um mehr Sicherheit und Zeitersparnis gesetzt worden. Letzteres sei etwa mit einer Vereinfachung der Container-Laschvorgänge durch Entwicklung von Laschbrücken für Containerschiffe ab 2500 TEU und ähnlicher Verbesserungen erreicht worden.

Bemerkenswert sind weiter noch die 1994/1995 für den Royal Nedlloyd einzigen in Fahrt gebrachten, in Kobe gebauten Post-Panamax-Open-Top-Schiffe NEDLLOYD HONGKONG und NEDLLOYD HONSHU mit einer Stellplatzkapazität von jeweils 4112 TEU.

Open-Top-Schiffe, also nach oben offene Schiffe, sind bislang in der Weltcontainerflotte Raritäten geblieben, obwohl sie gegenüber den in herkömmlicher Weise konstruierten Containerschiffen durchaus einige Vorteile bieten. Um nur einige zu nennen:

Es entfallen der Bau sowie später sämtliches Transportieren, Stauen und Zurren von Lukendeckelsystemen. Die zeitaufwendigen Operationen für das Entfernen bzw. Wiederaufsetzen der Lukendeckel bei den Umschlagarbeiten in den Häfen werden damit unnötig.

Die Containerstaugerüste können über die Laderäume hinaus beliebig über das Deck verlängert werden. Damit entfällt das aufwendige und für das eingesetzte Personal nicht ungefährliche Laschen der Deckscontainer. Da kein Laschmaterial benötigt wird, gibt es auch keine Kosten für dessen Wartung und Ersatzbeschaffung.

Wie immer und überall gibt es jedoch auch bei diesem Konzept Nachteile. So sind, auch das nur beispielhaft die wesentlichen herausgegriffen, lukendeckellose Containerschiffe bezüglich der Stauung unterschiedlich langer Container deutlich unflexibler als herkömmlich konstruierte Schiffe. Nachteilig ist auch, dass die gesamten Verteillasten der Container auf dem untersten Raumcontainer liegen, wodurch dieser häufiger als sonst in den Bereich der höchstmöglichen Belastung gerät. Darüber hinaus müssen alle Container beim Laden und Löschen über die volle Höhe der Zellführungen/Cell Guides gehoben werden, wodurch sich längere Hub- und Senkzeiten ergeben. Die engen Toleranzen der Container in den Führungsschienen erlauben außerdem keine größeren Krängungen des Schiffes beim Umschlag im Hafen, ansonsten käme es durch Verkanten zu Verzögerungen. Open-Top-Containerschiffe benötigen darüber hinaus eine geänderte Doppelbodenkonstruktion zur Aufnahme besonders leistungsfähiger Lenzeinrichtungen, denn es kann ja »von oben reinregnen«, wobei es etwa bei tropischen Regengüssen sehr rasch zu enormen Wassermengen kommen kann. Ebenso, wenn bei starkem Seegang überkommendes Wasser gleich »bis unten« durchläuft.

Insgesamt gesehen hat sich diese Konstruktion nicht durchsetzen oder aber überhaupt auch nur eine gewisse Relevanz in dem Geschehen erreichen können. Im Bereich der Feederschiffe gibt es jedoch Ausnahmen, denn dort werden auf einigen Schiffen zumindest teilweise Open-Top-Luken angeboten.

↓ Die mit 16 324 GT vermessene EILBEK hat Platz für insgesamt 1620 TEU und ist teilweise als Open-Top-Schiff ausgelegt.

Foto: Meyer Werft/Hero Lang

GIGANTEN DER MEERE

↑ Die APL CHINA-Klasse der American President Lines (APL) konnten 16 Container nebeneinander an Deck stauen.

Es werden immer mehr und sie werden immer größer

Aus Japan folgten ab Dezember 1994 drei Post-Panamax-Schiffe der NYK-ALTAIR-Klasse mit 299,85 Metern Länge, 37,10 Metern Breite und einer Stellplatzkapazität von 4743 TEU bei einer Vermessung von 60 117 BRZ für die Reederei Nippon Yusen Kaisha (NYK), fünf baugleiche Schiffe für die ebenfalls japanische Reederei Mitsui-OSK Lines und im August 1995 die OOCL CALIFORNIA-Klasse der Hongkonger Reederei Orient Overseas Container Line (OOCL) mit 276,02 Metern Länge und einer Stellplatzkapazität von 4960 TEU bei einer Vermessung von 66 046 BRZ. Es waren die ersten Schiffe mit 40 Metern Breite und die ersten, die bis zu 16 Container nebeneinander an Deck stauen konnten.

Auch die sechs Neubauten der C11- bzw. APL CHINA-Klasse, die von der American President Lines (APL) 1995 in Fahrt gebracht wurden, konnten bei gleicher Breite 16 Boxen nebeneinander an Deck stauen. Sie waren 276,30 Meter lang und hatten eine Vermessung von 64 502 BRZ. Mit der 48 840 kW leistenden Antriebsanlage erreichten sie eine Dienstgeschwindigkeit von 24,5 Knoten. Den Auftrag über jeweils drei Schiffe hatte APL im Mai 1993 an die Werften Howaldtswerke-Deutsche Werft (HDW) in Kiel und Daewoo Shipbuilding & Heavy Machinery in Seoul vergeben. Wegen der guten Erfahrungen mit den 1988/89 von HDW gelieferten Neubauten der C10-Klasse wurden auf Wunsch der Reederei auch die von Daewoo in Auftrag genommenen Schiffe nach Plänen von HDW erstellt. Nach Zulauf der sechs Neubauten

↑ Die P&O NEDLLOYD TASMAN war das erste einer Serie von fünf Großcontainerschiffen mit Stellplätzen von jeweils 5468 TEU, die in Wismar und Warnemünde gebaut wurden. Es waren die letzten auf deutschen Werften entstandenen Großcontainerschiffe.

disponierte APL mit insgesamt elf Schiffen, die alle im Pazifik-Verkehr eingesetzt wurden, die größte Post-Panamax-Containerschiffsflotte unter den Reedereien der Welt.

Trotz dieser von HDW erbrachten, wegen ihrer Qualität hoch geschätzten Leistungen war es nicht zu übersehen, dass die große Zeit der deutschen Werften, die bis Ende der 80er Jahre Maßstäbe im Containerschiffbau gesetzt hatten, auf diesem Gebiet vorbei war. Allein die Warnemünder Kvaerner Warnow Werft konnte 1998 noch einmal einen hart umkämpften Auftrag von P&O Nedlloyd über fünf 5000-TEU-Schiffe an Land ziehen. Zwei der Schiffe wurden, um die gewünschten Ablieferungstermine einhalten zu können, im Unterauftrag auf der Aker MTW Werft in Wismar gebaut. Aber das war es dann auch. Die Werften in Fernost festigten ihre Dominanz, die vor allem im Großschiffbau kaum noch Wettbewerber von außerhalb zum Zuge kommen ließ. Das galt besonders für Korea, wo mit massiver staatlicher Unterstützung Mega-Werften entstanden waren. In ihren gewaltigen Baudocks konnten mehrere Großschiffe in ausgefeilter Taktbauweise gleichzeitig entstehen, was allerdings auch keine Sonderwünsche der Besteller zuließ, es sei denn, sie wurden entsprechend bezahlt. Die dort entstehenden Schiffe wurden in ihren Dimensionen immer gigantischer.

Allein die zum dänischen Maersk-Konzern gehörende Odense Staalskibsvaerft verfügt als einzige Werft außerhalb Asiens über ein 415 Meter langes Dock, in dem auch die neuen Giganten entstehen konnten, was stets mit allerlei Geheimnistuerei verbunden war, zumal sie für die eigene Maersk Line gebaut wurden.

Nachdem von dort auch vorher schon für die Containerschiffsentwicklung einige Überraschungen präsentiert worden waren, wurde 1996 mit dem unter Wahrung der gewohnten Verschwiegenheit erfolgten Bau der REGINA MAERSK ein weiterer, in der maritimen Welt stark beachteter Meilenstein gesetzt. Die REGINA MAERSK kann, ohne zu übertreiben, nach allen vorangegangenen großen Post-Panamax-Schiffen als der erste Mega-Carrier bezeichnet werden. Sie war mit 81 488 BRZ vermessen und mit ihren 318,24 Metern Länge gleichzeitig das erste Containerschiff der Welthandelsflotte mit einer Länge von über 300 Metern sowie ebenfalls das erste mit einer Breite von 42,80 Metern. Damit konnten erstmals 17 Containerlagen nebeneinander an Deck gestaut werden. Also eine ganze Reihe von Superlativen auf einmal. Der Tiefgang erreichte 14,50 Meter. Die Stellplatzkapazität wurde offiziell mit 6000 TEU angegeben, von der Szene aber

Foto: Blohm+Voss

← Die REGINA MAERSK passte gerade noch in das große Trockendock »Elbe 17« von Blohm + Voss in Hamburg.

realistisch auf gut 7000 TEU geschätzt. Die Reederei hat in dieser Hinsicht immer untertrieben. Aber egal, ob nun 6000 oder 7000 TEU, einen Größensprung wie diesen hatte es in der Containerschiffsentwicklung bisher nicht gegeben. Mit Anschlüssen für 700 Kühlcontainer (Reefer) war der Neubau gleichzeitig auch das Schiff mit der größten Kühlkapazität in der Welthandelsflotte. Aber damit noch nicht genug: Installiert wurde auf dem Schiff ein 12-Zylinder-Motor mit einer Leistung von rund 55 000 kW, wiederum der bis dahin leistungsstärkste Schiffsmotor der Welt. Er sorgte für eine Geschwindigkeit von 25 Knoten. Auch die vier Hilfsaggregate hatten es in sich. Mit ihren 12 000 kW wären sie in der Lage, 6000 Haushalte mit Strom zu versorgen. Flossenstabilisatoren dämpften die Rollbewegungen dieses ersten Giganten, der mit einer Besatzung von nur 15 Mann auf die Reise geschickt wurde.

Beschäftigt wurde die REGINA MAERSK im Europa–Fernostdienst. Erster Anlaufhafen dort war am 26. Februar 1996 Singapur, der umschlagstärkste Containerhafen der Welt. Man entsprach einander: das größte Containerschiff der Welt in dem größten Containerhafen, was dann auch offiziell entsprechend gewürdigt wurde. Zur Begrüßung des Schiffes erschien der Verkehrsminister des prosperierenden Stadtstaates, Mr. Mah Bow Tan, höchstpersönlich. Und am Ende dieses ersten Anlaufes konnte dann noch einmal eine Supermeldung publiziert werden: 3544 Boxen waren in 18 Stunden umgeschlagen worden – es war das beste bis dahin im Europa–Fernostdienst erreichte Ergebnis.

Die REGINA MAERSK war, wie zu erkennen ist, das erste Schiff in einem weiteren Entwicklungssprung. Seit der Indienststellung der weiter vorn erwähnten in Korea gebauten Neubauserie der United States Lines (AMERICAN NEW YORK usw.) ab 1984 war es über die folgenden zwölf Jahre zwar schrittweise vorangegangen, aber die Stellplätze auf den größten Schiffen schwankten bis dahin immer zwischen 4000 und 5000 TEU. Das war nun vorbei, denn bereits ein Jahr später, 1997, verlor die REGINA MAERSK ihre kurzfristige Spitzenstellung an das gleichfalls in Odense gebaute Kompagnieschiff SOVEREIGN MAERSK, das mit Plätzen für offiziell 6600 TEU, geschätzt aber 8300 TEU, die Führung übernahm. Es war bei gleicher Breite mit 346,98 Metern länger und um 10 000 BRZ größer vermessen als die Reedereischwester. So hat die Reederei Maersk einmal mehr bewiesen, dass sie, wie schon immer, für Überraschungen gut war. Immerhin hat sie sich damit auch bis heute unangefochten als größte weltweit agierende Containerreederei etablieren können.

Aber, als ob gewisse Dämme gebrochen worden waren, wer wagt den ersten Schritt, ging es von da an rapide bergauf, wenn man die weitere Größenentwicklung so bezeichnen darf. Nachdem im Jahr 1992 eine zunächst mit viel Skepsis bedachte erste Durchführbarkeitsstudie für den Bau von 8000-TEU-Containerschiffen erstellt worden war, markierte das Jahr 2003 dann den Durchbruch für diese Größenklasse, deren Vertreter nur wenig später schon als die Regelschiffe in den Ost-West-Verkehren galten. Mehr als 80 Neubauten dieser neuen Generation standen Ende 2003 bereits in den Auftragsbüchern koreanischer Werften. Weitere Projekte waren zu diesem Zeitpunkt in der Planung, teilweise in weit

↓ Nach der REGINA MAERSK setzte sich die SOVEREIGN MAERSK an die Spitze der Containerschiffe.

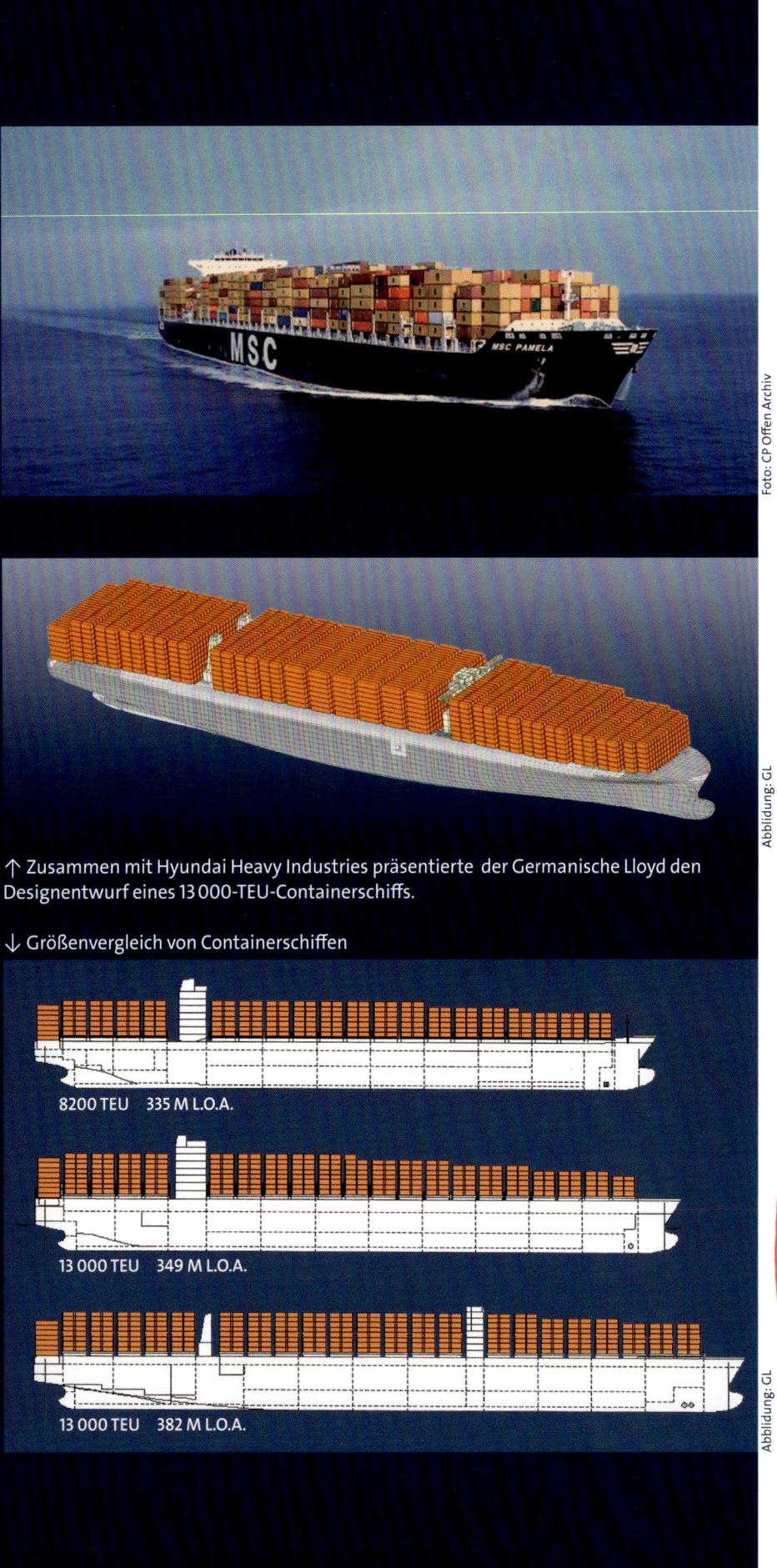

← Die 2005 in Korea gebaute MSC PAMELA war das erste Schiff, das 18 Container nebeneinander an Deck stauen konnte. Insgesamt brachte sie es auf eine Stellplatzkapazität von 9178 TEU.

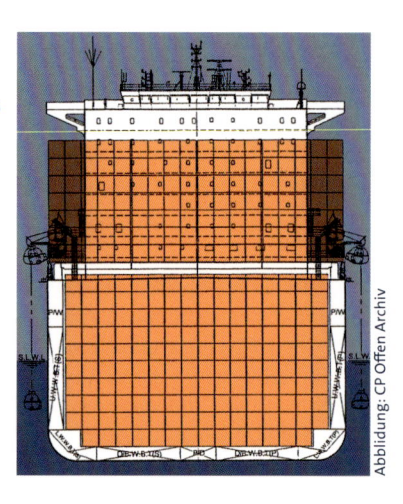

→ Querschnitt durch Post-Panamax-Containerschiff mit 45,60 m Breite und 9200 TEU

↑ Zusammen mit Hyundai Heavy Industries präsentierte der Germanische Lloyd den Designentwurf eines 13 000-TEU-Containerschiffs.

↓ Größenvergleich von Containerschiffen

8200 TEU   335 M L.O.A.
13 000 TEU   349 M L.O.A.
13 000 TEU   382 M L.O.A.

fortgeschrittenem Zustand. Auch der Bau noch größerer Schiffe wurde ohne technische Probleme als machbar angesehen, wie umfangreiche Studien von Werften in Verbindung mit Klassifikationsgesellschaften zeigten. Schon Ende 2003 wurde sogar eine erste Serie von 9500-TEU-Schiffen in Auftrag gegeben.

Daran reichte die 2005 gebaute MSC PAMELA der Mediterranean Shipping Company (MSC) mit ihren 9178 TEU Stellplätzen zwar noch nicht ganz heran, aber das bei Samsung im koreanischen Koje gebaute 336,70 Meter lange, 15 Meter tiefgehende und mit 107 849 BRZ vermessene Schiff war das erste mit einer Breite von 45,60 Metern, womit erstmals an Deck 18 Container nebeneinander gestaut werden konnten.

Die 9500-TEU-Grenze erreichten dann im ersten Halbjahr 2006 die COSCO GUANGZHOU mit einer Stellplatzkapazität von 9469 TEU bei 350,56 Metern Länge und 42,80 Metern Breite sowie die XIN LOS ANGELES mit 9580 TEU bei 336,70 Metern Länge und 45,60 Metern Breite. Sie kamen für die chinesischen Reedereien COSCO bzw. China Shipping Container Line (CSCL) in Fahrt. Aber auch diese Schiffe waren nur Vorboten für eine Klasse noch größerer Schiffe, die bereits durchkonstruiert waren.

Im selben Jahr wurde bekannt, dass der Germanische Lloyd in anderthalbjähriger Zusammenarbeit mit der koreanischen Großwerft Hyundai Heavy Industries (HHI) einen innovativen Entwurf für ein 13 000-TEU-Containerschiff erarbeitet hatte. Er basierte auf zwei wesentlichen technischen Neuerungen, und zwar hatten sich die Kooperationspartner für einen doppelten Antrieb sowie für die Trennung von Deckshaus und Maschinenraum entschieden. Das 382 Meter lange und 54,20 Meter breite Schiff kam laut Plan auf einen Tiefgang von 13,50 Metern. Unter Deck konnten 6230 TEU in zehn Lagen über 19 Reihen gestaut werden. Die 7210 TEU an Deck waren in 21 Reihen nebeneinander angeordnet. Der Schiffsantrieb basierte auf zwei redundanten Antriebssträngen mit zwei Dieselmotoren und einer Leistung von jeweils

Mitte 1997: der weltweit stärkste Dieselmotor, ein Zweitakter Sulzer RTA96L in Zwölfzylinder-Version mit einer Leistung von 65 880 kW, in Lizenz gebaut in Japan und bestimmt für ein 6674-TEU-Containerschiff

MAN 12K98MC-C Zweitakt-Dieselmotor mit einer Leistung von 74 728 kW

45 000 kW, die für eine Geschwindigkeit von 25,5 Knoten sorgen sollten. Allerdings seien auch andere Antriebskonzepte denkbar, hieß es dazu.

Insbesondere sicherheitstechnische Aspekte würden nach Meinung der Initiatoren die Entscheidung für den Doppelantrieb und die damit verbundene geringfügig höhere Investition rechtfertigen. Im Falle eines Schadens an einem der Motoren sei das Schiff weiterhin manövrierfähig und könnte mit eigener Kraft einen sicheren Hafen erreichen. Die Hauptmaschinen und Wellengrößen entsprächen denen eines 4000-TEU-Schiffes und für diese Größenordnungen lägen mehr als 15 Jahre Betriebserfahrungen mit bewährten Konstruktionen und technischen Lösungen vor. Motoren und Propeller dieser Größe seien weit verbreitet und die Wartung sowie die Beschaffung somit einfach und kostengünstig.

Die Variante mit nur einem Antrieb werfe dagegen einige Fragen auf. Die Leistung eines 14-Zylinder-Motors sei nicht ausreichend, um die angestrebte Geschwindigkeit zu erreichen, während ein 16-Zylinder-Motor wiederum zu groß wäre. Auch die sich ergebende Propellergröße wäre aus Sicht von Hyundai mit fertigungstechnischen Unsicherheiten in Bezug auf Kavitation und einer extrem großen Wellenleistung verbunden. Im Falle des Ausfalls der Hauptmaschine wäre das Schiff mit seiner der Ladekapazität entsprechend teuren Ladung und einer korrespondierend großen Bunkerkapazität manövrierunfähig. Sowohl hinsichtlich der Schiffssicherheit als auch der möglichen Folgekosten bei einer denkbaren Havarie würden sich dadurch nur schwer kalkulierbare Risiken ergeben.

Was die Trennung von Deckshaus und Maschinenraum betreffe, so ermögliche die Anordnung des Deckshauses im vorderen Bereich nicht nur die Erfüllung der Anforderungen hinsichtlich des Sichtstrahls, sondern ebenfalls eine größere Containerkapazität sowie die Reduzierung der Ballastwassermenge. Auch die internationalen Vorschriften zum Schutz der Brennstofftanks würden erfüllt, denn diese seien in dem geschützten Bereich unterhalb des Deckshauses angeordnet. Darüber hinaus werde mit dem vorgelegten Design eine reduzierte Biegung und eine erhöhte Steifigkeit erreicht. Die Produktionszeit für ein solches Schiff wurde mit neun bis zehn Monaten angegeben. Aufgrund der starken Auslastung der Werften könnte eine erste Ablieferung allerdings nicht vor 2009 erfolgen.

Von Seiten der Schiffbauer ist immer wieder betont worden, dass die Grenzen des Wachstums für die Mega-Containerschiffe weniger in der Konstruktion der Schiffe lägen, sondern vielmehr müssten bei diesen Überlegungen eine Reihe von äußeren Faktoren berücksichtigt werden. Das seien besonders die Wassertiefen in den Hafenzufahrten und in den Häfen selbst, die Suprastruktur in Gestalt

↓ Schiffspropeller: in Deutschland produziert und nach Asien geliefert. Ganz wichtig ist auch die exakte Endbearbeitung.

Alltag an Bord, an Deck — MSC GENEVA – 4892 TEU

↖ Kapitän und Lotse beim Einlaufen in den Hafen

↑ 1. Offizier nachts auf Brückenwache

der Umschlageinrichtungen der Terminals, die logistischen Anforderungen, vor allem was die Organisation der Zu- und Ablaufverkehre betreffe, sowie die zunehmenden Betriebsrisiken für den Fall, dass ein solches Großschiff einmal ausfalle, aus welchen Gründen auch immer. Das gelte nicht nur für die Einhaltung der Fahrpläne, wo ein Ersatz sich noch relativ leicht bewerkstelligen ließe, sondern mehr noch für die Möglichkeiten einer Kollision, für Feuer an Bord oder für eine Strandung. Das alles sei ja keinesfalls völlig auszuschließen. Neben den dann zu befürchtenden riesigen Umweltschäden könnten auf die Versicherungen gigantische Forderungen zukommen. Je größer das Schiff, je mehr Container an Bord, desto größer das Risiko, wobei der Wert der Ladung den Wert des Schiffes um ein Mehrfaches übertreffen könne. Alle diese Dinge seien mit Blick auf weitere Größensteigerungen ins Kalkül zu ziehen, weniger von den Schiffbauern, sondern in erster Linie von den Reedereien sowie in deren Gefolge von den Häfen und von den Versicherern. Auch sollte bedacht werden, ob genügend hoch qualifiziertes Personal zur Verfügung stehe, dem die nautische und technische Verantwortung für derartige Riesen übertragen werden könne.

Nicht einfach erschien es zu diesem Zeitpunkt, zufriedenstellende Antworten auf Fragen des Antriebs und des Antriebskonzeptes für diese Giganten zu finden. Die bis dahin erreichte Motorenleistung genügte für eine nächste Generation nicht mehr. Wie schon der Entwurf des Germanischen Lloyd für eine solche vorsah, wurde mit der gleichen Begründung auch von anderen Seiten unter Sicherheitsaspekten ebenfalls im Gegensatz zu der bisherigen Praxis ein Zweischraubenantrieb vorgeschlagen. Ins Spiel gebracht wurde mit dieser Zielrichtung auch die Kombination eines Einschraubers mit einem zusätzlichen Pod-Antrieb.

Es zeichnete sich in allen Diskussionen jedoch ab, dass nach Vorstellungen der Reedereien das Einschrauben-Schiff, auch das Einschrauben-Großschiff, wohl auch künftig die Regel bleiben würde. Verlangt wurden dafür aber nicht nur Motoren mit noch höherer Leistung, sondern gleichfalls mit einem extrem zu nennenden Zuverlässigkeitsgrad. Schließlich ist es so, dass eine Ladung von 10 000 und mehr Boxen einen immensen Wert darstellt. Ein Versagen des Antriebsmotors könnte, wie erwähnt, diese Ladung gefährden und unter Umständen sogar einen Totalverlust verursachen, was wiederum zu Umweltschäden führen könnte, die weit über die großen Tankerunfälle der letzten Zeit, als Horrorbeispiel sei nur der Name PRESTIGE genannt, hinausgingen. Zwar muss man dabei schon in erster Linie an die in den Boxen befindliche Ladung denken, unter der sich fast immer größere Mengen hochgiftiger Stoffe befinden, aber auch daran, dass in den Brennstofftanks dieser Schiffsgiganten Schwerölmengen mitgeführt werden, die leicht dem Ladevolumen eines mittelgroßen Tankers entsprechen. Dieses berücksichtigt und um deutlich mehr Betriebssicherheit an sich

↑ Überlebensanzüge werden im Pool getestet

↗ Die Kombüse – immer noch äußerst wichtig für das Bordleben

zu erreichen, spricht zwar viel für einen Antrieb mit zwei Motoren, unter betriebswirtschaftlichen Aspekten hatten Konzepte dieser Art aber trotz allem wohl kaum Chancen zur Realisierung.

Die Reedereien standen damals wie heute diesen Ideen jedoch sehr skeptisch gegenüber, weil sie die Mehrkosten für derartige Lösungen scheuten und bis jetzt noch scheuen. Möglicherweise könnten hier, wenn überhaupt, feste Richtlinien der Klassifikationsgesellschaften oder der IMO international verbindliche Zeichen setzen, so wie es bei Tankschiffen bereits Praxis ist. Bei derartigen Richtlinien stünden dann die Sicherheit von Mensch und Umwelt sowie Kriterien bei der Festsetzung der Versicherungsprämien im Mittelpunkt und nicht die von den Reedereien zu kalkulierenden Investitionskosten.

Was die Weiterentwicklung des Einmotoren-Antriebs betrifft, so gab es aber durchaus bereits erkennbare Lösungsansätze: Die beiden infrage kommenden Motorenhersteller, MAN B&W und Wärtsilä/Sulzer, hatten bereits Motoren mit Leistungen von über 80 000 kW geliefert und MAN B&W bot schon Anfang 2004 eine Antriebsanlage mit einer Leistung von 97 300 kW/132 000 PS an, hatte zu diesem Zeitpunkt aber noch keine feste Bestellung. Selbst die Lieferung der für die Umsetzung der Antriebsleistung erforderlichen Riesenpropeller wurde nicht als Problem erachtet. Als bisher größter war bis dahin einer mit 10,5 Meter Durchmesser geliefert

worden und der nächste Schritt, der Guss des schwersten, war für Mitte 2004 angekündigt. 110 Tonnen einer speziellen Metalllegierung waren dafür in einem komplizierten Vorgang wie bei einem Glockenguss in eine vorgefertigte Form zu füllen. Bis diese Masse erkaltet war, dauerte es Tage, und eine noch längere Zeit war für die anschließende Feinbearbeitung eines solchen Kunstwerkes vorzusehen.

Noch einmal rückblickend aus dem Kenntnis- bzw. Entwicklungsstand des Jahres 2003: Danach wurde vorbehaltlos anerkannt, dass die Linienschifffahrt mit dem Einsatz immer größerer Containerschiffe in großen Schritten effizienter und zuverlässiger geworden sei. Gleichzeitig wurde davon ausgegangen, dass es in Zukunft weitere Fortschritte bei der Entwicklung von Containerschiffen über 9000 TEU hinaus geben werde. Konstrukteure und Ingenieure würden zweifelsohne in der Lage sein, die Marktnachfrage nach noch größeren Einheiten jenseits der 10 000 TEU Grenze zu befriedigen, denn Containerschiffe seien immer, so hieß es, nahe der Grenzen entwickelt worden, die technisch für möglich gehalten worden seien. Die damals angepeilte Obergrenze lag bei dem im niederländischen Delft entwickelten so genannten Malakka-Max-Entwurf mit einer Stellplatzkapazität von 18 000 TEU, der inzwischen in die Entwicklungsgeschichte eingegangen ist.

Einer der wesentlichen Diskussionspunkte im Zusammenhang mit der weiteren Entwicklung und dem Bau noch größerer Containerschiffe war dabei stets, und nicht zuletzt mit Blick auf Häfen und Fahrwasser, der Tiefgang der beabsichtigten größeren Schiffe. Dazu gab es unter etlichen anderen eine Äußerung der Hafenverwaltung von Hongkong, in der prognostiziert wurde, dass zwischen 2005 und 2010 eine Flotte von Mega-Containerschiffen zulaufen würde, die nur noch vier bis fünf große Transshipmenthäfen auf der Europa-Fernostroute bedienen könnten. Dabei werde eine Wassertiefe von bis 15,50 Metern ausreichen, um diese Generation problemlos abfertigen zu können. Der Konstruktionstiefgang dieser bis zu 400 Meter langen und über 50 Meter breiten Schiffe werde 15 Meter nicht überschreiten. Im Einsatz läge ihr Tiefgang eher noch niedriger, da die volle Tragfähigkeit wegen eines mehr oder weniger hohen Leercontaineranteils ohnehin kaum ausgenutzt werde.

Ein vom Bureau Veritas ausgearbeitetes 12 500-TEU-Projekt kam auf einen Tiefgang von 14,5 Meter, und nach Einschätzung des Germanischen Lloyd, der sich mit ähnlichen Projekten beschäftigt hatte, lagen die Vorstellungen von den Tiefgängen ebenfalls zwischen 10,0 und bis zu 14,5 Meter. Diese Angaben wurden jedoch von einer anderen Arbeitsgruppe, und das zeigt die Intensität der Diskussionen, vehement bezweifelt, da ihrer Ansicht nach ein derart geringer Tiefgang bei den auf die genannte Stellplatzkapazität vergrößerten Schiffen nur durch eine im Verhältnis zur Schiffslänge noch größere Breite erreicht werden könnte, was aber wieder andere Probleme schaffe. Einzig der Malakka-Max-Entwurf mit bis zu 18 000 TEU Kapazität gehe realistisch von 21 Meter Tiefgang aus, der auf absehbare Zeit aber zum Beispiel eine Suezkanal-Passage nicht zulassen würde.

Einige Meldungen aus dem Jahr 2003 spiegeln einerseits den bis dahin nicht erlebten Auftragsboom in diesem Jahr wider, andererseits verdeutlichen sie mehr noch das rasante Größenwachstum:

8. Mai: Die Anzahl der zwischen Januar und April bestellten Containerschiffsneubauten hat eine bisher noch nicht gekannte Rekordhöhe erreicht. Nach Angaben des Londoner Maklerhauses Clarkson Research sind in diesem Quartal Schiffe mit zusammen 346 819 TEU geordert worden – mehr als im gesamten Jahr 2002.

Am 6. Juni läuft die mit einer Stellplatzkapazität von 8063 TEU als derzeit weltgrößter Container-Carrier bezeichnete OOCL SHENZHEN erstmals den Hamburger Hafen an. Weitere dieser 322,97 Meter langen und 42,80 Meter breiten Einheiten sind von OOCL zur Lieferung bis Mitte 2004 bestellt.

24. Juli: Die griechische Costamare Shipping Co. hat bei Hyundai drei bis fünf 8200-TEU-Carrier zur Ablieferung in 2006 in Auftrag gegeben. Zur gleichen Zeit hat die taiwanesische Reederei Evergreen bei Mitsubishi zehn 6724-TEU-Schiffe zur Ablieferung 2005/2007 geordert.

27. Juli: Nachdem die Hamburger Reederei Claus-Peter Offen bei Hanjin Heavy Industries bereits im April fünf 8030-TEU-Schiffe und bei Hyundai vier 5600-TEU-Schiffe zur Lieferung ab 2005 bestellt hatte, kommen mit Ablieferung 2006/2007 vier weitere 8100-TEU-Schiffe dazu.

August: Die Münchner Conti-Reederei bzw. ihre Beteiligungsfirma NSB Niederelbe Schifffahrtsges. mbH bestätigen bei koreanischen Werften platzierte Aufträge über insgesamt 18 Großcontainerschiffe. Andere Reedereien buchen zahlreiche weitere Neubauten zwischen 7500 TEU und 8000 TEU mit Lieferterminen ab 2004.

22. August: Neuer Auftragsrekord – allein im Juli sind 67 Containerschiffe mit zusammen 349 992 TEU, darunter

Alltag an Bord, unter Deck –
MSC GENEVA – 4892 TEU

↓ Der Chief im Maschinen-Kontrollraum

↘ Die imposante 100 000-PS-Hauptmaschine

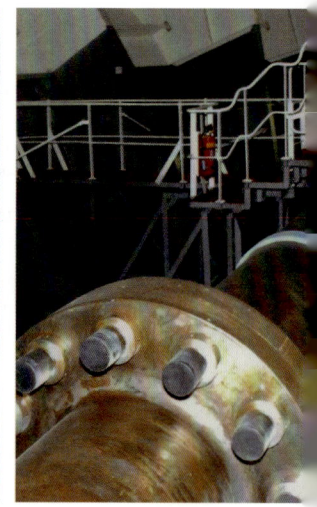

mehr als 40 Post-Panamax-Einheiten mit 250 000 TEU, bei den Werften platziert worden, womit der bisherige Monatsrekord fast verdoppelt wurde. In den ersten sieben Monaten dieses Jahres sind bereits 240 Containerschiffe mit einer Gesamtkapazität von 1 056 300 TEU und damit mehr als doppelt so viel Kapazität wie im gesamten Vorjahr 2002 geordert worden. Trotz des Zulaufs neuer Stellplatzkapazitäten in diesem und im nächsten Jahr und eines sogar darüber hinausgehenden hohen Auftragsbestandes geht Clarkson davon aus, dass das Ladungsaufkommen weiterhin stärker zunimmt als der Transportraum. Die Nachfrage werde in diesem Jahr »nur« um 9,6 Prozent und im nächsten Jahr um 8,1 Prozent wachsen, während die Stellplatzkapazität um sieben bzw. 6,5 Prozent aufgestockt werde.

3. September: Allein beim Germanischen Lloyd (GL) stehen 44 große Containerschiffe der 8000-TEU-Klasse zur Klassifizierung an. Damit ist die Größenentwicklung jedoch keineswegs abgeschlossen, denn im Anschluss an eine kürzlich fertig gestellte Studie für ein 9200-TEU-Schiff arbeitet der GL, wie bekannt wird, im Auftrag einer koreanischen Werft an einem Design für ein 12 000-TEU-Schiff.

30. September: Sechs von der Hamburger Reederei Blue Star GmbH bei der IHI-Werft in Kure bestellte Containerschiffe werden eine Kapazität von je 8125 TEU erhalten.

8. Oktober: Die anhaltende Hausse auf dem Chartermarkt führt trotz gleichzeitig anziehender Neubaupreise zu weiteren Aufträgen, wobei auch in der Größe der Schiffe neue Maßstäbe gesetzt werden. So hat die in Vancouver ansässige Seaspan Container Lines, die im Januar durch ihre Bestellung von fünf 8076-TEU-Schiffen bei der koreanischen Samsung-Werft überraschte, jetzt mit derselben Werft einen Letter of Intend über den Bau von vier 9500-TEU-Schiffen unterzeichnet, verbunden mit einer Option für vier weitere Einheiten dieses Typs, womit eine weitere Grenze im Containerschiffbau überschritten wird. Derzeit befinden sich nach Angaben des Branchendienstes Alphaliner 28 Großcontainerschiffe zwischen 7500 TEU und 8200 TEU im Bau sowie weitere 100 zwischen 7455 TEU und 8400 TEU in Auftrag.

16. Dezember: OOCL kontrahiert bei der Samsung-Werft zusätzlich zwei 8063-TEU-Containerfrachter zur Lieferung in 2007 und erweitert damit die Serie dieser zu den weltweit größten zählenden Containerschiffsneubauten auf zwölf.

So weit beispielhaft einige Aufträge, die nur innerhalb weniger Monate platziert worden sind. Sie vermitteln schlaglichtartig einen Eindruck einerseits von der Boomsituation, in der sich dieses Segment der Welthandelsflotte sowie der weltweite Güteraustausch befanden, und andererseits wie rasant auf immer größere Schiffe zugesteuert wurde. Es gab aus heutiger Sicht aber auch einige »vernünftige« Reedereien, die diesen Größentrip, der einige der Beteiligten offenbar regelrecht süchtig gemacht hatte, nicht mittrugen, jedenfalls nicht bis ins Letzte. Die taiwanesische Evergreen Line gehört dazu. Sie blieb bei Schiffen bis 8000 TEU, die ihrer Ansicht nach noch flexibel genug einzusetzen und nicht wegen ihrer Größe an bestimmte Routen gebunden waren.

Dazu noch eine allgemeine Anmerkung: Im Mittelpunkt des Interesses standen und stehen natürlich immer mehr oder weniger die ganz großen Schiffe. Groß, größer, am größten, das ist das, was Aufmerksamkeit weckt. Die ganz Großen, das sind immer die Schiffe, die auf den Fernostrouten eingesetzt werden. Dort gibt es die Ladung, um die Schiffe zu füllen, und dort gibt es etliche Häfen, die diese Giganten auch »verkraften« können. In anderen Fahrtgebieten spielen

← Welle mit Stopfbuchse

↙ Auch die Reservezylinder sind gewaltig ...

↓ ... wie selbst das Werkzeug in der Maschine.

98 GIGANTEN DER MEERE

P&O NEDLLOYD MAGELLAN – 5762 TEU
Foto: Einar Maschmann

APL CANADA – 5762 TEU
Foto: Nordcapitla

MSC BRUXELLES – 9178 TEU
Foto: CP Offen Archiv

COLOMBO EXPRESS – 8749 TEU
Foto: Hapag Lloyd

CALA PANTERA – 1577 TEU
Foto: Hamburg Süd

EVER RACER – 4229 TEU

CMA CGM IVANHOE – 9658 TEU
Foto: BLG Logistics

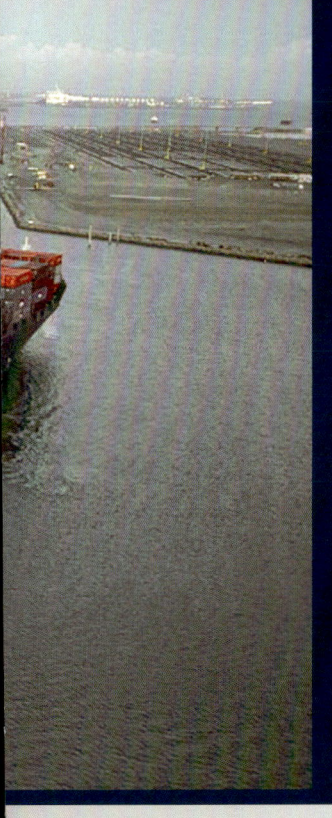

ES WERDEN IMMER MEHR UND SIE WERDEN IMMER GRÖSSER

NOL PROGRESS – 6400 TEU

MSC GENEVA – 4892 TEU

MING GREEN – 5551 TEU

MSC CHARLESTON – 8000 TEU

CMA CGM OFREO – 9661 TEU

CMA CGM VELA – 11 800 TEU

jedoch andere Faktoren für die Größenentwicklung der dort eingesetzten Schiffe eine bestimmende Rolle. Das ist zum einen das Volumen der anfallenden Ladung und zum anderen sind es mehr noch die Verhältnisse in den zu bedienenden Häfen, was die Zufahrten und die Wassertiefen betrifft. Beispiel Südamerika: Auch dort hat es eine ebenso rasante Größenentwicklung der Schiffe gegeben, wenn ihr auch engere Grenzen gesetzt waren und es teilweise heute noch sind. Bei Beginn der Containerisierung des Liniendienstes der Hamburg Süd zwischen Europa und Südamerika 1980 konnten beispielsweise die ersten dort eingesetzten Schiffe der Reederei jeweils lediglich 530 Container laden und noch in den neunziger Jahren hatte es mit Rückblick auf das bisherige Wachstum geheißen, dass Stellplatzkapazitäten von ca. 3000 TEU das Ende der Fahnenstange sein würden. Jedoch, und das zeigt einmal mehr die Haltbarkeit von Prognosen, bereits 2001 kamen die ersten Schiffe mit 3800 TEU in Fahrt, 2002 waren es Neubauten mit 4100 TEU und im selben Jahr bestellte die Hamburg Süd in Korea sechs 5552-TEU-Containerschiffe für ihren Dienst zwischen Europa und der Ostküste Südamerikas, von denen das erste als MONTE CERVANTES im Juli 2004 in Fahrt kam. 2008 wurde dann mit der RIO DE LA PLATA dann der erste von sechs 5900-TEU-Neubauten übernommen und in den Südamerika-Ostküstendienst der Gruppe eingefädelt. Ob diese Größe nun tatsächlich das »Ende der Fahnenstange« ist, sei dahingestellt. Abwarten, lehrt die Erfahrung.

Bemängelt wurde in dieser Zeit von Beobachtern, dass sich die großen Linienreedereien immer mehr auf das Angebot der Chartermärkte verlassen würden, anstatt selbst angemessen in eigene Tonnage zu investieren. So haben mit Stand von Ende 2003 die 30 führenden Linienreedereien den Anteil der Chartertonnage in ihren Flotten seit 1992 von durchschnittlich 20 auf rund 50 Prozent erhöht. Auch ein Zeichen für den sich entwickelnden, geradezu unglaublichen Boom in der Containerschifffahrt.

Ein anderer Aspekt ist, auch darauf wurde häufig warnend hingewiesen, dass bei der in großem Umfang zunehmenden Bestellung von Mega-Carriern, die bekanntlich nur wenige Großhäfen anlaufen können, eine immer größere und leistungsfähigere Flotte von Feederschiffen für die seeseitige Verteilung bzw. das Zubringen der Boxen unbedingt erforderlich sei. Dafür gebe es aber zu wenig Aufträge und die bestehende Flotte sei zunehmend überaltert.

Und noch ein ganz anderer Aspekt, der angesichts der beeindruckenden Entwicklung hin zu den heutigen Mega-Boxern mit Stellplatzkapazitäten von deutlich über 10 000 TEU häufig nicht beachtet wird, ist, dass die »Großen« die »Kleinen« aus ihren angestammten Fahrtgebieten verdrängen werden. Vor allem geht es bei den »Kleinen« um Schiffe mit Kapazitäten etwa zwischen 6000 und 9000 TEU. Sie waren bis dato die vorherrschende Klasse in den Fernostverkehren und sie werden nun wohl sukzessive ersetzt durch die neue Generation der Großcontainerschiffe, eben den Mega-Boxern. Nach einer Untersuchung des französischen Schiffsmaklers Barry Rogliano Salles vom Herbst 2008 würden 60 Prozent des gesamten Europa–Fernost-Verkehrs mit Großschiffen um die 12 500 TEU abgewickelt werden können, und der ebenfalls französische Branchenexperte Alphaliner stimmte dem zum etwa gleichen Zeitpunkt zu. Er meinte, dass die bei weitem meiste Ladung in den Containerverkehren zwischen Nord-/Südeuropa und Fernost künftig mit etwa 130 Mega-Boxcarriern transportiert werden dürfte. Was aber tun mit den zuvor in diesen Diensten eingesetzten, ja auch gar nicht »kleinen« und erst noch wenige Jahre alten Schiffen? Das blieb die offene Frage. Für sie musste und muss zunehmend Beschäftigung in anderen Verkehren gefunden werden, etwa in denen zwischen Europa und Südamerika, Europa und Indien oder auf dem Nordatlantik. Dort würden dann die Größen der Schiffe bis auf 10 000 TEU wachsen, worauf die meisten der in diesen Fahrtgebieten liegenden Häfen allerdings mitsamt ihren Zufahrten bislang kaum vorbereitet sind, ebenso wenig wie die dortigen Märkte.

Dazu noch einmal ein kurzer Rückblick auf die allgemeine Entwicklung. Bereits 2001 hatte es vor dem Hintergrund der rasch wachsenden Containerschiffsflotte und des auf sie zugeschnittenen Warenaustausches einen Rückschlag gegeben. Grund dafür waren die von islamistischen Fundamentalisten verübten Selbstmord-Terroranschläge in den USA, denen tausende Menschen zum Opfer gefallen waren. Dieser unglaubliche Schock lähmte, wie von den Fanatikern beabsichtigt, nicht nur das Zusammenleben der Menschen, sondern auch den wirtschaftlichen Austausch, der daraufhin einen schweren Einbruch erlebte. Dieser Einbruch wurde aber bereits im folgenden Jahr wieder überwunden und leitete in eine Wachstumsphase im Transport und Umschlag von bis dahin nicht gekanntem Ausmaß über. Während in den Vorjahren der Containerverkehr in etwa drei Mal so schnell wie das Welt-BIP gewachsen war, bewegte sich die Quote nun rasch in Richtung vier, was schließlich zu Kapazitätsengpässen bei den Reedereien und auch in den Häfen führte.

Diese überraschend schnelle Wende hatte jedoch einen besonderen Grund. Beschaffung und Produktion vieler Güter wurden nach dem Beitritt Chinas zur Welthandelsorganisation ab etwa Ende 2001 in verstärktem Maße aus den westlichen Staaten nach China verlagert, was zu einem ungeheuren Anstieg der Warenströme führte und damit zu dem entsprechenden Wachstum der Containerschiffsgrößen. Ein derartiger Schub ist aber gegenwärtig mit Blick auf die aktuelle Krise auch nicht annähernd zu erwarten. Woher sollte er auch kommen? Die Märkte, und hier ganz besonders die Containerschiffsmärkte und die dort tätigen Reedereien, werden also noch auf Jahre hinaus mit ihren selbst geschaffenen Überkapazitäten leben müssen.

← Blick in die geöffneten, noch vollkommen leeren Laderäume eines 5000-TEU-Containerschiffes. Zu beachten sind vor allem die Führungsschienen.

Optimierung und Betriebssicherheit

↓ Die sorgfältige Beschichtung des Rumpfs mit neuartigen Antifouling-Mitteln reduziert den Reibungswiderstand.

Foto: Hansa Treuhand

In einem permanenten Prozess bemühen sich alle Beteiligten, Reedereien, Werften, Klassifizierungsgesellschaften, Zulieferer und viele andere, den Betrieb der in Fahrt befindlichen Schiffe, wie auch natürlich besonders die Neukonstruktionen, zu optimieren. Unter dem Druck des internationalen Wettbewerbs und besonders der gegenwärtigen Krisensituation sind diese Bemühungen noch deutlich intensiviert worden. Darüber hinaus haben verschärfte allgemeine Vorschriften hinsichtlich Sicherheit und Umweltschutz sowie die steigenden Bunkerpreise dazu beigetragen, dass Reedereien und Schiffbauer geradezu gezwungen sind, sich ständig um neue Erkenntnisse und technische Neuerungen zu bemühen, um die Wirtschaftlichkeit und Umweltverträglichkeit des Schiffsbetriebs zu verbessern. Im Mittelpunkt standen und stehen dabei deshalb die Senkung des Energieverbrauchs und der Abgasemissionen. Während die Möglichkeiten einer Optimierung bei den in Fahrt befindlichen Schiffen eher beschränkt bleiben, bietet sich bei den Entwürfen neuer Schiffe ein breites Spektrum von Ansatzpunkten. Dazu nur einige.

Wie wichtig es für die Gesamtkostenrechnung einer Reederei ist, dass sie alles unternimmt, um den Energie- bzw. Brennstoffverbrauch ihrer Schiffe zu senken, lässt sich an einem Beispiel festzurren. Danach müssen nach heutiger Rechnung für den Verbrauch eines Großcontainerschiffes in dessen auf 25 Jahre ausgelegten Leben bei durchschnittlichen Brennstoffkosten in Höhe von 600 USD per Tonne rund eine Milliarde USD veranschlagt werden. Noch ein Beispiel: Die Hamburg Süd-Flotte von gut hundert Schiffen bunkerte im Jahr 2007 insgesamt rund zwei Millionen Tonnen. Bei einem durchschnittlichen Schwerölpreis von 350 USD per Tonne waren das unter dem Strich mal eben 700 Mio. USD. Eine erkleckliche Summe, von der man gern etwas eingespart hätte.

Das Konzept des Langsamfahrens zur Einsparung von Brennstoff wurde bereits bei anderer Gelegenheit angesprochen. Weiterhin sind spezielle Antifoulinganstriche/Beschichtungen entwickelt worden, um den Bewuchs des Schiffsrumpfes mit Muscheln, Algen oder Seepocken zu verhindern, was sich auf dessen Reibungswiderstand im Wasser auswirkt. Gegenwärtig wird mit Beschichtungen des Rumpfes auf Silikonbasis oder mit einer Beimischung von Glasflocken experimentiert, um ihn noch gleitfähiger zu machen. Damit wird Kraft für den Vortrieb und in diesem Zuge der Brennstoffverbrauch verringert.

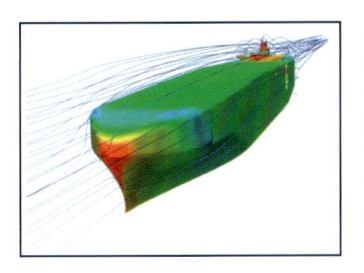

Auch die Verringerung des Luftwiderstandes kann bei der Brennstoffeinsparung hilfreich sein. Hier dargestellt die berechnete Luftströmung um ein Panamax-Containerschiff mit ...

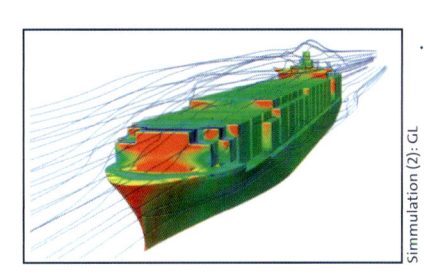

... und ohne Plane.

Simmulation (2): GL

← Versuche, Brennstoff durch Nutzung der Windkraft einzusparen, hat es schon häufiger gegeben. Hier eine Aufnahme aus dem Jahr 1986.

Foto: Archiv HJW

↓ So soll das Skysail funktionieren.

Foto: SkySail

Auch die Nutzung der Schiffsabgase zur Stromerzeugung bietet nennenswerte Möglichkeiten. Hier greift beispielsweise das »Waste Heat Recovery System« von Siemens, bei dessen Einsatz in der Praxis nach Unternehmensangaben mit der Senkung des Brennstoffverbrauchs um rund zehn Prozent sehr gute Ergebnisse erreicht werden konnten. »Aus den Schiffsabgasen werden bis zu neun Megawatt Strom erzeugt, die für die Versorgung des Bordnetzes und/oder für den Booster-Antrieb – einem auf der Antriebswelle aufgesetzten Elektromotor zur weiteren Steigerung der Antriebsleistung – genutzt werden können, und das zuverlässig. Diese Technologie funktioniert heute (2008) bereits auf 14 Schiffen zur vollsten Zufriedenheit des Reeders«, so Siemens. Dabei ist daran zu denken, dass Beleuchtung und Klimaanlage an Bord zu den großen Verbrauchern zählen.

Selbst die Verringerung des Luftwiderstandes ist inzwischen als Faktor zu einer möglichen Brennstoffeinsparung entdeckt worden. Eine Idee ist, alle Deckscontainer in ihrer Gesamtheit mit einer durchgehenden Plane abzudecken. Hintergrund: Für den Luftwiderstand ist die Form des Überwasserschiffes einschließlich Aufbauten und Deckladung maßgeblich – also die Fläche, auf die der Wind einwirken kann. Außerdem können Lücken im Stau der Container den Widerstand erheblich vergrößern. Vom Germanischen Lloyd in Zusammenarbeit mit der Technischen Universität Hamburg-Harburg (TUHH) mit dem Modell eines 4409-TEU-Panamax-Containerschiffes durchgeführte Tests haben ergeben, dass durch den Einsatz einer solchen Abdeckplane der Luftwiderstand, abhängig von der Windrichtung und Containerstauung, um bis zu 66 Prozent gesenkt werden kann.

Um noch etwas beim Wind zu bleiben, ein Hinweis auf das von der Hamburger Firma SkySails entwickelte gleichnamige Zugdrachensystem, das auf dem Vorschiff von Handelsschiffen montiert werden kann und bei günstigem Wind den Vortrieb unterstützt. Je nach Windstärke kann damit die Hauptmaschine teilweise heruntergefahren werden, wodurch weniger Brennstoff verbraucht wird. Nach eingehenden Erprobungen ist im Januar 2008 mit dem Neubau BELUGA SKYSAILS der Bremer Beluga-Reederei erstmals ein Seeschiff mit einem solchen System auf die Reise gegangen. Die ersten Ergebnisse sollen durchaus ermutigend gewesen sein. Ob sich SkySails auch für den Einsatz auf Containerschiffen eignet, wird allerdings bezweifelt, da für diese sehr viel von der möglichst genauen Einhaltung des Fahrplans abhängt.

↑ Alarmtafel an Bord

↓ Derartige schwarze Emissionswolken gilt es, so weit es möglich ist, zu reduzieren.

Für Großcontainerschiffe kommt es ohnehin nicht in Frage, denn so großflächige Drachen, die auf ihnen Wirkung zeigen könnten, wird es wohl auch in Zukunft kaum geben.

Substanzielle Ersparnisse an Brennstoff lassen sich mit einem optimierten Schiffsrumpf erzielen. Zudem fallen dabei niedrigere Investitionskosten für den Hauptantrieb an, da deren Leistung geringer bemessen werden kann, ohne dass dies zwangsläufig die benötigte Zeit für eine Rundreise verlängert. Allgemein sollte die so gefundene Rumpfform möglichst auf die spätere Schiffsgeschwindigkeit abgestimmt sein bei gleichzeitiger Verbesserung der Propelleranströmung. Im Hinblick auf die verbesserte Propelleranströmung, mit der der Wirkungsgrad der Schiffsschraube erhöht werden kann, sind auch bei bereits in Fahrt befindlichen Schiffen deren hydrodynamische Eigenschaften noch zu optimieren. In die Diskussion geraten sind auch bereits der Einsatz von Luftpolstern unter dem Rumpf, ebenso wie die Verwendung von insgesamt leichteren Baumaterialien.

Was die direkte Brennstoffeinsparung betrifft, werden unter anderem, um das noch anzufügen, auch technisch-betriebliche Maßnahmen, wie beispielsweise ein Ship Efficiency Management Plan (SEMP), vorgeschlagen.

Eine hohe Bedeutung bei der Einsparung von Brennstoff hat neben dem Niederschlag in der Betriebskostenreduzierung zunehmend der Umweltschutz gewonnen, wobei es schlicht so ist, dass bei dem Verbrauch von weniger Brennstoff natürlich auch die Emissionen von Kohlendioxyd (CO_2), Stickoxyd (NO_x) und Schwefeldioxyd (SO_2) sinken. Aber ganz so einfach, wie es klingt, ist es dann doch nicht, denn die von den Schiffen verursachten Emissionen, die durch deren Schornsteine rauschen, sind nämlich in den letzten Jahren zunehmend Gegenstand entsprechender, intensiv geführter Diskussionen geworden. Die Internationale Schifffahrtsorganisation IMO/International Maritime Organization ist als Unterorganisation der Vereinten Nationen beauftragt worden, Vorschriften zur Reduzierung dieser Emissionen auszuarbeiten, wobei zunächst vor allem der CO_2-Ausstoß im Fokus steht. Einige dieser Vorschriften sind bereits in Kraft getreten, weitere befinden sich in der Vorbereitung, sodass insgesamt gesehen von einer deutlichen Verschärfung auszugehen ist.

Nicht minder kritisch werden die Stickoxyd-Emissionen (NO_x) bewertet. Dabei ist zu berücksichtigen, dass die in der Vergangenheit bei den Großdieselmotoren erreichten sehr guten Wirkungsgrade während der periodischen Verbrennung im Zylinder vor allem hohe Gastemperaturen voraussetzen. Dadurch sinken zwar einerseits die spezifischen Brennstoffverbräuche und damit die Kohlendioxyd-Emissionen, andererseits steigern hohe Gastemperaturen und Luftüberschüsse aber die Bildung von Stickoxyden (NO_x) erheblich. Dieser Konflikt, wenn man ihn denn so bezeichnen soll, hat vor allem in den letzten Jahren die Schiffsmotorenentwicklung geprägt. Hinzu kommt, dass durch die strengen Auflagen für an Land betriebene Anlagen der relative Anteil der Schiffsantriebe an der globalen Luftverschmutzung beträchtlich zugenommen hat. Es wird befürchtet, dass sich deren relativer NO_x-Anteil von heute (2008) 15 bis 18 Prozent im Laufe der nächsten 50 Jahre fast verdoppeln könnte, wenn es nicht gelingt, adäquate Lösungen zu finden. Die Motorenhersteller arbeiten mit hoher Priorität mit entsprechenden Weiterentwicklungen im Rahmen ihrer Angebote auch an dieser Problematik.

Die Wärtsilä-Corporation hat kürzlich ein zweijähriges Entwicklungsprojekt zum Test von so genannten »Scrubbern« erfolgreich abgeschlossen. Sie sollen Schwefeloxide aus den Abgasen herausfiltern. Im Ergebnis kann mit der Waschung ein erheblich verringerter Schwefelausstoß erreicht werden.

Die norwegische Klassifikationsgesellschaft Det Norske Veritas (DNV) erklärte Mitte 2009 dazu, dass nach ihren Erkenntnissen die Emissionen auch bereits fahrender Schiffe durch den Einsatz von schon heute zur Verfügung stehender Technologie und verbesserter Betriebsabläufe deutlich verringert werden könnten. Aktuelle DNV-Forschungsergebnisse würden zeigen, dass sich durch eine Optimierung von Faktoren wie Maschinenleistung, Trimm für alle Tiefgänge und Geschwindigkeiten, Effizienz des Antriebssystems und, neben weiteren Maßnahmen, die Verbesserung des Voyage-Managements die Emissionen ohne zusätzlichen Kostenaufwand um durchschnittlich 15 Prozent senken ließen. Weitere Reduzierungen darüber hinaus seien nicht ausgeschlossen. Dafür hat die Gesellschaft ein neues Tool, das DNV Triple-E (Environmental & Energy Efficiency Rating Scheme) entwickelt, mit dem konkrete Verbesserungen für Schiffe und Umwelt ermöglicht werden sollen.

OPTIMIERUNG UND BETRIEBSSICHERHEIT 105

In der Hamburgischen Schiffbau-Versuchsanstalt (HSVA) wird intensiv getestet, um eine für die jeweiligen Neubauten optimale Rumpfform zu finden.

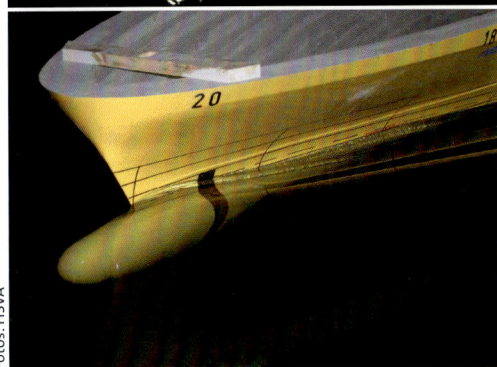

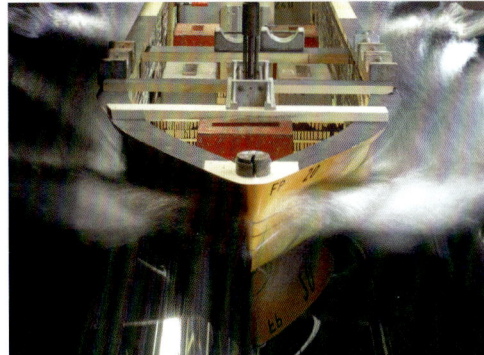

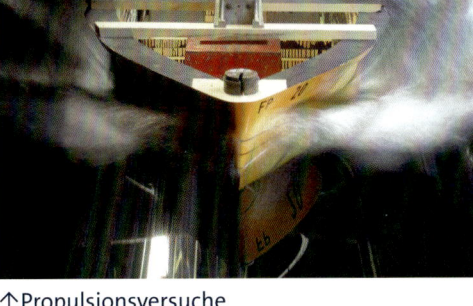

Fotos: HSVA

↑ Großer Schleppwagen, Bugkonfiguration im Detail

↑ Propulsionsversuche

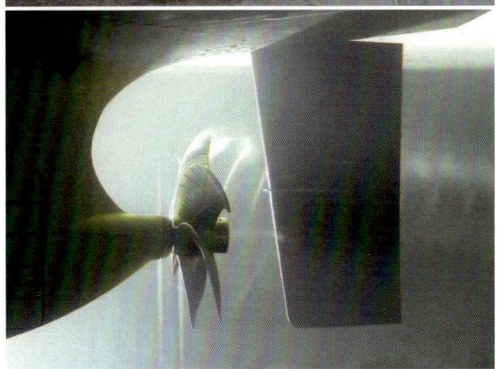

↑ Einbau eines großen Containerschiffes in den Kavitationstunnel (HYCAT). Kavitation (Hohlraumbildung) am Propeller eines großen Containerschiffes im HYCAT

Längerfristig gesehen muss ohnehin der Einsatz von mit Schweröl betriebenen Schiffsmotoren in Frage gestellt werden. Einmal, weil die auf der Erde zur Verfügung stehenden Ölreserven irgendwann einmal zur Neige gehen, und zum anderen, weil die durch die Verbrennung von Schweröl verursachten Emissionen zum Schutz der Umwelt deutlich reduziert bzw. weitgehend vermieden werden müssen.

Im Zuge derartiger Überlegungen wird die Verwendung von Erdgas (LNG/Liquid Natural Gas/verflüssigtes Erdgas), dessen weltweit entdeckte Reserven die von Erdöl inzwischen weit überschreiten, mehr und mehr an Bedeutung gewinnen. Die großen Motorenhersteller arbeiten mit erheblichem Einsatz daran, entsprechende Lösungsmöglichkeiten zu finden, auch für den Antrieb von Großcontainerschiffen. Schon allein wegen der Bedeutung der Containerschifffahrt für den weltweiten Güteraustausch wird gerade für dieses Segment intensiv geforscht, um zu anderen, umweltfreundlicheren Antriebssystemen als den gegenwärtigen zu kommen.

MAN-Diesel setzt dabei beispielsweise mit dem Ziel etwa 2020 auf den ME-GI-Motor, für den eine Leistung von 100 000 PS auch für den Antrieb von Ultra Large Container Carriern (ULCC) angestrebt wird. Verbrauchen soll er dabei eine Mischung von hauptsächlich LNG und wenig Schweröl oder auch, falls LNG nicht zur Verfügung steht, nur Schweröl. Bei der Vorstellung dieser Projekte wies MAN-Diesel darauf hin, dass es bereits gelungen sei, den Energieaufwand für den Transport eines Containers zwischen 1960 und 2008 um beeindruckende 84 Prozent zu senken

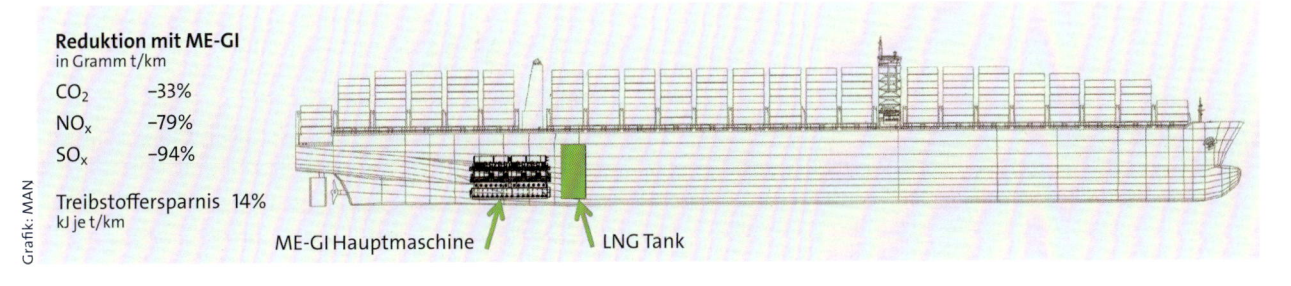

Reduktion mit ME-GI
in Gramm t/km

CO_2	−33%
NO_x	−79%
SO_x	−94%

Treibstoffersparnis 14%
kJ je t/km

Grafik: MAN

ME-GI Hauptmaschine — LNG Tank

← So könnte nach Vorstellung von MAN-Diesel der auf Verwendung von Erdgas (LNG) basierende Antrieb eines Ultra Large Container Ships, eines Super-Mega-Boxers, mit bis zu 20 000 TEU Stellplatzkapazität etwa um 2020 gestaltet sein.

Umfangreiche computergestützte Tests, mit denen Lastfälle generiert werden können, sind wichtige Werkzeuge für die Schiffskonstrukteure geworden.

↗ Globale FE-Festigkeitsanalyse für ein 13 000-TEU-Containerschiff

→ Hull Deformation: Typische Ergebnisse von Rumpfberechnungen zur Bestimmung der Wellenlasten, die eine maximale vertikale Verformung bewirken.

→ Torsion: Rumpfverformungen für eine Rollbewegung von 16 Grad nach steuerbord

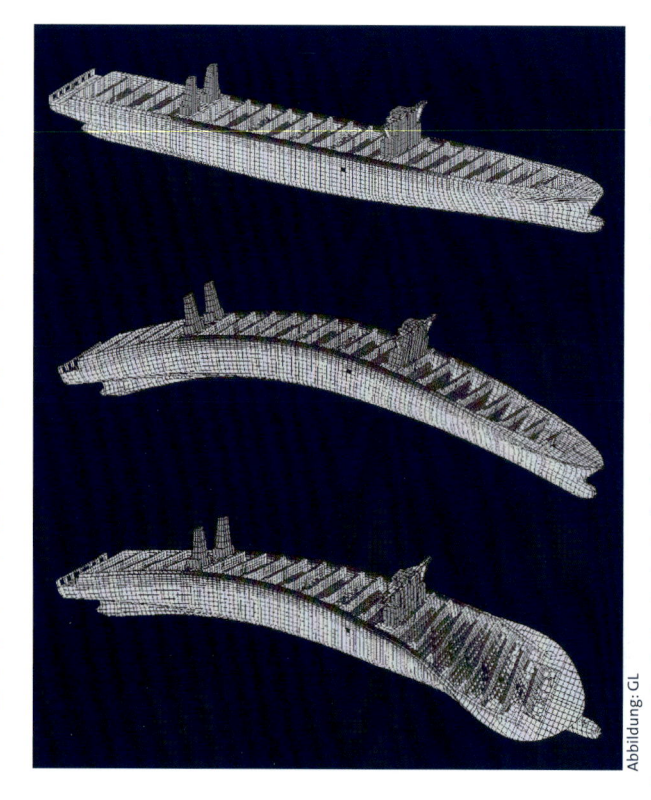

Abbildung: GL

mit einem entsprechenden Rückgang der Emissionen. Das habe zwar vielfältige Gründe, dazu gehören beispielsweise gewachsene Schiffsgrößen sowie Rumpf- und Propellerdesign, aber auch die Verbesserung der Wirkungsgrade der Motoren habe signifikant dazu beigetragen. Das berechtige zu Hoffnungen, mit neuen Konzepten in diesem Bereich noch weiterzukommen.

Fest steht, und das ist wohl unwidersprochen, dass Schiffe die energieeffizientesten Verkehrsträger mit den niedrigsten CO_2-Emissionen pro Transportleistung sind. Während 90 Prozent des interkontinentalen Güterverkehrs mit Seeschiffen abgewickelt wird, tragen diese nach einer aktuellen IMO-Studie nur etwa 2,7 Prozent zu den globalen Emissionen bei. Dennoch müssen sie weiter verringert werden. Mit Blick auf den intensiven internationalen Wettbewerb in der Seeschifffahrt kommen nach einer verständlichen Forderung des Verbandes Deutscher Reeder (VDR), der die vorbereitenden Maßnahmen für entsprechende Regelwerke konstruktiv begleitet, aktuell besonders zu CO_2-Emissionen, aber nur als global gültige Vorschriften in Betracht, da ansonsten erhebliche Wettbewerbsverzerrungen vorprogrammiert seien.

Was nun die Wahrung der Betriebssicherheit von Großcontainerschiffen angeht, so gilt es eine Vielzahl von Faktoren zu beachten. Aus diesem Spektrum beispielhaft nur drei. Da sind zunächst die dynamischen Belastungen, die wesentlich dann entstehen, wenn das Schiff während seines Einsatzes durch höhere Wellen fährt, was in der Regel permanent der Fall ist. Glattes Wasser ist bestenfalls gelegentlich in Küstengewässern anzutreffen. Die Belastungen geschehen dabei gleich auf mehreren Ebenen: Der Schiffskörper als Ganzes wird je nach seiner Lage im Wellenfeld mit einer Durchbiegung (sagging) beansprucht, dann nämlich, wenn der Mittschiffsbereich in einem Wellental, Vor- und Achterschiff jedoch auf Wellenbergen liegen. Verändert das Schiff seine Lage so, dass der Wellenberg nun im Mittschiffsbereich, Bug und Heck aber in Wellentälern liegen, wird der Schiffskörper aufgebogen (hogging). So geschieht es meistens in ständigem Rhythmus während der Seereise. Bei schräg anlaufenden Wellen ergeben sich darüber hinaus Querbiegungen und Verdrehungen des Schiffskörpers (Torsion). Die Auswirkungen dieser Belastungen haben einen sehr starken Einfluss auf die Betriebsfestigkeit des Schiffes und damit auf seine Sicherheit insgesamt. Deshalb müssen ihnen bei Konstruktion und Bau höchste Aufmerksamkeit gewidmet werden – eine bedeutende Aufgabe für die Klassifikationsgesellschaften und die Konstrukteure in den Bauwerften.

Damit kann übergeleitet werden zu dem zweiten wichtigen Faktor in Sachen Betriebs- und Schiffssicherheit. Dabei geht es um die sorgfältigste Ausführung der Schweißarbeiten beim Bau der Schiffe. Dabei steckt der Teufel auch hier, wie so häufig, im Detail, denn Schweißen ist ein komplizierter und schwieriger Prozess. Sogar in der ISO 9000 für Qualitätsmanagementsysteme wird es als »spezieller Prozess« bezeichnet, sei es beim Verschweißen der Außenhaut, beim Bau des Ruders oder beim Schweißen der Lukendeckel. Obwohl man das Ergebnis einerseits sofort sieht, lässt sich andererseits die Qualität der ausgeführten Arbeit in Gestalt einer Schweißnaht nicht so leicht beurteilen. Deshalb ist es ganz wichtig vorab zu wissen, was zu tun ist und wie das zu tun ist. So ist beispielsweise zu klären, welche Stahlsorten verarbeitet werden sollen. Und welcher Schweißzusatz bei welchem Stahl am besten verwendet werden sollte. Einen Eindruck von dem Umfang der zu leistenden Arbeiten und davon, was zu prüfen ist, bekommt man, wenn man sich verinnerlicht, dass je nach Bauwerft für ein 10 000-TEU-Schiff schätzungsweise 850 bis 1000 Kilometer Schweißnaht gelegt wird.

Natürlich kann hier auf Einzelheiten nicht näher eingegangen werden, aber festzuhalten ist, dass Schiffe in der Regel dahingehend ausgelegt sind, um sie 25 Jahre oder noch länger in Fahrt zu halten. So lange sollten idealerweise auch die Schweißnähte halten. Da die Schiffe aber immer größer geworden sind, um immer mehr Boxen auf einmal transportieren zu können, kommen immer dickere und festere Bleche zum Einsatz. Die Herausforderung bei den dickeren Blechen ist dabei, dass sie schwieriger zu schweißen sind als dünnere Bleche, denn je dicker ein Blech ist, desto schneller kühlt es nach dem Schweißen ab und desto mehr kann sich in der Folge seine innere Struktur verändern. Daher ist es in diesem Fall notwendig, dass einige Bleche vor dem Schweißen in einem definierten Bereich rechts und links der Naht vorgewärmt werden. Wegen der heißen Umgebung erschwert das die Arbeit der Schweißer.

Für hochfeste Stähle gelten andere Regeln: Bei ihnen ist zumeist mit definierter Wärmeeinbringung, also mit begrenzter Wärme, zu arbeiten. Das bedeutet für den Schweißer, dass er eine bestimmte Schweißnahtlänge in einer vorgegebenen Zeit (±2 sec) fertig stellen muss. Auch kein einfaches Unterfangen, das viel Erfahrung und Konzentration erfordert. Dabei sind gute Schweißer immer schwerer zu finden, zumindest in Europa. Die estnische Werft BLRT Group hat beispielsweise im August 2009 erklärt, dass sie trotz der aktuellen Krise eine größere Anzahl chinesischer Schweißer angeworben habe, die auf ihrer Werft in Tallinn beschäftigt werden sollen.

Vor diesem Hintergrund sind in erster Linie die Klassifikationsgesellschaften gefordert, sorgfältige Kontrollen vorzunehmen und bereits im Vorfeld entsprechende Richtlinien festzulegen. Jede Stahlplatte und jeder Schweißzusatz wird untersucht und zertifiziert. Jede Schweißnaht wird geprüft. Für die Sicherheit des Schiffes und der für Mensch und Ladung hängt viel von der exakten und sauberen Ausführung ab.

Was weiterhin die Sicherheit von Schiff und Ladung betrifft, so muss geradezu zwangsläufig das Augenmerk auch auf die immer höher werdenden Containerstapel an Deck gerichtet werden. Acht Lagen übereinander an Deck sind heute auf den Mega-Carriern bereits Selbstverständlichkeit. Immer höher türmen sich die Boxen auf den Großcontainerschiffen an Deck. Auch dieses ist ein Teilfeld der Entwicklung. Damit die sich auftürmenden Stapel unter dem Einfluss der Witterungsverhältnisse, wie Wind und Seegang, die durchaus extrem werden können, nicht über Bord gehen oder in sich zusammenfallen, müssen die Container an Deck hochsicher gelascht und gezurrt werden.

Ein überaus schwieriger Job übrigens, der von den damit beauftragten Mitarbeitern ausgeführt werden muss. Die jeweiligen Laschpläne werden mit den Klassifikationsgesellschaften abgestimmt und sind, auch mit Blick auf die Versicherung, exakt einzuhalten.

Unter Deck bieten Zellgerüste Gegenlager für durch eine Krängung des Schiffes auftretenden Querkräfte und damit eine relative Sicherheit. Die Lagen an Deck mit ihren vielen tausend Containern sind dagegen jedoch weitaus mehr Kräften ausgesetzt. Sie müssen alle Bewegungen des Schiffes mitmachen, das Rollen, Stampfen und Schlingern, und dagegen gesichert sein. Das geschieht durch den Einsatz von unterschiedlich konzipierten Laschbrücken, Zurrstangen und so genannten Twistlocks, die als Quer- und Längsverbindungen die Containerstapel zusammenhalten und den auf sie drückenden unterschiedlichen Kräften entgegenwirken. Das allerdings gelingt nicht immer. Manchmal ist wegen menschlicher Fehler die Laschung nicht optimal oder es sind die Kräfte von Sturm und See zu stark. Gegen beides wird es wohl auch in Zukunft keine allgemein gültigen Mittel geben, um Schäden zu vermeiden. Aber dass das Ganze mit den immer mehr Lagen übereinander an Deck trotz weiterentwickelter Technik nicht einfacher geworden ist, liegt auf der Hand.

Dazu nur noch: Die Windangriffsfläche eines beladenen Großcontainerschiffes, auf irgendwelche TEU-Zahlen wollen wir uns hierbei gar nicht festlegen, überschreitet die Segelflächen auch der größten Großsegler um ein Vielfaches. Die dadurch entstehenden nautischen Schwierigkeiten bei der Führung des Schiffes und besonders die enormen Sicherungsprobleme für die Containerstapel an deren Deck müssen auch vor diesem Hintergrund sicherlich nicht weiter erläutert werden.

↖ Die sorgfältige Ausführung der Schweißarbeiten an Bord in allen Teilen des Neubaus muss im Anschluss daran noch einmal ebenso
↑ sorgfältig geprüft werden.

↓ Die Stauung von Containern bis zu sieben oder acht Lagen hoch ist heute üblich. Auf den neuen Mega-Boxern sind es noch mehr.

EMMA MAERSK Superstar

Mitte 2004 hatte die Maersk-Line, damals noch Maersk-Sealand, bei ihrer Odense Staalskibsvaerft 14 große Containerschiffe geordert. Dieser Auftrag ist bis Mitte 2005 noch einmal um weitere sechs auf dann insgesamt 20 Schiffe aufgestockt worden, von denen die letzten beiden im Jahre 2011 abgeliefert werden sollten. Von Seiten der Reederei wurde ihre Stellplatzkapazität mit dem üblichen Understatement mit 7500 TEU angegeben, tatsächlich waren es jedoch etwa 9500 TEU. Für diese Neubauten waren erstmals 12-Zylinder-Common-Rail-Dieselmotoren vom Typ Sulzer 12RT-flex96C mit 68 616 kW als Hauptantrieb vorgesehen, von denen der erste im Juni 2005 zur Auslieferung kam. Etwa zum gleichen Zeitpunkt begann durchzusickern, dass die ab 2006 zu liefernden Neubauten noch erheblich größer werden sollten, als ihre ebenfalls auch schon ganz schön großen Vorgänger. Als Hauptantrieb für diese Schiffe bestellte die Reederei in Südkorea die weltweit ersten 14-Zylinder-Dieselmotoren vom Typ Doosan-Sulzer 14RT-flex96C mit 80 080 kW. Als erster dieser Giganten einer neuen Klasse von insgesamt acht baugleichen Schiffen der so genannten PS-Klasse wurde am 7. September 2006 die EMMA MAERSK auf die Reise geschickt. Weil diesem Schiff eine besondere Stellung in der an Ereignissen ja überhaupt nicht armen Geschichte der Containerschiffsentwicklung zukommt, soll es nachfolgend etwas ausführlicher beschrieben werden.

Der erste Brennschnitt für den Neubau L-203, das war die werftinterne Benennung, ist auf den 5. Juli 2005 datiert, die Kiellegung erfolgte am 20. Januar 2006, die Ausdockung am 18. Mai und die Ablieferung am 31. August 2006. Diese kurze Bauzeit ließ sich nur durch eine enge Kooperation mit ausländischen Werften realisieren, die Rumpfsektionen und in zwei Teilen den Aufbau zulieferten, also wesentliche Stahlarbeiten übernahmen. Und nur so konnte auch der angestrebte gleichzeitige Bau von vier Neubauten dieser Klasse, wenn auch in unterschiedlichen Baustadien, in dem einzigen Baudock der Werft, es ist das größte in Europa, erreicht werden. Die Ablieferung des unter der Baunummer L-204 entstehenden nachfolgenden Schwesterschiffes war für den Herbst 2006 terminiert. Das letzte sollte Anfang 2008 in Fahrt kommen.

↓ Da verläßt sie zum ersten Mal ihre Bauwerft in Odense, die EMMA MAERSK, der neue Superstar der Containerflotten. Typisch Maersk ist der in hellem Blau gehaltene Rumpf des beeindruckenden Neubaus.

Foto: Maersk

Welcher Kapazitätssprung mit der EMMA MAERSK eingeleitet wurde, verdeutlicht in erster Linie seine von der Reederei angegebene Stellplatzkapazität von 11 000 TEU, was gegenüber der vorangegangenen GUDRUN MAERSK-Klasse mit offiziell 7500 TEU eine – offizielle – Steigerung um gut 40 Prozent bedeutete. Die Reederei wies auf die damit erreichte Produktivitätssteigerung und den damit ihrer Meinung nach verbundenen Wettbewerbsvorteil hin. Gleichzeitig haben Reederei und Werft eine ganze Reihe von konstruktiven Neuerungen umgesetzt, die der weiteren Erhöhung der Wirtschaftlichkeit des Schiffes und seinem umweltfreundlicheren Betrieb zugute kamen. Hierzu lassen sich beispielhaft als eine der Maßnahmen des stringenten Energiesparkonzeptes der Reederei die Laderaum- und die Maschinenraumbelüftung mit energieoptimierten Ventilatoren anführen, mit denen eine Reduzierung der Abgasemissionen und des Geräuschpegels erreicht wurde.

Deutlich wird der mit diesem Neubau eingeleitete erneute Generationswechsel auch mit Blick auf die signifikante Zunahme der Tragfähigkeit. Sie wuchs nach 115 700 tdw der Vorgängerklasse erheblich auf nunmehr 158 200 tdw. Von den ersten drei Containerschiffsgenerationen 1968/1971 und von der REGINA MAERSK einmal abgesehen, hat es im Containerschiffbau einen derartigen Entwicklungssprung noch nicht gegeben.

Mit dieser Baureihe verdeutlichten Eigner und Werft, dass sie dem Konzept eines zusammenliegenden Deckshauses/Maschinenraumes den Vorzug gegenüber anderen Konstruktionsvorschlägen gaben. Außerdem hatten sie sich für eine einzelne Motorenanlage in Verbindung mit nur einer Schraube entschieden und damit gegen das vor allem von Klassifikationsgesellschaften vorgeschlagene Konzept mit zwei Motoren und zwei Schrauben.

Die Hauptabmessungen der EMMA MAERSK hat die Reederei, nachdem zuvor schon viele Gerüchte an der Küste ihre Runde gemacht hatten, erst am Tage der Taufe ihres Neubaus offiziell publik gemacht:

Länge ü.a.	397,71 m
Länge zw. d. Loten	376,00 m
Breite	56,40 m
Tiefgang (max.)	16,00 m
Seitenhöhe	30,20 m
Tragfähigkeit	158 200 tdw
Container	11 000 TEU
Kühlcontainer	1000 FEU
Vermessung	170 794 BRZ
	55 396 NRZ
Leerschiffgewicht	ca. 60 600 t
Hauptantrieb	Wärtsilä 14 RT-flex96C
Leistung	80 080 kW
Geschwindigkeit	26 kn
Klassifizierung	ABS
Besatzung	13

Hervorzuheben ist die gegenüber der Vorgängerklasse trotz der erheblichen Kapazitätssteigerung nur moderate Verlängerung um rund 30 Meter bei einer allerdings deutlichen Zunahme der Breite von 42,8 Meter auf 56,40 Meter, was in schiffbaulicher Hinsicht neben der größeren Stellplatzkapazität wie immer die Stabilität erheblich verbessert. Was die Stellplatzkapazität angeht, so wurde diese von externen Fachleuten entgegen der offiziellen Angabe auf knapp 13 500 TEU geschätzt. Aber auch diese Angaben schwanken, was nicht weiter verwunderlich ist, denn eine auch nur annähernd genaue Definition für eine Bemessungsgrundlage dafür gibt es nicht.

Ein Blick auf das äußere Design zeigt, dass außer dem traditionellen Blau des Rumpfes auch andere typische Merkmale der Maersk-eigenen Schiffe erhalten geblieben sind. Dazu gehören der weit über das vordere Lot herausragende Bugwulst, in diesem Fall um 15,4 Meter. Außerdem die lange hochgeschwungene Back und ein senkrecht fallendes Spiegelheck. Wegen der großen Schiffsbreite werden die weit ausladenden geschlossenen Brückennocken von einer stabilen Rohrkonstruktion gestützt. Verglichen mit der Vorgängerklasse ist der Brückenaufbau weiter nach vorn angeordnet.

↓ Auch die weit über den Bug hinausragende »Nase« ist typisch.

Als Gründe dafür wurden der bessere Trimm und günstigere Sichtverhältnisse über die vor dem Brückenaufbau gestauten Container genannt. Der vorgeschriebene Sichtstrahl ist zudem durch eine weitere Erhöhung des Brückenaufbaus um, einschließlich des Ruderhauses, ein Deck auf zwölf optimiert worden.

Es ist davon auszugehen, dass die Entscheidung für die bis dahin einmalige Schiffsbreite nicht nur mit Blick auf die größere Transportkapazität getroffen wurde, sondern auch, um den Tiefgang von max. 16 Metern in noch vertretbaren Grenzen zu halten. Das war erforderlich, da, um es noch einmal zu wiederholen, nur ganz wenige Hafenzufahrten und Häfen in Europa und Fernost auf einen derartigen Tiefgang vorbereitet waren, der allerdings, um das einschränkend anzufügen, nur bei voll beladenen Schiff erreicht wird. Das heißt, dass dann auch alle Container voll beladen sein müssten, was wohl kaum jemals der Fall sein wird. Aber dennoch, selbst unter dieser Einschränkung waren die meisten Häfen noch überfordert.

Das wird exemplarisch deutlich am Beispiel Bremerhaven, das im Anschluss an die erfolgreich verlaufenen Erprobungen von der EMMA MAERSK am 10. September 2006 auf ihrer Jungfernfahrt nach der Bedienung der Häfen von Århus und Göteborg angelaufen wurde. Erst kurz zuvor war dort in Vorbereitung dieses Erstanlaufes die Wendestelle in der Weser, also die einzige Stelle im Strom, an der derartig große Schiffe vor dem Anlegen an der Kaje oder nach dem Ablegen gedreht werden können, von 400 auf 600 Meter verbreitert worden. Da aber wegen der dafür zur Verfügung stehenden Zeit, sie war durch die üblichen Proteste und Einwendungen immer knapper geworden, die notwendigen Baggerarbeiten nicht rechtzeitig zu Ende gebracht werden konnten, war die eigentlich für den 11. September geplante Ankunft um einen Tag vorverlegt worden, um das dann aufgelaufene Hochwasser zu nutzen. Der mittlere Tiefgang des lediglich teilbeladenen Schiffes betrug zu der Zeit allerdings nur 10,6 Meter. Voll beladen könnte die EMMA MAERSK weder Bremerhaven noch Hamburg bedienen. Die Bemühungen, eine Vertiefung der Zufahrten zu erreichen, ziehen sich wegen des in Deutschland immer wieder beklagten dichten Gestrüpps der behördlichen Vorschriften und unzähligen Klagen von Umweltschützern seit Jahren hin. Allerdings wird auch die geplante Vertiefung, wenn sie denn kommen sollte, immer noch nicht ausreichen, um ein voll beladenes Schiff dieser Größenklasse empfangen zu können.

Die hafenseitige Abfertigung der EMMA MAERSK, das Löschen und Beladen, war dann für den North Sea Terminal (NTB) in Bremerhaven kein Problem, denn an der Kaje standen schon seit Jahren Containerbrücken mit 62,50 Meter Auslage. Diese Spannweite war für diesen neuen Giganten und seine erwarteten Nachfolger wegen deren Schiffsbreite erforderlich. Gelöscht wurden 574 Container, geladen 2462.

↑ Zellgerüst in einer der Ladeluken – Bays – der EMMA MAERSK

Die EMMA MAERSK kann in ihren Laderäumen 20 Containerreihen nebeneinander und zehn Lagen übereinander stauen. Die Zahl der Containerreihen an Deck beträgt 22, als Anzahl der Lagen an Deck wurden sieben genannt, wahrscheinlich sind aber neun möglich. Eingesetzt wird ein patentiertes Laschsystem der Werft. Ein großer Teil der Stellplätze ist für die Aufnahme von 40-ft-Containern ausgelegt. Die Laderäume werden jeweils von vier, durch Containerbrücken zu bewegende Pontondeckel abgedeckt. Der 27,3 Meter lange Hauptmotor beansprucht einen entsprechend größeren Maschinenraum, der über die Länge des Aufbaus hinausreicht. Dafür musste ein Laderaumverlust in Kauf genommen werden, ebenso wie für die Anordnung der Bunkertanks, die nach den 2007 in Kraft getretenen neuen Richtlinien nicht mehr im Außenhautbereich angeordnet sein dürfen.

Als Hauptantrieb dient der bereits erwähnte 14-Zylinder-Zweitakt-Dieselmotor des Typs Wärtsilä 14 RT-flex96C, der bei 102 U/min 80 080 kW bzw. max. 108 920 PS leistet. Es ist der stärkste bisher für einen Schiffsantrieb gebaute Motor überhaupt. Er wiegt insgesamt 2300 Tonnen, ist 27,3 Meter lang und 13,5 Meter hoch und wirkt über eine etwa 120 Meter lange Welle auf einen 131,5 Tonnen schweren Festpropeller mit einem Durchmesser von 9,6 Metern. Mit dieser Anlage ließ sich die geforderte Geschwindigkeit von 26 Knoten erreichen. Gleichzeitig speist der Dieselmotor unter Zuhilfenahme eines 8500 kW leistenden Abgasrückgewinnungssystems eine zweite elektrische Leistungsquelle. Dazu werden die Abgase des Dieselmotors durch einen Economizer geleitet, der Dampf für den Betrieb eines Turbinengenerators erzeugt. Zu diesem umfassenden System gehört außerdem eine Abgasturbine, die ca. zehn Prozent des Abgasstromes für die Erzeugung elektrischer Energie nutzt. Die verbleibenden 90 Prozent Abgasstrom werden in den drei Turboladern verwendet. Die elektrische Grundversorgung gewährleisten fünf Hilfsdiesel von je 4320 kW, die mit Generatoren gekoppelt sind. Der von den Hilfsgeneratoren und/oder dem Turbinengenerator erzeugte elektrische Strom kann für den Antrieb von zwei auf die Antriebswelle geschrumpften Wellenmotoren mit jeweils 9000 kW Leistung genutzt werden. Die Schweröltanks des Schiffes fassen insgesamt 16 920 cbm, die Dieselölkapazität beläuft sich auf 405 cbm, die Schmierölkapazität auf 652 cbm.

Zwei Paar aktive Stabilisierungsfinnen reduzieren bei ungünstigem Wetter die Rollbewegungen des Schiffes und bedeuten damit einen erheblichen Gewinn für den Schutz der Ladung. Eine Treibstoffersparnis von 1200 Tonnen jährlich soll die Beschichtung des Unterwasserschiffes mit Silikon bringen, wodurch sich der Wasserwiderstand verringert. Zur Verbesserung der Manövriereigenschaften sind vorn und achtern jeweils zwei Verstellpropeller mit jeweils 25 t Querschub installiert, die von je einem 1750 kW leistenden Elektromotor angetrieben werden. Mit ihrer Hilfe soll auch die normalerweise für ein Schiff dieser Größe notwendige Schlepperassistenz verringert werden können. So wurden

↑ Kurz vor dem Erreichen des Liegeplatzes in Bremerhaven

↓ Vor dem Anlegen wird der Riese gedreht.

Fotos (2): BLG Logistics

dann auch beim ersten Anlaufen von Bremerhaven lediglich zwei Schlepper angefordert, um das fast 400 Meter lange Schiff innerhalb einer Viertelstunde auf der Weser zu drehen. Zwei geschlossene Rettungsboote, ein Fast-Rescue-Boat und sechs Rettungsinseln zählen zum Sicherheitsequipment.

Zur Brückenausstattung gehören ein Autopilot, ein VMS-Navigationssystem (ECDIS), ein Kreiselkompass und zwei Radargeräte. Außer den üblichen Funk- und Faxanlagen etc. dient ein leistungsfähiges Satellitengerät der Kommunikation.

Als Besatzungsstärke gab die Reederei 13 Personen an. Ermöglicht wird diese Minimalcrew dank weitgehender Automation sowie elektronischer Maschinen- und Ladungsüberwachung über 8000 Kontrollpunkte, mit denen der störungsfreie Lauf aller relevanten Anlagen und Systeme sichergestellt werden soll. Allerdings sind derartig kleine Besatzungen auf Schiffen mit diesen gigantischen Abmessungen sehr umstritten. In dieser Form wird nach verbreiteter Meinung das Effizienzdenken zu weit auf die Spitze getrieben. Es erhebt sich dabei die Frage, ob so nicht gewisse Sicherheitsstandards auf der Strecke bleiben, da die Verantwortung an Bord von immer weniger Menschen geschultert werden muss. Die deutschen Reedereien wollen, soweit bekannt, auf ihren Großschiffen nicht unter 20 Mann Besatzung gehen, denn Stress und »Fatigue« genannte Erschöpfungszustände kommen jetzt schon häufig genug vor. Hinzu kommt auf den riesigen Schiffen das Gefühl der Vereinsamung, zumal auch noch die Containerhäfen meistens weitab von den Städten liegen und entspannender Landgang wegen der extrem kurzen Liegezeiten dadurch kaum möglich ist. Es ist einleuchtend, dass die Risiken zunehmen, je kleiner die Besatzung ist. Dabei ist einfach nur an das »menschliche Versagen« zu denken, das nicht ausgeschaltet werden kann, weil es einfach menschlich ist. Weil aber mit dem Größenwachstum der Containercarrier unter Einbeziehung von Schiff und Ladung eine enorme Wertkumulation entstanden ist, für ein einzelnes Schiff wohlgemerkt, muss sorgfältig abgewogen werden, wo auch bei der Besatzungsstärke die Grenzen gezogen werden sollten.

Die neun Wochen dauernde Jungfernreise der EMMA MAERSK führte im Anschluss an Bremerhaven nach Rotterdam, Algeciras, Suez, Singapur, Kobe Nagoya, Yokohama, Yantian, Hongkong und Tanjung Pelepas sowie heimkehrend über Suez, Felixstowe, Rotterdam, Bremerhaven, Göteborg und Århus. Bedient wurde ein wöchentlicher Dienst, in dem die Reederei traditionell neun ihrer größten Schiffe einsetzte.

Mit der EMMA MAERSK hatte die mit Abstand weltgrößte Container-Linienreederei ihren auch technischen Vorsprung einen großen Schritt nach vorn weiter ausgebaut. Wegen der langen Planungs- und Vorlaufzeiten, besonders auch die Verfügbarkeit von entsprechend großen Bauplätzen betreffend, war klar, dass die Konkurrenz frühestens gegen Ende des Jahrzehnts mit ähnlichen Einheiten nachziehen könnte. Wie es dann auch geschah.

↙ Der Hauptmotor der EMMA MAERSK, ein Wärsilä (Sulzer) 14RT-flex 96C Zweitakter mit einer Leistung von 80 080 kW

↓ Der Festpropeller der EMMA MAERSK hat einen Durchmesser von 9,6 Metern und ein Gewicht von 131,5 t. Der bis dahin weltgrößte Schiffspropeller.

Mit Spannung wurde erwartet, wie sich der Einsatz dieser Mega-Boxer oder auch Ultra Large Container Ships (ULCS) genannten Giganten der neuen Generation auf die Gestaltung der Liniendienste auswirken würde. Klar war, dass die Konzentration der Hauptlinien auf wenige Häfen ein verstärktes Transshipment für den Transport der Container zu ihrem endgültigen Bestimmungsort notwendig machen würde.

Mit dem Auftauchen der neuen Großtonnage gewann zu allem anderen das Problem, wo denn diese Schiffe überhaupt noch docken könnten, eine erhöhte Relevanz. Nicht nur die Zahl der Häfen, die von ihnen angelaufen werden können, war geschrumpft, sondern noch mehr die Anzahl der Docks, die zur Verfügung stehen, wenn es denn notwendig werden sollte. Dabei ist nicht nur die Länge und Breite der Docks entscheidend, sondern gleichermaßen der Tiefgang, den sie bei einer Dockung zulassen. Dieser ist bei Containerschiffen erheblich größer als bei Tankern oder Massengutschiffen, auf deren Bedienung die vorhandenen Großdocks bisher in erster Linie ausgelegt waren. Da die Großcontainerschiffe der neuen Generation aber ausschließlich im Fernostverkehr fahren, werden sie auch dortige Docks nutzen wollen oder müssen, die es bis jetzt zwar noch gar nicht gibt, wo aber eine rasche und flexible Antwort auf die sich dafür abzeichnenden Anforderungen zu erwarten ist. Von der Maersk Line war in gewohnter Weise keine Antwort auf die entsprechende Frage zu erhalten. Möglicherweise aber könnte sogar Maersk selbst künftig eine gewisse, wenn auch begrenzte Alternative bieten. Nachdem Mitte 2009 bekannt geworden war, dass der Konzern seine berühmte Werft in Odense schließen und auf dem riesigen Gelände einen Industriepark entstehen lassen wolle, wurde nicht ausgeschlossen, dass der Dockbereich in eine Reparaturwerft umgewandelt werden könnte. Dort könnten dann eventuell auch Mega-Carrier gedockt werden, wenn es in deren Fahrplan passt.

Die größten Docks in Deutschland sind das Dock »Elbe 17« von Blohm + Voss Repair in Hamburg mit 351,2 x 59,2 Metern und max. Tiefgang von 9,45 Metern und das Dock 2 der Lloyd Werft in Bremerhaven mit 165 x 25 Metern und einem Tiefgang von 6,5 Metern. Geplant ist in Bremerhaven von der Lloyd Werft der Bau eines Trockendocks mit 420 Metern Länge, 70 Metern innerer Breite und einem Docktor von 55 Metern Breite. Diese Docktorbreite ist den Abmessungen der neuen Kaiserschleuse angepasst. Die Realisierung des Projektes wird jedoch nach aktuellen Auskünften nicht vor 2012 erfolgen.

Dem Vernehmen nach plant das ebenfalls in Bremerhaven ansässige Unternehmen BREDO außerdem den Bau eines Schwimmdocks von 360 Metern Länge und 50 bis 60 Metern Breite, das auch die derzeit größten Mega-Boxer aufnehmen könnte. Gesetzt wird dabei auf den Bedarf, der sich möglicherweise aus der Nähe zu den großen Containerterminals in Bremerhaven und Hamburg sowie dem neuen JadeWeserPort ergibt.

↘ Kaum ausgelastet. Wie kann die Zukunft für diese Mega-Carrier aussehen?

Wie geht es weiter

↓ Die Dockung der neuen Mega-Boxer, zu der auch diese in regelmäßigen Abständen verpflichtet sind, wird möglicherweise in den nächsten Jahren noch ein Problem bleiben. Eine Lösung auch dafür wird es aber mit Sicherheit geben.

Jedoch, Dockmöglichkeiten hin oder her, ganz im Mittelpunkt der Diskussionen stand die Frage, wie es denn weitergehen würde oder könnte. Wäre ein weiterer Größensprung überhaupt denkbar?

Vor der Krise wurde allgemein davon ausgegangen, dass der ökonomische Druck, der nach immer effizienteren Containertransporten verlangte, wahrscheinlich dazu führen würde, dass auch die Containerschiffe in den kommenden Jahren immer größer würden und die nächste Generation möglicherweise der Übergang zum Malakkamax-Entwurf sein könnte. Generell herrschte dabei die Ansicht vor, dass man dabei das Einmotoren/Einschraubensystem als mögliche Option nicht ganz fallen lassen dürfe, das System Doppelmotor/Doppelschraube aber die logische Wahl für die Konstruktion eines solchen 18 000-TEU-Schiffes sein sollte, dessen Hauptabmessungen aber von neuen Überlegungen hinsichtlich Design, Konstruktion und Betrieb bestimmt würden. Die Breite dieser nach damaliger Sicht übergroßen Containerschiffe werde voraussichtlich 60 Meter betragen. Damit könnten 24 Reihen Container an Deck nebeneinander transportiert werden. Der maximale Tiefgang dürfe 21 Meter nicht überschreiten, da dies der maximal erlaubte Tiefgang für die Passage der Malakka-Straße sei.

Diese Überlegungen beschäftigten weite Fachkreise. Fakt war aber zunächst, dass, vor allem initiiert durch die angekündigten Ausbaupläne des Panamakanals, eine durchaus so

Fotos: Einar Maschmann

zu bezeichnende Orderflut für Schiffe der neuen Mega-Klasse mit Stellplätzen über 10 000 TEU eingesetzt hatte. Besonders deutsche Reedereien, die sich als Speerspitze in diesem Segment empfanden, taten sich dabei hervor.

Nach Aussagen im Geschäftsbericht des Verbandes Deutscher Reeder (VDR) 2006 waren mit Stand von Anfang Oktober des Jahres 1247 Containerschiffe mit einer Kapazität von insgesamt 4 608 000 TEU im Bau oder Auftrag, darunter 78 Schiffe über 9000 TEU. Dabei war, so der VDR, klar zu erkennen, dass die EMMA MAERSK mit ihren 12 508 TEU (nach Angaben von Fairplay Newbuildings) keine Ausnahme der Super-Postpanamax-Schiffe bleiben werde. Einige Reeder hätten sich angeschlossen und Schiffe über der magischen Grenze von 10 000 TEU Stellplatzkapazität bestellt, beispielsweise ZIM, MSC und COSCO mit zusammen 17 Neubauten. Allein die französische CMA CGM habe acht Schiffe mit jeweils 11 400 TEU geordert. Größer würden momentan »nur« die sieben Schwestern der EMMA MAERSK sein.

Bei der Gelegenheit ist es noch einmal angebracht, die so oft zitierten Economies of Scales in Erinnerung zu bringen. Das heißt, dass größere Schiffe in der Regel die Ladungseinheiten, also die Container, im Zusammenhang mit der zurückzulegenden Fahrstrecke günstiger transportieren können als weniger große Schiffe. Selbst wenn man Bankenstudien inzwischen sicher mehr als skeptisch gegenüberstehen sollte, zitieren wir noch einmal die Deutsche Bank. Sie hatte 2008 errechnet, dass schon ein 8000-TEU-Schiff im Schnitt um ein Sechstel geringere Kosten pro Container habe als ein 5000-TEU-Containerschiff. Das stimulierte natürlich.

Eigentlich ist die Sache mit den Economies of scale ganz einfach. Um es noch einmal zusammenzufassen: Je größer das Schiff, je niedriger sind die Transportkosten pro Box – vorausgesetzt, dass es gelingt, die Kapazität des Schiffes voll oder zumindest weitgehend auszulasten. Das kann zur Kostenführerschaft beitragen, und die ist das A und O in der weltweiten Containerschifffahrt, denn der Wettbewerb wird in diesem Markt ganz wesentlich über den Preis entschieden. Die Kehrseite davon ist, dass, wenn nämlich die kalkulierte Auslastung des Schiffes nicht gelingt, sich das Ganze ins Gegenteil verkehrt, wie derzeit unschwer festzustellen ist.

Dennoch, und das soll nicht übergangen werden, gab es auch in dieser sich rasch aufschaukelnden Hochphase der Containerschiffseuphorie warnende Stimmen, die diesen Gigantismus in Zweifel stellten. Beispielsweise Dipl.-Ing Axel Schönknecht von der Technischen Universität Hamburg-Harburg. Es mache wirtschaftlich keinen Sinn, größere Containerschiffe mit mehr als 9000 TEU einzusetzen, da die ökonomischen Vorteile der Größe durch längere Hafenliegezeiten aufgefressen würden, hatte er Anfang 2007 auf dem 3. Fachkolloquium der Wissenschaftlichen Gesellschaft für Technische Logistik (WGTL) in Hamburg zu bedenken gegeben. Zwar sei es richtig, dass die Betriebskosten pro TEU bei steigender Schiffsgröße sinken, jedoch würden sich die Hafenliegezeiten der großen Schiffe verlängern und damit deren Produktivität negativ beeinflussen. Während die Fahrzeiten optimiert werden könnten, sei das bei den Hafenliegezeiten nur in sehr engen Grenzen möglich. Das liege vor allem an den technischen Gegebenheiten des Containerumschlags.

Ab 8000 TEU gleichen die Umlaufverzögerungen, die in den Häfen entstehen, die höhere Produktivität aus den Größeneffekten aus, haben Schönknechts Berechnungen ergeben. Außerdem werde der Größenvorteil der Mega-Containerschiffe durch die Notwendigkeit des Einsatzes zusätzlicher Feeder-Verkehre weiter beeinträchtigt. Die ganz großen Containerschiffe könnten bekanntlich nur noch ganz wenige Häfen anlaufen, sodass eine Umladung auf kleinere Schiffe für die Verteilung in die Fläche weitaus häufiger notwendiger sei, als bei nicht ganz so großen Schiffen zwischen 7000 und 8000 TEU, die mehr Häfen direkt bedienen könnten. Das koste Zeit und Geld. Zu berücksichtigen seien außerdem die längeren Liegezeiten der Feederschiffe, die nach seinen Erkenntnissen viel länger seien als die der Überseeschiffe, weil sie in der Regel mehrere Terminals in den Häfen zu bedienen hätten.

Aus diesen Gründen, zu denen er weitere hinzufügte, sei es überhaupt nicht sinnvoll, die Diskussion über die Wirtschaftlichkeit eines Schiffes auf die Frage nach der Schiffsgröße zu reduzieren. Sie sei eher »nebensächlich«. Deshalb erwartete er, dass die Anzahl der Neubauten über 10 000 TEU

↑ Selbst die Herstellung noch größerer Propeller wird als machbar angesehen.

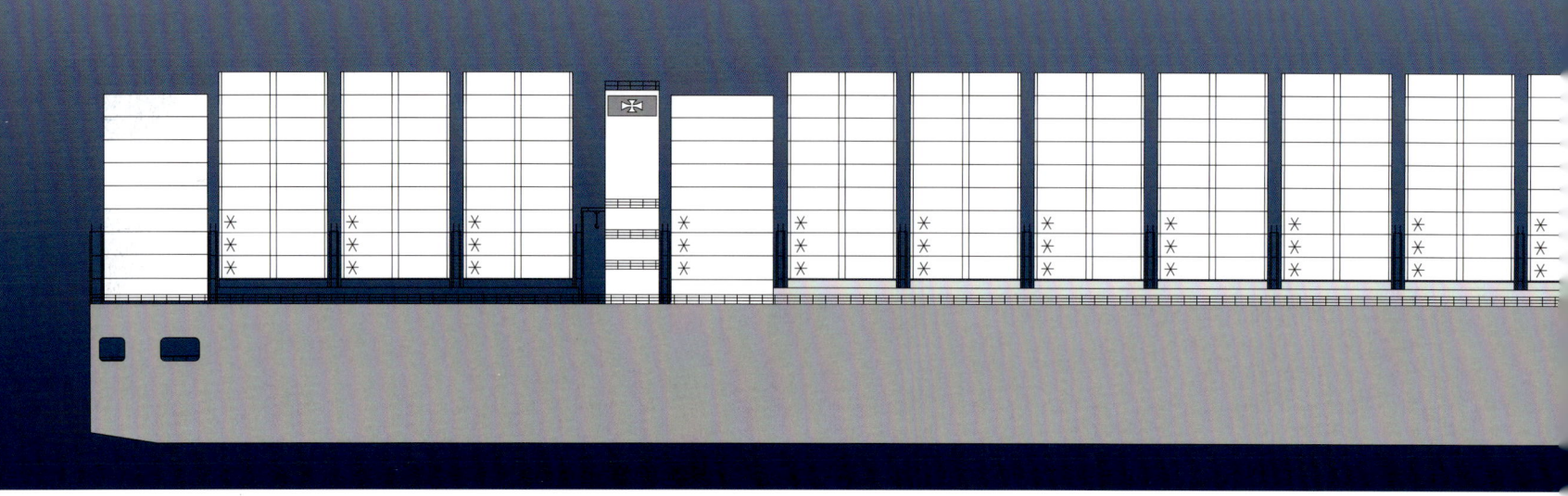

begrenzt bleiben werde und es zu keiner weiteren Steigerung der Schiffsgrößen komme.

Er hat mit seiner Prognose, wie viele andere mittel- oder längerfristige so oder so lautenden Einschätzungen, nicht Recht behalten. Denn bereits im Jahresbericht 2007 des Verbandes Deutscher Reeder konnte nachgelesen werden, dass erstmals auch deutsche Reedereien Containerschiffe der Super-Postpanamax-Klasse bestellt hätten. 17 mit einer Stellplatzkapazität von insgesamt 215 000 TEU seien es bis zum Ende des zweiten Quartals 2007 gewesen und dieser Bestellbestand habe sich im Laufe des dritten Quartals nahezu verdreifacht. Weiter hieß es: Insgesamt waren zu diesem Zeitpunkt (Anm: Ende 3. Quartal) Containerschiffe mit zusammen 6,4 Mio. TEU bestellt. Der kräftige Anstieg der Neuplatzierungen resultiere sich vor allem aus der unvorhergesehenen starken Nachfrage nach Containerschiffen über 12 000 TEU. Nachdem im vergangenen Jahr die Bestellhürde von 10 000-TEU-Schiffen durchbrochen worden sei, rolle seit Frühling 2007 eine zweite Auftragswelle für diese Schiffe, zumeist an koreanischen Werften. Die Erweiterung des Panamakanals, Kostenvorteile durch Economies of Scale und die Bereitschaft von Linienreedereien, die vielfach von deutschen Trampreedereien georderten VLCS (Very Large Container Ships) einzuchartern, könnten als wichtige Triebfedern für diesen Auftragsboom gewertet werden,

↓ Die MSC DANIELA hat Platz an Bord für 13 500 TEU.

Foto: MSC

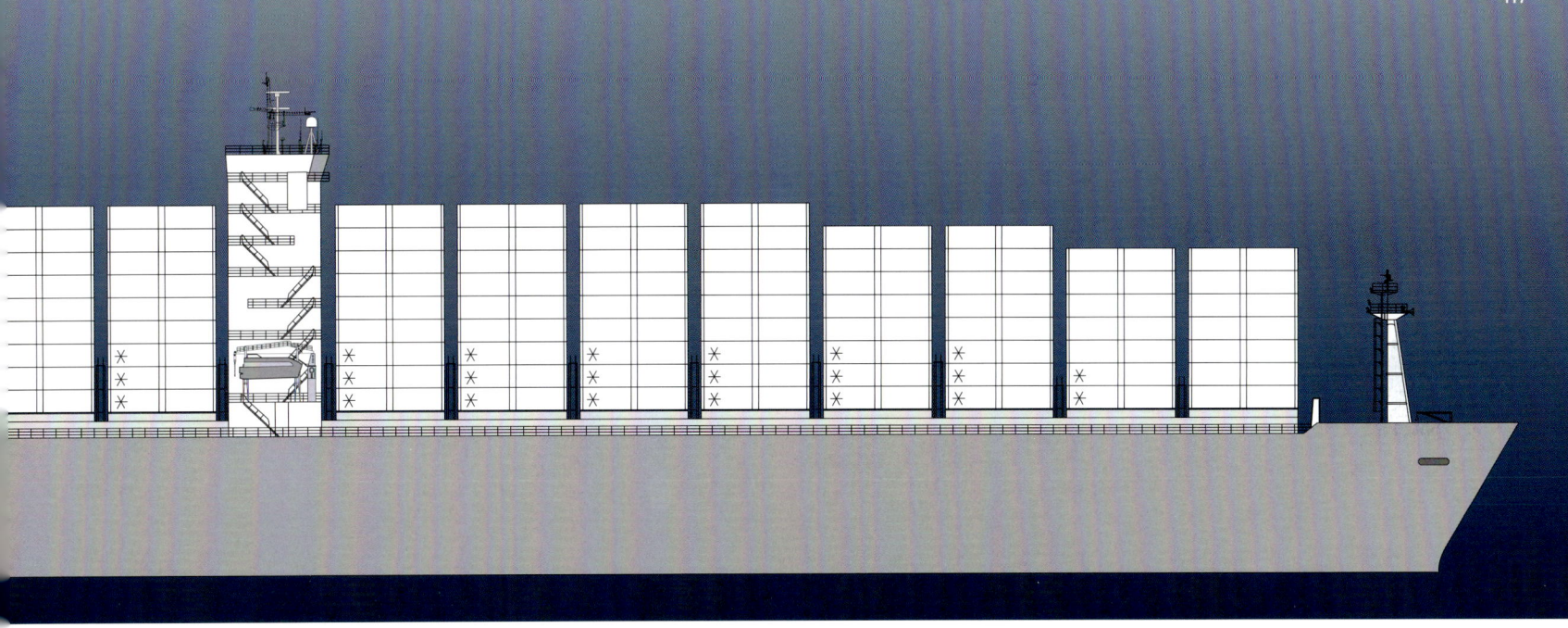

↑ 14 000-TEU-Containerschiff der Reederei C.-P. Offen, Hamburg

hieß es. Laut »Fairplay Newbuilding« seien bereits 90 Schiffe über 12 000 TEU bestellt.

Mitte 2008 hatten, so ist es im folgenden VDR-Jahresbericht nachzulesen, deutsche Initiatoren schon 64 Schiffe mit Stellplätzen von über 10 000 TEU geordert. Und der Germanische Lloyd hielt in der Ausgabe 2/2008 seines Kundenmagazins »nonstop« fest, dass mit Stichtag 1. Januar 2012 173 Großcontainerschiffe, die so genannten »Mega-Boxer«, mit Staukapazitäten von 10 000 TEU und mehr in Fahrt sein würden. Anfang 2008 waren es erst neun Schiffe dieser Größenordnung.

Eines der ersten der neuen 12 000-TEU-Klasse zuzuordnenden Schiffe war die MSC DANIELA, die im Dezember 2008 von der koreanischen Samsung Werft an die Mediterranean Shipping Company (MSC), nach Maersk die zweitgrößte Containerreederei der Welt, abgeliefert wurde. Sie hatte nun mit diesem Neubau, dessen Stellplatzkapazität mit 13 500 TEU angegeben wurde, das weltweit größte Containerschiff unter ihrer Flagge. Aber derartige Titel hatten, wie erinnerlich, meistens nur für kurze Zeit Bestand. In rascher Folge kamen wenig später weitere Schiffe dieser Größenordnung in Fahrt. Ob sie nun ein paar TEU mehr oder weniger an Bord stauen konnten, spielte keine Rolle. Was es mit den offiziell angegebenen oder inoffiziell vermuteten Stellplatzkapazitäten auf sich hat, ist bereits Seiten vorher erwähnt worden.

Immerhin soll die mit 151 559 GT vermessene MSC DANIELA, weil ihr nach der EMMA MAERSK auch in mancherlei Hinsicht doch eine besondere Bedeutung zukommt, hier abschließend etwas ausführlicher vorgestellt werden, wobei weitgehend den Ausführungen der Klassifikationsgesellschaft Germanischer Lloyd gefolgt wird, nach deren

BUILT
2009 (14,000 TEU Class)

YARD
Daewoo Shipbuilding & Marine Engineering Co., Ltd.

HULL NO.
4178

MAIN PARTICULARS
Length over all	abt. 365.50 m
Length between perpendiculars	349.50 m
Breadth moulded	51.20 m
Depth to main deck	29.90 m
Draught, scantling (Ts)	16.00 m
Draught, design (Td)	14.00 m
Deadweight at Td	abt. 133,000 T
Deadweight at Ts	abt. 165,300 T
Service speed at Td	abt. 24.1 kn
Sea margin	15%
Cruising range	25,000 NM

Class: GL, +100A5, CONTAINER SHIP, +MC, AUT, IW, SOLAS II-2 Reg.19, NAV-O, RSD STAR, Environmental Passport, BWM-S

COMPLEMENT
Crew of 30 p

MAIN ENGINE
MAN B&W 12K98MC-C7
MCR 72,240 kW × 104.0 rpm
NCR 65,020 kW × 100.4 rpm
D.F.O.C at NCR abt. 262.20 T/d

TANK CAPACITY
Heavy fuel oil	abt. 13,500 m³
Marine diesel oil	abt. 400 m³
Fresh water	abt. 400 m³
Ballast water	abt. 48,000 m³

CONTAINER CAPACITY
With max. number of containers
(IMO visibility guidance)

HULL STRUCTURE
Steel material: Mild steel and higher-tensile steel of up to HT 40 TMCP steel
Vertical supporting system for T/BHD

PAINTING
W.B.T.: Tar free epoxy
Cargo hold: Epoxy primer, Epoxy finish
Side shell: Tin free self-polishing anti-fouling

CARGO HATCH COVER
Type: Pontoon type with non-metallic low friction bearing pad (total 20 hatches)
Stack weight: 90 tons for 20', 140 tons for 40/45'
Panel weight: Max. 43,5 tons of each panel (including container loose fittings)

CONTAINER SECURING
In hold: Cell guide for up to 40' (2 × 20' up to 10 tiers from tank top)
On deck: Rod lasing with twist lock

DECK MACHINERY
Bow thruster: 2 × 1,800 kW, El. CPP type
Steering gear: 1 × El.-hyd., 2.ram-4cyl. type
Windlass/mooring winch: 2/10 × El. type
Engine spare handling: 1 × 13 tons(SWL) crane Monorail type
Provision crane: 2 tons, 4 tons(SWL), Cylinder luffing type

BALLAST SYSTEM
Ballast & bilge pump: 2 × 1,000 m³/h × 30 mTH

STEAM GENERATION
Aux. boiler: 1 × 6,000 kg/h × 7 bar g
Exh. gas boiler: 1 × 4,500 kg/h × 7 bar g

ELECTRIC POWER GENERATION
Diesel generators 4 × 3,840 kW
Emergency generator 1 × 550 kW

→ Ist die Trennung von Deckshaus und Maschinenraum vorteilhaft auch für mittelgroße Schiffe? Auf der MEDRONDRA, die eine Stellplatzkapazität von »nur« 5300 TEU hat, ist man diesem Konstruktionsprinzip jedenfalls gefolgt.

Vorschriften und unter deren Aufsicht dieser neue Gigant entstanden ist.

So ist die MSC DANIELA nicht nur wegen ihrer Größe eine Besonderheit – auch das Design sticht hervor: Um die SOLAS-Anforderungen (SOLAS = International Convention of Safety of Life at Sea/Internationales Übereinkommen zum Schutz des menschlichen Lebens auf See) bezüglich des Sichtfeldes von der Brücke des großen Containerschiffes aus zu erfüllen, ohne Stellflächen einzubüßen, sind Deckshaus und Maschinenraum voneinander getrennt. Die Anordnung des Deckshauses im vorderen Schiffsteil ermöglicht eine Erhöhung der Ladekapazität und ferner eine Reduzierung der Ballastwassermenge.

Das Schiff erfüllt die neuesten internationalen Bestimmungen zum Schutz der Brennstofftanks weit vor deren offizieller Inkraftsetzung, da sich die Tanks im geschützten Bereich unterhalb des Deckshauses befinden. Außerdem zeichnet sich der Schiffsrumpf durch erhöhte Biegefestigkeit und Steifigkeit aus. Die Verwendung hochfester Stähle war Voraussetzung für den Bau eines Schiffes dieser Größenordnung. Diese Spezialstähle ermöglichen eine Reduzierung der Plattenstärken und damit des Eigengewichts, gewährleisten jedoch eine hohe Festigkeit. Nur mit hochfesten Stählen lassen sich die Abmessungen der Platten und Versteifungselemente in vernünftigen Grenzen halten.

Die MSC DANIELA hat bei einer Länge von 366 Metern und einer Breite von 51,2 Metern einen Tiefgang von 15,6 Metern. Sie besitzt sieben Laderäume sowie einen kleineren im Maschinenraumbereich. Die 25 Laschbrücken reichen fast über zwei Containerlagen hoch und ermöglichen eine optimierte Ladungsverteilung in den Containerstapeln. Dieser neue Gigant, für den allein rund 34 000 t Stahl verbaut wurden, entstand in exakt neun Monaten und einem Tag. Angetrieben wird er von einem MAN B&W-Motor vom Typ 12K 98MC mit einer Leistung von 72 240 kW, der eine Geschwindigkeit von 25 Knoten ermöglicht. Unterbringungsmöglichkeiten gibt es an Bord für 28 Besatzungsmitglieder plus sechs Mann Suez Crew.

Sicher ist dem Einen oder Anderen die Anordnung des Deckshauses weit vorn auf den ersten Blick damals ungewöhnlich erschienen, aber so neu oder gar bahnbrechend war diese Konstruktionsidee dennoch längst nicht. Nicht nur, dass andere, in dieser Zeit bereits in der Fertigung oder im Auftrag befindliche Neubauten ebenso konzipiert waren, sondern auch, weil zum Beispiel schon auf den zu den Containerschiffs-Urahnen zählenden SL-7-Typ »Renner« von Sea-Land in den siebziger Jahren das Deckshaus weit vorn angeordnet war, um einen großen Teil der an Deck gestapelten Container besser vor Seeschlag zu schützen.

Und, um das noch anzufügen: Das Konstruktionsprinzip des nach vorn verlegten Deckshauses hat sich nach Angaben des Germanischen Lloyd nicht nur bei den Mega-Boxern als vorteilhaft erwiesen, sondern auch bei dem mit »nur« 5300 TEU deutlich kleineren Panamax-Containerschiff MEDONDRA, das die chinesische Werft Ouhua für die deutsche Reederei Buss gebaut hat. Die MEDONDRA, ein erstes von vier Schwesterschiffen, ist 294 Meter lang, 32,2 Meter breit und hat einen Tiefgang von 13,6 Metern. Mit 5300 TEU bietet sie die größte Stellplatzkapazität, die bisher bei Panamax-Schiffen erreicht worden ist.

↑ Ankerkettenglieder, notfalls müssen sie einen Giganten halten

Ende?

Bleibt die Frage, war's das? Was den Containerverkehr an sich betrifft, gibt es wohl kaum Zweifel, dass er wieder Schwung gewinnen wird, sobald die gegenwärtige globale Finanz- und Wirtschaftskrise die Talsohle durchschritten hat. Anders sieht es mit der weiteren Größenentwicklung der »Giganten«, der »Mega-Boxer« oder »Very Large Container Ships/VLCS, aus. Wird es noch eine weitere, noch größere nächste Generation geben? Im Moment erscheint dies zumindest auf mittlere Sicht wenig wahrscheinlich. Für die nächsten Jahre wird ganz sicher das Bemühen, die jetzt bis 2012 auf den Markt zulaufenden »Giganten« zu beschäftigen, im Vordergrund aller Bemühungen stehen. Dabei ist ebenso ganz sicher noch eine längere Durststrecke zu überwinden.

Noch größere als die derzeitigen »Mega-Boxer« werden also so bald kaum auf den Weltmeeren auftauchen. Wie es später einmal aussehen wird, nach dem nach heutigen Einschätzungen noch in den Sternen stehenden Marktausgleich zwischen Angebot und Nachfrage, ist seriös nicht einzuschätzen. Dazu wird es jedoch in nächster Zeit ohne Frage, wie schon in der Vergangenheit, jede Menge Prognosen geben. Wer weiß? Rückblickend haben der Container und die um ihn herum entstandene Industrie immer wieder Überraschungen parat gehabt. Warten wir es ab!

Sollte eine solche Entwicklung tatsächlich ins Auge gefasst werden, dann wären zunächst ökonomische Überlegungen sowie Fragen des Betriebes, wie etwa Anforderungen an den Service und die Geschwindigkeit sowie der erforderlichen Hafeninfrastruktur, erneut auf den Prüfstand zu stellen und gründlich zu durchdenken. Nur auf einer derartigen, sorgfältig erarbeiteten Grundlage ließe sich ein neuer Entwurf erarbeiten, der dann überleitet in die Konstruktion des Schiffskörpers und anderer technischer Maßnahmen, die dann möglicherweise nicht mehr den heutigen Parametern entsprechen.

GIGANTEN DER MEERE

Große Schiffe

brauchen große Häfen

Herausforderung Hafen

↑↓ So konnte es nicht weitergehen, die Kapazitätsgrenzen waren erreicht.

Die wichtigsten Schnittstellen in den interkontinentalen Container-Transportketten sind die Seehäfen, wobei die von ihnen ausgehenden Impulse bei der Etablierung dieses Transportsystems nicht hoch genug zu bewerten sind. Die Seehäfen, zumindest die großen oder ganz großen, hätten ohne diese genormten Boxen die über sie laufenden rapide zunehmenden Güterströme in den internationalen Verkehren nicht mehr bewältigen können, was inzwischen zu einer Binsenwahrheit geworden ist. Im Zuge des über wenige Jahrzehnte erlebten gigantischen Wachstums sowohl der Transportmengen als auch der Schiffsgrößen, die so niemand hatte erwarten können, mussten sie nicht nur die damit verbundenen enormen Herausforderungen »verkraften«, sondern sich gleichzeitig auf immer neue Sprünge einstellen, und das, ohne als Dienstleister irgendeinen Einfluss zu haben. Deshalb kommt den Seehäfen eine besondere Bedeutung zu, die zu würdigen ist. Gleichzeitig wird dabei noch einmal die gesamte Komplexität dieses Transportsystems deutlich.

Mit den sehr schnell zunehmenden Containerverkehren in immer mehr Relationen haben sich in gleichem Tempo sowohl die Strukturen als auch die Erscheinungsbilder der Häfen grundlegend geändert. Wo früher die Beobachter noch eine gewisse Romantik spüren konnten, geprägt von fremdartigen Gerüchen, von den typischen Geräuschen der Ladebäume und -winden sowie von den Rufen der mit den Umschlagarbeiten beschäftigten Menschen, so ist davon heute kaum noch etwas zu spüren. Zwar gibt es immer noch Motorenlärm und auch Hektik gehört unverändert dazu, aber die sind von anderer Art, weil Menschen kaum noch zu sehen sind und Beobachter von außerhalb aus Gründen der allgemeinen und ihrer eigenen Sicherheit nur eher selten die Gelegenheit haben, einigermaßen dicht an das Geschehen heranzukommen.

Heute wird die Szenerie vor allem geprägt von Containerbrücken, hochgeklappt oder im Betrieb, von emsigen Portalstaplern, hohen Stapel von Containern sowie langen Reihen von Lkw und Bahnwaggons, bis durch die Nacht hindurch eingetaucht in grelles Licht. Die Faszination geht nicht mehr von der so genannten großen weiten Welt aus, die ist heute bereits Normalität, sondern es ist die geballte Technik, das Zusammenspiel der einzelnen Elemente, die beeindrucken – auch aus der Ferne heraus betrachtet.

Die Seehäfen sind die entscheidende Nahtstelle in den immer stärker gebündelten Überseeverkehren. Von ihnen gehen die fächerförmig weiter in die Fläche gehenden

Fotos (3): Archiv HJW

Verteilerverkehre aus sowie gleichermaßen die, mit denen die Boxen aus eben dieser Fläche herangebracht werden. In den Seehäfen werden die Container sowohl für den Import als auch für den Export zunächst massenhaft gesammelt, und dieser Umstand bestimmt alle Anstrengungen, dem jeweiligen und dem zu erwartenden Aufkommen optimal zu entsprechen. Damit waren in der Vergangenheit und sind für die Zukunft Rieseninvestitionen verbunden. Sie müssen sich, je nach Lage, nicht nur in scharfem Wettbewerb amortisieren, sondern vor allem auch die Attraktivität des Standortes für die internationalen Verkehre erhalten oder sie sogar möglichst noch steigern.

Auch in den Häfen hatte man sich bereits in den frühen sechziger Jahren darüber Gedanken gemacht, ob und wie der Container die weitere Entwicklung beeinflussen würde. Das galt besonders für die europäische Seite des Nordatlantiks, wo die Verantwortlichen das gegenüber auf der US-Seite rasch wachsende Aufkommen dieser großen Kisten zunächst noch mit gemischten Gefühlen betrachteten. Dennoch wurden bereits 1964/1965 Stimmen laut, die da meinten, man müsse schon jetzt die Möglichkeiten eines ständig steigenden Containerverkehrs bei der Projektierung neuer Stückgutanlagen berücksichtigen. Nach einigem Zögern war es am Nordkontinent Bremen, wo der Containerkomplex sehr energisch und auf europäischer Seite durchaus bahnbrechend angegangen wurde.

Das Startsignal für den bald einsetzenden großen Aufschwung in Europa hatte die Reise des Sea-Land-Frachters

↓ Das war, den Umschlag von Containern betreffend, auch nicht das Wahre

↑ Ein Containerterminal sollte möglichst 24 Stunden am Tag arbeiten, wie hier im marokkanischen Tanger.

↓ In Hongkong müssen die Terminals mit sehr begrenztem Platz auskommen.

FAIRLAND gegeben, der im Mai 1966 als erstes Vollcontainerschiff mit 266 35-ft-Boxen von New York kommend in Rotterdam, Bremen und Grangemouth eingetroffen war. Damit war der Container nicht länger eine inneramerikanische Angelegenheit. Sein Export über den Nordatlantik war für die Amerikaner nur folgerichtig gewesen, und im alten Europa musste man halt zusehen, wie man mit diesen neuen Ideen fertig wurde. Improvisation war deshalb in dieser ersten Phase gefragt.

Sehr bald zeigte es sich jedoch, dass es keineswegs so bleiben konnte, denn die Anzahl der Container nahm ebenso rasch zu wie Forderungen, deren Umschlag professionell zu beschleunigen, was letztlich spezielle Technik erforderlich machte. Diese für viele Europäer sicher nicht einfach zu verkraftende Erkenntnis führte dennoch innerhalb kürzester Zeit zu dem Bau einer ganzen Reihe dafür konzipierter Terminals, von denen manche auf der »Grünen Wiese« entstanden, wie z.B. in Bremerhaven und wenig später in Hamburg.

In den Häfen war man sich weitgehend darüber im Klaren, dass ein Zögern in der Anfangszeit die Attraktivität des Platzes für die Linienverkehre möglicherweise auf längere Zeit beeinträchtigen würde, und einmal verlorene Verkehre wieder zurückzuholen, ist äußerst schwierig, besagt eine damals wie heute gültige Erkenntnis der Hafenwirtschaft. Insgesamt ließ sich in den Häfen eine unterschiedliche Investitionspolitik beobachten. Einige errichteten die erforderlichen Spezialanlagen erst dann, wenn eine Reederei in Aussicht stellte, den Platz mit einem Containerdienst anzulaufen, während andere in Erwartung des künftigen Bedarfs und als Angebot an die Reedereien zuerst die notwendigen Anlagen schufen. Letztere gingen dabei zwar ein größeres Risiko ein, zumal die Anlagen nicht gleich rentabel ausgelastet werden konnten, hatten aber auch die Chance, sich damit kurzfristig neue Containerverkehre sichern zu können, was vor allem in der anfänglichen außergewöhnlichen Expansionsphase sehr wertvoll war.

Obwohl gerade zu Beginn des Containerzeitalters besonders häufig die so genannte Ein-Hafen-Idee vertreten wurde, also die Bedienung nur eines Hafens auf jeder Seite des Fahrtgebietes, gelang es trotzdem allen größeren Linienhäfen, nach und nach mehrere Containerdienste auf sich zu ziehen. Jeder dieser Häfen verfügte über ein eigenes großes Hinterland und konnte mit ständig steigenden Umschlagzahlen aufwarten, wobei das Wachstum selbstverständlich unterschiedlich war. Bald wurden Ranglisten aufgestellt, in denen die Häfen um die besten Plätze konkurrierten. Die »Ein-Hafen-Idee«, obwohl theoretisch die Idealkonstruktion für einen Containerdienst, setzte sich jedoch nicht durch, wurde in Diskussionen aber immer mal wieder ins Gespräch gebracht.

Den Reedereien blieb also somit die Freiheit erhalten, unter mehreren Häfen denjenigen auszusuchen, der ihren Anforderungen am ehesten entsprach, oder innerhalb einer

Range festzulegen, in welcher Reihenfolge die betreffenden Häfen bedient werden sollten. Einkommend hat natürlich der erste Löschhafen einen gewissen Vorteil, ausgehend ist es der letzte Ladehafen. Grundsätzlich waren und sind dabei folgende Kriterien wichtig:

- Anlauf- und Abfertigungskosten pro Tonne oder Container;
- Marketinggesichtspunkte im Verhältnis zwischen Reeder und verladender Wirtschaft;
- Lage des Hafens zur See und seine Verbindungen zum Hinterland;
- technische und organisatorische Strukturen des Hafens.

Dazu ist anzumerken, dass die Häfen von Beginn an mit ihren Investitionen bzw. Investitionsplanungen den Anforderungen der Schiffe folgen oder bestrebt sind, bei den sich abzeichnenden Anforderungen möglichst der Konkurrenz voraus zu sein. Allein die Schiffe bestimmen den Umfang und die Technik des Umschlags nebst der dazugehörigen sonstigen Anlagen, und das analog zu den wachsenden Schiffsgrößen mit zunehmender Tendenz. Das alles hat zu Anfang stattliche Millionenbeträge verschlungen, und der finanzielle Einsatz, um »am Ball« zu bleiben, hat bis heute nicht nachgelassen, sondern der Druck ist eher noch höher geworden. Die Mega-Carrier, die Super-Boxer von heute mit Stellplatzkapazitäten von 12 000 TEU und mehr müssen bedient werden, und wollen die Häfen, die dazu noch in der Lage sind, gegenüber der Konkurrenz nicht ins Hintertreffen geraten, müssen sie einfach die adäquaten Voraussetzungen dafür bieten. Und das kostet, nicht etwa allein für neues, entsprechend den Schiffsgrößen gigantisch dimensioniertes Umschlag- und Flurfördergerät, sondern es geht auch in immer höherem Maße um Wassertiefen sowie die verfügbaren Hinterlandanbindungen sowohl land- als auch wasserseitig.

Die Produktivität der einzelnen Häfen hängt von ihrer Fähigkeit ab, die vorhandenen menschlichen und sachlichen Kapazitäten optimal einzusetzen. Reine Umschlagzahlen sind dafür nicht unbedingt aussagekräftig, eher schon technische Kennzahlen, wie die zur Verfügung stehende Fläche pro Liegeplatz oder pro Containerbrücke, Kaimeter pro Kran usw. Mit einbezogen in eine Bewertung muss auch die personelle Leistungsfähigkeit am Platz, was sich dann insgesamt ausdrückt in der Anzahl der umgeschlagenen Container pro Stunde, pro Schicht, pro Kaimeter bzw. Quadratmeter Stellfläche, Umschlag pro Brücke pro Stunde oder Umschlag pro Schiff und Liegeplatz. Alle diese technischen Kennzahlen können einerseits zwar hohe und höchste Werte erreichen, diese lassen sich jedoch andererseits aber durch zusätzliche Einflüsse rasch wieder relativieren, etwa durch die Streikfreudigkeit bzw. Streikbereitschaft der Hafenmitarbeiter.

Generell kann davon ausgegangen werden, dass die Produktivität in den Hauptcontainerhäfen der Welt annähernd gleich ist, zumindest, was die technische Seite betrifft. Das bedeutet, dass die Häfen fast nur noch auf der Serviceseite eigenes Profil zeigen können, und der Service beweist sich in der Qualität und dem Grad der Dienstleistungstiefe an der Ware sowie bei der Transportleistung. Bei der Transportleistung ist zwischen dem landseitigen sowie dem seeseitigen Vor- und Nachlauf zu unterscheiden.

Es ist in diesem Zusammenhang sicher einmal ganz interessant zu erfahren, wie sich Reedereien den ihrer Ansicht nach idealen Containerterminal vorstellen, wobei gleich einschränkend hinzugefügt werden soll, dass es viele Reedereien gibt mit ebenso vielen individuellen Wünschen. Dieses einmal außer Acht gelassen, lassen sich die Terminalnutzer grob in zwei Gruppen unterteilen: eine, sie beschränkt sich mehr oder weniger auf die ganz großen, ohne aber auch dort alle einzuschließen, wünscht in den Häfen eigene Terminals, so genannte »dedicated terminals«, die auf ihre Bedürfnisse zugeschnitten sind und die in den meisten Fällen von ihnen auch betrieben oder zumindest mit betrieben werden. Mehrere große Carrier, darunter Maersk-Line, Hanjin, NYK, Cosco und Orient Overseas Container Line (OOCL), haben in diese Richtung diversifiziert. Allerdings sind nicht alle Häfen auf diese Wünsche eingegangen.

Die andere Gruppe von Reedereien, es ist die größere, lehnt ein solches Engagement ab. Sie will den Wettbewerb

↓ Die Reederei Maersk hat sich in Bremerhaven, wie auch in anderen Häfen, durch eine Terminalbeteiligung Vorrechte gesichert.

Foto: BLG Logistics

nutzen, um sich dadurch die Möglichkeit zu erhalten, Druck auf die Kostenseite ausüben zu können. Ihre wesentlichen Vorstellungen gehen in diese Richtung. In entscheidenden Punkten sind beide Gruppen aber deckungsgleich, nämlich dass

- der Terminal idealerweise dort liegt, wo die Ladung produziert oder benötigt wird. Das kommt auch den Wünschen der Verladerschaft entgegen, die möglichst kurze, effiziente, kostengünstige und sichere Transporte ihrer Ex- und/oder Importgüter wünscht.
- Der Terminal muss in ausreichendem Umfang Liegeplatzkapazitäten und die erforderlichen Anlagen für einen effizienten Umschlag vorhalten. Wichtig sind dabei vor allem ausreichende Stellflächen für Container, Wartungs- und Reparatureinrichtungen sowie auch Schwimmkranverfügbarkeit für das Handling von Schwerstücken.
- Aus nautischer Sicht sind Verkehrs-, Liegeplatz- und Tiefgangssicherheit die wichtigsten Forderungen. Aber auch kommerziell sind dies wichtige Aspekte. Eine ausreichende Wassertiefe ist für die Abfertigung der Schiffe ausschlaggebend, um uneingeschränkt den Fahrplananforderungen der Reedereien zu genügen. Deshalb müssen sich die Häfen auch bei den Wassertiefen zeitgerecht den immer größer gewordenen Schiffen anpassen, da ansonsten die »Mega-Carrier« auf alternative Plätze ausweichen oder einen nicht bedarfsgerechten Hafen ganz aussparen. Kann ein großer Hafen von voll beladenen Schiffen nicht mehr sicher zu jeder Zeit angelaufen werden, entfällt für ihn ohnehin das zugkräftige Argument »erster Löschhafen« für die aus Übersee ankommenden Schiffe oder »letzter Ladehafen« für die ausgehenden.
- Wichtig ist die Erfüllung der garantierten Abfertigungsleistung.
- Der Terminal muss möglichst 24 Stunden am Tag und sieben Tage in der Woche mit der erforderlichen Leistung zur Verfügung stehen.
- Durch die Möglichkeit, dass bestimmte Reedereien »dedicated terminals« nutzen können, darf es nicht zu einer »Zwei-Klassen-Gesellschaft« der Terminalnutzer kommen.
- Es werden hohe Anforderungen an ein dichtes Feedernetz gestellt.

Insgesamt gesehen wird die Lage für die Containerhäfen nicht einfacher, denn das Bestreben, durch immer neue Erweiterungs- und Rationalisierungsinvestitionen auf der stetigen, jahrelang angehaltenen Wachstumswelle mithalten zu wollen und zu können, hat Kostenstrukturen geschaffen, für die ein signifikanter Rückgang des Umschlagvolumens katastrophale Folgen haben würde. Ein Vorgeschmack dessen, was passieren kann, wenn eine solche Situation länger andauert, beschert aktuell die 2008 ausgebrochene Finanz- und Wirtschaftskrise.

→ Wichtig ist die Erreichbarkeit des Hafens zu jeder Zeit.

Foto: BLG Logistics

HERAUSFORDERUNG HAFEN 127

↑ Übersee- und Feederverkehre müssen sich ergänzen.

Foto: Einar Maschmann

Hinterland- und Feederverkehre

Für den wirtschaftlichen Erfolg großer Häfen ist nicht nur die Infrastruktur am Standort selbst entscheidend, sondern mindestens ebenso wichtig sind die Seehafen-Hinterlandverkehre auf Straße und Schiene sowie die Feederdienste, also diejenigen Verbindungen, mit denen auf der Wasserseite der Zu- und Ablauf der Boxen zu und von den Haupthäfen organisiert wird. Ein ganz schlichter Spruch lautet dann auch treffend, dass ein Containerhafen nur so attraktiv ist wie seine Hinterlandverbindungen. Für den Kunden ist es schließlich mehr oder weniger uninteressant, ob sein Container mit einem großen oder kleinen Schiff transportiert wird oder ob für den Umschlag die modernsten Techniken eingesetzt werden. Der Kunde interessiert sich nur dafür, ob der Transport von Haus zu Haus zeit- und vor allem kostengerecht erfolgt. Das erfordert bei den immer größeren Mengen, die von den immer größeren Schiffen pro Hafenanlauf umgeschlagen werden, eine immer ausgefeiltere Hinterlandlogistik, die für einen reibungslosen, zuverlässigen Zu- und Ablauf sorgt. Der ist auch deshalb notwenig und daran soll noch einmal erinnert werden, dass die Unternehmen ihre zuvor als Puffer üblichen Lagerbestände weitgehend abgebaut haben und dadurch von einem stetig florierenden Zu- und Ablauf der Güter bzw. Materialien abhängig geworden sind.

Um eine Vorstellung davon zu bekommen, von welchen Größenordnungen ausgegangen werden muss, nur wenige Zahlen: Bei einem Umschlag von neun bis zehn Mio. TEU

↑ Rangierbahnhof Hamburg Waltershof – die Direktanbindung an die Containerterminals

pro Jahr, wie er in Hamburg vor der Krise erreicht worden war, müssen täglich mehr als 25 000 TEU einkommen und ausgehend bewegt werden. Das entspricht, hintereinander gereiht, immerhin einer Strecke von über 150 Kilometern, um das einmal auf dieser Weise zu verdeutlichen.

Während Lkw die Beförderung der Boxen über kürzere Strecken durchführen, wobei das wachsende Verkehrsaufkommen auf den ohnehin stark belasteten Straßen immer wieder beklagt wird, übernimmt die Bahn den Transport über lange Strecken, meistens mit Container-Ganzzügen. In Hamburg, um beim größten deutschen Seehafen zu bleiben, waren es vor der Krise bis zu 200 täglich. Und auch auf der Schiene geht es ins Gigantische. So hat die Deutsche Bahn (DB) Anfang Dezember 2008 gemeinsam mit einem niederländischen Partner zwischen Oberhausen und Rotterdam erstmals Güterzüge von 1000 Metern Länge auf die Strecke geschickt. So soll die Produktivität gesteigert werden, um auf den prognostizierten Anstieg der Transportleistungen nach dem Ende der gegenwärtigen Krise vorbereitet zu sein.

Auch was die Zahl der Feederschiffe weltweit betrifft, kann nur das Attribut »gigantisch« verwendet werden. Gleiches gilt für die Netzwerke, die mit ihnen betrieben bzw. die von ihnen bedient werden. Ohne sie hätte es die rasante Größenentwicklung hin zu den Mega-Boxern mit deren Konzentration auf wenige große Häfen nicht geben können, denn sie stellen die notwendige seeseitige Verteilung eines ganz großen Teils der Boxen in die Fläche und den Zulauf aus der Fläche sicher. Allein mit Landtransportmitteln wäre dies unmöglich zu schaffen. Es wird geschätzt, dass rein rechnerisch für jedes der großen Schiffe in den Überseeverkehren mindestens etwa vier bis sechs adäquate Feederschiffe notwendig sind.

Der schon jetzt hohe Anteil der Zubringerverkehre am Umschlag in den Containerhäfen, er liegt je nach Standort bei etwa einem Viertel, dürfte mit dem Zulauf der großen Zahl neuer Super-Carrier noch deutlich zunehmen, was allerdings längst nicht allen Verladern passt. Nicht wenige bevorzugen nämlich direkte Dienste von bzw. nach Häfen, die so nah wie möglich beim Versender oder Empfänger liegen, Häfen in unmittelbarer Nähe der Produktionsstätten. Je weniger Umladungen es gibt, desto sicherer erscheinen ihnen die Transporte, nicht zuletzt, was den Empfang betrifft. In Spitzenzeiten kann es nämlich durchaus passieren, dass Container zunächst im großen Umladehafen liegen bleiben, weil die Anschlussabfahrt verpasst wurde oder aber kein Platz an Bord mehr vorhanden ist. Dann muss auf das nächste Schiff gewartet werden, was trotz hoher Abfahrtsdichte immer ärgerlich ist und durchaus Bedarfsplanungen in Schwierigkeiten bringen kann.

Auch im Bereich der Feederschiffe hat es, wie in den Überseeverkehren, eine rasante Größenentwicklung gegeben. Stellplatzkapazitäten von 2000 TEU oder auch schon deutlich darüber sind längst keine Seltenheit mehr. Eine weitere Steigerung ist keinesfalls auszuschließen. Wesentliche Gründe dafür sind, wie bereits erwähnt, dass die Mega-Carrier und mehr noch die jetzt zulaufende noch größere Generation wegen ihres zu großen Tiefgangs bekanntlich viele Plätze nicht mehr bedienen können bzw. Reedereien aus wirtschaftlichen Erwägungen für etliche ihrer Dienste die Zahl der bedienten Häfen verringern. Es fallen also in den Haupthäfen erheblich größere zu feedernde Containermengen an, die noch dazu in wachsendem Umfang über immer längere Seestrecken zu transportieren sind. Das gilt insbesondere für den im Laufe der vergangenen zehn bis fünfzehn Jahre explosionsartig gewachsenen innerasiatischen Markt. Es ist auch nicht auszuschließen, dass, wenn die gegenwärtige Krise überwunden ist, nicht nur nach größeren, sondern auch nach schnelleren Schiffen verlangt wird. Dabei wird allerdings auch die weitere Entwicklung der Brennstoffpreise eine Rolle spielen.

Aber nicht nur die weltweit stark beachtete Boomregion Fernost/Südostasien spielt bei dem Bau von »Feeder-Giganten« eine Rolle, ähnliches gilt auch für die Ostsee, wo die wachsenden Volkswirtschaften der Anrainerstaaten größere Containerschiffe für eine effizientere Transportabwicklung erwarten. Die Hamburger Sietas-Werft hat dafür unter Berücksichtigung der Grenzen, die der Nordostsee-Kanal setzt, einen »Baltic-Max«-Typ entwickelt, der es bei 168,00 Metern Länge, 26,80 Metern Breite und voll abgeladen 9,61 Metern Tiefgang auf eine Stellplatzkapazität von 1400 TEU bringt. Als erstes Schiff dieses neuen Typs ist im August 2008 die HEINRICH EHLER abgeliefert worden.

Eine weitere wichtige Feederfunktion übernimmt die Binnenschifffahrt, die nach anfänglich zögerlichem Start heute bereits ebenfalls auch mit großen Spezialschiffen auf den Binnenwasserwegen die Boxen umweltfreundlich bis weit ins Binnenland befördert oder von dort heranholt. Nach weitgehend übereinstimmender Meinung von Transportfachleuten ist das hier vorhandene Potenzial trotz Unterstützung seitens der Europäischen Union noch längst nicht ausgeschöpft, denn die sich in diesem Bereich bietenden Möglichkeiten zu nutzen, verlangt von einer immer noch großen Zahl der Beteiligten mehr Bereitschaft und Mut zum Umdenken.

Aber es geht langsam voran, wie ein Beispiel aus dem Bereich des Hamburger Hafens zeigt. Anfang August 2009 wurden erstmals Container aus Berlin von einem Binnenschiff der neuen Elbe-Spree-Linie im Hafen der Hansestadt gelöscht. Der damit eröffnete Liniendienst verkehrt wöchentlich zwischen dem City-GVZ Berlin Westhafen und den Hamburger Containerterminals. Die Transportkapazität des zunächst eingesetzten Binnenschiffes MS SHIR KHAN beträgt 54 TEU, womit pro Woche in jeder Richtung etwa 50 Lkw-Fahrten ersetzt werden können.

Im Rahmen des Verkehrsprojektes Deutsche Einheit 17 wurde die Wasserstraßenanbindung Berlins ausgebaut und ermöglicht jetzt einen wirtschaftlichen Transport per Binnenschiff von der Spree über den Havelkanal, den Elbe-Havel-Kanal, den Mittellandkanal und den Elbe-Seitenkanal nach Hamburg. Auch die Mittelelbe kann genutzt werden, wenn es der Wasserstand zulässt.

↓ Lkw erledigen die Zubringer- und Verteilertransporte über kürzere Stecken.

Wenn auch nicht mit großen Zuwachsraten, so wird der Containerverkehr des Hamburger Hafens im Zu- und Ablauf dennoch immer häufiger umweltfreundlich auch per Binnenschiff abgewickelt. Eine weitere positive Entwicklung in diese Richtung wäre zu begrüßen, denn wie in einer Planco-Studie 2007 festgestellt wurde, schneidet das Binnenschiff in den Punkten Energieverbrauch, Schadstoffemissionen, Verkehrssicherheit und Lärm durchweg besser ab als Bahn und Lkw. Die Anzahl der auf diesem Wege beförderten Container im Hinterlandverkehr des Hamburger Hafens ist 2008 immerhin schon um 29 Prozent auf 119 000 TEU gestiegen. Mittlerweile verbinden 16 wöchentliche Abfahrten von Container-Liniendiensten Hamburg mit Binnenhäfen in Nord- und Ostdeutschland. Selbst bei den Transporten innerhalb des Hafengebietes werden zunehmend Container per Binnenschiff zwischen den verschiedenen Terminals transportiert.

Der mit Abstand größte deutsche Seehafen ist damit gleichzeitig der drittgrößte deutsche Binnenhafen. Der größte deutsche Containerumschlagplatz im Binnenland, und dem Vernehmen nach sogar der größte weltweit, ist Duisburg. Dort gingen 2008 1 006 000 TEU über die Kaikanten, was einer Steigerung um zwölf Prozent gegenüber dem Vorjahr entspricht.

↓ Die umweltfreundlichen Binnenschiffskapazitäten müssen mehr genutzt werden.

132 GIGANTEN DER MEERE

↑ MS HANSE VISION, eines der typischen Feederschiffe, mit denen die Kurzstreckenverkehre abgedeckt werden. Länge 141,6 Meter, Tragfähigkeit 9604 tdw, Platz für 809 TEU

← Lkw sind für die Verteilung bzw. Zufuhr der Container über kürzere Strecken unverzichtbar.

↑ Mit Zügen von 1000 Metern Länge will die Deutsche Bahn den Zu- und Ablauf auf der Schiene optimieren.

HINTERLAND- UND FEEDERVERKEHRE 133

↑ Ein Koppelverband mit Containern auf dem Main bei Erlenbach auf der Fahrt von der Donau zum Rhein.

↑ Auch für die Containerumfuhr im Hafen werden häufig Binnenschiffe oder Leichter eingesetzt. Hier Umschlag am O'Swaldkai in Hamburg.

↑ Feederverkehre können woanders auch ganz anders funktionieren.

Alle Häfen müssen sich anpassen

Die besten Standorte für Containerterminals haben sich, weltweit gesehen, bereits die großen Hafenbetreiber-Konzerne gesichert, und sie sind dabei, ihre Engagements zielgerichtet weiter auszubauen. Während es zu Anfang Großunternehmen wie Hutchison aus Hongkong oder PSA Port of Singapore waren, sind inzwischen weitere »Global Player«, wie es heute so schön heißt, hinzugekommen. Ohne Anspruch auf Vollständigkeit können dafür genannt werden die zur dänischen Möller-Maersk-Gruppe gehörende APM Terminals, die von Dubai aus sehr erfolgreich agierende DB World, die in Manila ansässige International Container Services Inc. (ICSI) und die chinesische Cosco Pacific. Sie alle, und das ist durchaus bemerkenswert, investieren trotz der gegenwärtigen Krise mit hoher Intensität weiter, um für die Zeit danach gut oder besser vorbereitet zu sein. Das wird sich als Vertrauen in die Zukunft mit Sicherheit auszahlen.

Und investiert wird nicht nur an den Hauptplätzen, sondern mit Blick auf die künftig zu erwartende Entwicklung auch an Standorten, die heute noch als eher abgelegen bezeichnet werden. So baut beispielsweise DP World großzügig seinen Doraleh-Terminal in Djibouti aus. Der Terminal hat eine Umschlagkapazität von 1,2 Mio. TEU p.a. und kann an seinem 1050 Meter langen Kai mit 18 Meter Wassertiefe problemlos selbst die größten Containerschiffe abfertigen. Über das strategisch günstig am Horn von Afrika gelegene Djibouti hofft DP World irgendwann einmal das weite ostafrikanische Hinterland bedienen zu können.

Wie es den Anschein hat, bereiten sich vor allem die Häfen in Asien mit unverändert großem Engagement auf das künftige Wachstum vor und nutzen die gegenwärtige krisenhafte Situation als schöpferische Atempause. Ein Vorteil in diesen Ländern ist, ohne dass dies nun in jeder Hinsicht nachahmenswert wäre, dass notwendige Infrastrukturprojekte wesentlich schneller umgesetzt werden können, als etwa auf der europäischen oder auch nordamerikanischen Seite. Dort zieht sich das vorgeschaltete gesetzgeberische Verfahren oft über Jahre hin, bevor überhaupt mit dem ersten Spatenstich oder Baggeraushub begonnen werden kann. Deutschland dürfte dabei Weltmeister sein. Die seit Jahren geplanten, dringend erforderlichen Vertiefungen der Zufahrten auf der Elbe nach Hamburg und auf der Außenweser nach Bremerhaven sowie der immer wieder verzögerte Baubeginn des Tiefwasserhafens Wilhelmshaven, um nicht die Nachtruhe irgendwelcher Vögel zu stören, legen Zeugnis davon ab. Wie stöhnte doch ein Betroffener: »Ein Schiff zu bauen dauert zehn Monate, einen Terminal zu bauen zehn Jahre.« Damit ist das Dilemma auf den Punkt gebracht, wobei sich zehn Jahre durchaus auch noch als Wunschvorstellung erweisen können.

Die alles bewegende Frage ist, wie könnten nun die Containerhäfen der Zukunft aussehen, wobei es hier nur um die Großhäfen gehen soll. Sicher ist, dass sie die heutigen Dimensionen sprengen werden, weil sie Verkehrsströme auffangen müssen, die, immer mehr gebündelt, die heutigen bei weitem übertreffen. Die Mega-Boxer sind da und die Krise wird nicht ewig dauern. Verbunden mit der Schaffung derartiger Häfen und Terminals sind ein ebenso ins Riesige wachsender Kapitalbedarf wie auch ein ebensolcher gewaltiger Flächenbedarf, der sich an manchen Plätzen wahrscheinlich nur noch schwer decken lässt.

Der gnadenlose Wettbewerb der großen Containerhäfen untereinander wird anhalten, gerade mit Blick auf die neue Generation der Mega-Boxer. Die Häfen sind einem enormen Druck ausgesetzt, um mithalten zu können. Einerseits geht es darum, Kosten zu reduzieren, andererseits wachsen die Investitionszwänge, um den neuen Großschiffen die erforderlichen Anlagen bieten zu können. Dieses alles miteinander zu vereinen, ist sicher keine einfache Aufgabe.

Wichtig ist mit Blick auf die gewachsenen Schiffsgrößen zuvorderst die Erreichbarkeit der Häfen, wobei noch anzumerken ist, dass nicht allein die Tiefen des Fahrwassers und am Terminal genügen müssen, sondern häufig wird dabei übersehen, dass im Hafen auch ein Wendebecken zur Verfügung stehen muss, damit die Großschiffe ihn in Vorausfahrt wieder verlassen können. Die diesbezüglichen Anstrengungen um die EMMA MAERSK in Bremerhaven sind bereits erwähnt worden. Ähnlich gestaltete sich das Geschehen in Hamburg mit dem Anlaufen der 372 Meter langen MARIT

↓ Containerstapel in Dublin

↑ Der Erstanlauf der MONTE SARMIENTO in Buenos Aires. Weder für den Hafen noch für das Schiff war es einfach.

MAERSK, die nur nach sorgfältigster Vorbereitung in dem vorhandenen 460 Meter messenden Wendebecken gedreht werden konnte. Es soll nun auf 600 Meter erweitert werden. Man darf gespannt sein, welche Vorbehalte sich von außerhalb auch gegen dieses Projekt ergeben werden.

Aber es geht nicht nur allein um die bekannten Großhäfen. Auch andere, außerhalb der besonders ladungsträchtigen Ost-West-Verkehre gelegene durchaus attraktive Plätze müssen sich auf die größeren Schiffe einstellen. Dass dies nicht unbedingt problemlos zu schaffen ist, lässt sich anschaulich am Beispiel Buenos Aires demonstrieren. Dort sollte am 22. August 2005 die MONTE SARMIENTO der Hamburg Süd als erstes Schiff einer neuen 5552-TEU-Klasse der Reederei am Exolgan-Terminal in Buenos Aires festmachen. Mit seinen 272 Metern Länge, 40 Metern Breite und einem Tiefgang von 12,50 Metern war die MONTE SARMIENTO das größte Containerschiff, das bis dahin im Hafen der argentinischen Hauptstadt erwartet wurde. Um dem Schiff eine sichere Zufahrt zu gewährleisten, waren zuvor bestimmte Voraussetzungen zu erfüllen. Dazu gehörten die Vertiefung der Fahrrinne des Rio de la Plata an einigen Stellen, die Versetzung einer Kaimauer gegenüber dem Exolgan-Liegeplatz und die Verbreiterung des Hafenbeckens von 90 auf 130 Meter. Die insgesamt rund 200 Kilometer lange Lotsen-Passage von Montevideo den Rio de la Plata hinauf bis zum Terminal legte die MONTE SARMIENTO dann in etwa zehn Stunden zurück. Dreizehn Kilometer vor dem Hafen musste der »Canal Sud« beim Einlaufen und später auch wieder beim Auslaufen für den gesamten übrigen Verkehr gesperrt werden. Die ausgebaggerte Fahrrinne war von da an nur etwa 45 Meter breit und bot damit einem Schiff von der Größe der MONTE SARMIENTO mit ihren 40 Metern Breite nur wenig Platz für wenigstens ein Minimum an Sicherheits- und Manövrierabstand. Auf den letzten fünf Kilometern bis zum Hafen nahmen Schlepper das Containerschiff auf den Haken. Kurz vor dessen Erreichen war noch ein weiterer neuralgischer Punkt zu passieren. In

↑ MS BELUGA EMOTION beim Seetransport von Gantry-Kränen

→ Übernahme von Gantry-Kränen mit bordeigenem Ladegeschirr

etwa 56 Metern Höhe querte dort die Hochspannungsleitung eines Kraftwerkes das Fahrwasser. Da offizielle Höhenangaben fehlten, hatte die Reederei vorher eine Spezialfirma damit beauftragt, durch entsprechende Messungen festzustellen, ob die MONTE SARMIENTO mit ausreichendem Sicherheitsabstand darunter hindurch fahren konnte. Es reichte. Wenig später wurde das Schiff im Wendebecken von den Schleppern vorsichtig gedreht und rückwärts an einen der vier Liegeplätze bugsiert. Inzwischen soll sich die Situation in Buenos Aires aber so verbessert haben, dass auch große Schiffe wie die MONTE SARMIENTO problemlos den Hafen erreichen können.

Die Situation in vielen anderen Häfen des Halbkontinents ist dagegen weiterhin unbefriedigend. Ausbaumaßnahmen mit Blick auf die fast sichere Erwartung noch größerer Containerschiffe kommen nur schleppend voran, teilweise auch geschuldet durch die gegenwärtige allgemeine Krise. In

Santos beispielsweise, dem größten brasilianischen Hafen, ist die Vertiefung der Fahrrinne auf 15 Meter erst »in den nächsten Jahren« geplant, was auch immer das in Südamerika heißen mag. Wegen der Finanz- und Wirtschaftskrise hat sich jedoch auch in den Ländern Südamerikas das Wirtschaftswachstum verlangsamt, sodass es um die Auslastung der viel zu früh kommenden Großtonnage vorerst noch ziemlich ungünstig aussehen wird, um eine ganz vorsichtige Formulierung zu wählen. Eine solche Situation führt immer auch zu hohem Druck auf die Frachtraten, die aber ohnehin schon seit Herbst 2008 drastisch gesunken sind. Es wird erwartet, dass dieser Abwärtstrend noch mindestens bis 2011 anhält.

Geschwindigkeit, Sicherheit und Kosteneffizienz haben als Schlüsselfaktoren höchste Priorität, denn Qualität und Effizienz der Containerhäfen tragen ganz entscheidend zum reibungslosen Ablauf der Lieferketten bei. Aber wie kann die Leistungsfähigkeit dieser Häfen gemessen werden? Im Rahmen eines Gemeinschaftsprojekts haben dafür das Global Institute of Logistics, der Germanische Lloyd sowie weitere Experten für internationale Containerlogistik einen Standard zur Bewertung der Effektivität von Containerterminals entwickelt und 2008 vorgestellt. Dieser neue »Container Terminal Quality Indicator (CTQI)« basiert aus einem System zur Messung der Leistungsfähigkeit von Containerterminals innerhalb der Lieferkette.

Um sich für ein CTQI-Audit zu qualifizieren, muss zunächst ein Managementsystem eingeführt werden, das kontinuierliche Verbesserungen anstrebt. Weiter werden Leistungsindikatoren, sowohl interne als auch externe Faktoren, mit Hilfe eines Zertifizierungsschemas bestimmt. Auditoren überprüfen anschließend die Leistungsfähigkeit des Terminals. Dabei stehen Kriterien, wie die Ausrüstung mit Kränen und deren Leistungsfähigkeit sowie die Effizienz bei der Be- und Entladung der Schiffe, auf dem Prüfstand. Das Audit umfasst darüber hinaus auch organisatorische Aspekte, wie zum Beispiel Betriebszeiten der Road Gates, Kommunikation und Planungskompetenz, leistungsfähige Verbindungen zum Hinterland sowie zum Kanal- und Flusssystem.

Die detaillierte Bewertung bietet letztlich Raum für einen fachlichen Austausch zwischen Hafenbetreibern, Versendern, Ladungseigentümern, Hafenbehörden, Reedereien und anderen Interessengruppen. Allerdings entscheiden die Containerhäfen selbst, inwieweit diese Informationen ausgetauscht werden können. Alle untersuchten Daten und Bezugswerte werden ausschließlich in einem vertraulichen Anhang des Zertifikats ausgewiesen.

↑ CT4 in Bremerhaven, die Nordspitze der längsten Containerkaje der Welt.

Wie wichtig das alles ist, besonders als Kalkulations- und Entscheidungsgrundlage für die Reedereien, das zeigt ein Blick auf die Kosten, die insgesamt für einen Containerschiffsanlauf entstehen können, obwohl kaum ein Reeder oder Terminalbetreiber offizielle Zahlen darüber herausgeben wird. Die Terminal Charges, also die Nutzung des Terminals und seiner Umschlageinrichtungen, werden nach Moves/Containerbewegungen berechnet, unabhängig von Containergröße oder Gewicht. Dabei sind die Kosten für das wasserseitige Laden und Löschen höher als auf der Landseite, bei Bahn und Lkw. Das Laden und Löschen ist für Großschiffe teurer als für Feederschiffe. Je nach Reedereikunde variieren darüber hinaus mengenbezogen die Preise. Als Faustregel kann gelten, dass ein Großcontainerschiff pro Anlauf eines Hafens rund 50 000 USD für Schlepper, Lotsen

138　GIGANTEN DER MEERE

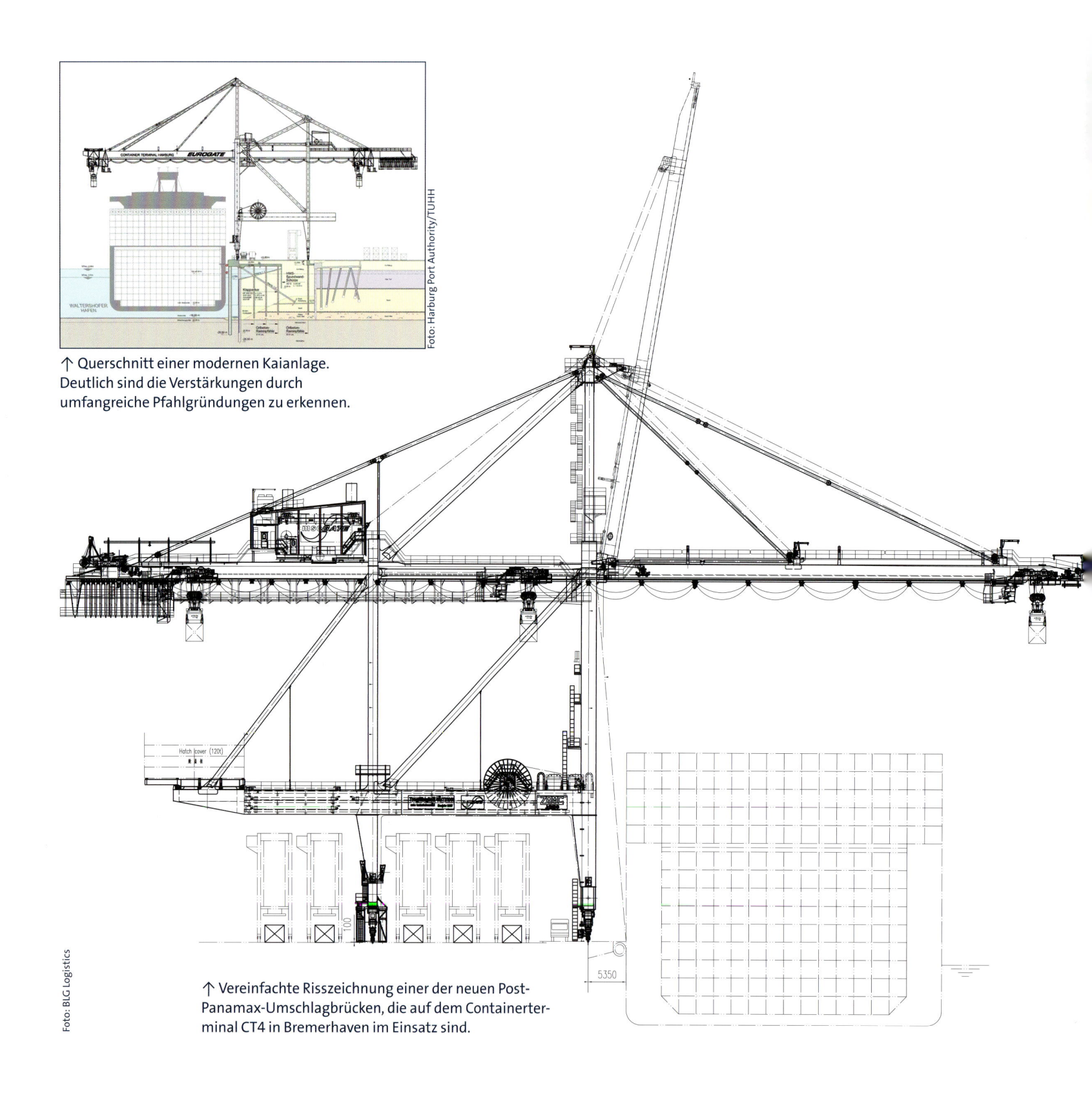

↑ Querschnitt einer modernen Kaianlage. Deutlich sind die Verstärkungen durch umfangreiche Pfahlgründungen zu erkennen.

Foto: Harburg Port Authority/TUHH

↑ Vereinfachte Risszeichnung einer der neuen Post-Panamax-Umschlagbrücken, die auf dem Containerterminal CT4 in Bremerhaven im Einsatz sind.

Foto: BLG Logistics

↑ Super-Postpanamax-Containerbrücken für den Terminal in Bremerhaven – auf dem Seeweg weitgehend vormontiert direkt aus China geliefert

und Festmacher zahlen muss. Dazu kommen die Kosten für Laden und Löschen, Lagern und Weiterverladen. Bei einem Großcontainerschiff mit rund 5000 Moves summiert sich das auf rund 850 000 USD. Wenn als Steigerung nun für einen Anlauf eines Mega-Boxers von einer Million USD ausgegangen wird, dann liegt man sicher nicht ganz falsch. Dabei gibt es in den Nordseehäfen bei den jeweiligen Einzelposten ein paar Unterschiede, wobei die Länge der Revierfahrt beispielsweise eine Rolle spielen kann, in der Gesamtsumme bleibt aber alles mehr oder weniger auf einem Level. Dabei kann es natürlich in der jetzigen Krise möglicherweise zu einigen besonderen Zugeständnissen kommen.

Die Schiffe sind immer größer geworden, ebenso die Terminals und die dort eingesetzten Umschlagbrücken. Das stellt nicht zuletzt auch die Hafenbauer vor wachsende Herausforderungen und gilt besonders für die unmittelbaren Kaistrecken am Wasser, die so genannten Kaikanten, denn viele andere Arbeiten können weiter im Hinterland erledigt werden, nur die Abfertigung der Schiffe nicht. Deshalb müssen die Kaimauern, sowohl die vorhandenen als auch natürlich die neuen, immer weiter verstärkt und immer tiefer gegründet werden, weil gerade dort die auftretenden Belastungen besonders zahlreich und vielfältig sind (siehe Querschnitt Seite 138 oben):

- Zuvorderst muss der so genannte Geländesprung genannt werden. Das ist der Abstand von der Kaikante bis zum Hafengrund. Er hat sich im Laufe der Zeit enorm vergrößert und kann heute nach Angaben von Prof. Jürgen Grabe, Leiter des Instituts für Geotechnik und Baubetrieb an der Technischen Universität Hamburg-Harburg (TUHH), bis zu etwa 30 Meter betragen. Das entspricht, um eine plastische Größenvorstellung zu vermitteln, etwa der Höhe eines zehnstöckigen Hauses. Zum Vergleich: 1863 hat der Geländesprung erst bei zehn Metern gelegen.
- Die Containerkräne erzeugen bei jeder Überfahrt dynamische Lasten, die aufgefangen werden müssen.
- Pollerzüge und -stöße der an- und ablegenden Schiffe belasten die Anlage.
- Infolge der starken Strömungen aus den Bugstrahlrudern kann es zu einer Schwächung des Auflagers der Kaianlage sowie zu einer Kolkbildung vor und unter der Kaimauer kommen. Deshalb muss sichergestellt sein, dass dieses durch entsprechende Baumaßnahmen verhindert wird.
- Schon beim Bau der Anlage gibt es herstellbedingte Beanspruchungen aus den verschiedenen Bauprozessen, da zum Beispiel zahlreiche sich auch kreuzende Pfähle in engem Raster eingerammt werden müssen.

Weitere Herausforderungen ergeben sich auch für die Schiffbauer und die Containerbrücken-Konstrukteure. So muss die Manövrierfähigkeit der immer größer gewordenen Schiffe im meistens engen Fahrwasser sichergestellt werden, um zu vermeiden, dass eine Grundberührung des Schiffes zu einer Havarie und somit zu möglicherweise großen ökologischen und ökonomischen Schäden führt. Mit Blick auf die Containerbrücken muss zudem sichergestellt werden, dass keine großen Lastschwingungen den Umschlagbetrieb erschweren.

Gerade diese mit den Schiffsgrößen gewachsenen und ebenfalls gewaltig gewordenen Containerbrücken prägen das Bild der großen Containerterminals besonders und beeindrucken bei näherem Hinsehen durch ihre ausgefeilte Technik, die einen hohen Einfluss auf die Produktivität und Effizienz des Terminalbetriebs hat. Dazu einige Zahlen zu dem nebenstehend abgebildeten Brückentyp, mit dem u.a. der CT 4 in Bremerhaven ausgerüstet ist. Das Gewicht beträgt ca. 2200 Tonnen, die Breite 27 Meter und die Höhe 80 Meter. Mit hochgeklapptem Ausleger sind es bis zu dessen Spitze ca. 110 Meter. Die Länge erreicht mit ausgeklapptem Ausleger 145 Meter. Zusätzlich soll noch festgehalten werden, dass einer der hoch qualifizierten Brückenfahrer mit einem einzigen voll beladenen 40-ft-Container am Spreader doppelt so viel Last bewegt, wie früher ein Hafenarbeiter während einer ganzen Schicht. Das gilt allerdings für alle Containerbrücken bzw. deren Fahrer allgemein.

Nur als gigantisch kann man auch die Installation der riesigen Containerbrücken auf den Terminals bezeichnen.

Die zehn Top-Häfen

Nach einer Aufstellung vom Mai 2009 haben sich im Ranking der zehn größten Containerhäfen in der Welt einige Verschiebungen ergeben: Danach bilden Singapur mit 29,92 Mio. TEU, Shanghai mit 27,28 Mio. TEU, Hongkong mit 24,25 Mio. TEU, Shenzhen mit 21,41 Mio. TEU und Busan mit 13,43 Mio. TEU unverändert die Spitzengruppe. Dubai ist dagegen mit 11,83 Mio. TEU vom fünften auf der sechsten Platz zurückgefallen; Ningbo ist mit 11,23 Mio. TEU vom elften auf den siebten Rang vorgerückt und Guangzhou mit 11 Mio. TEU vom zwölften auf den achten. Rotterdam hat sich mit 10,80 Mio. TEU auf Platz neun gehalten, wie auch Qingdao mit 10,32 Mio. TEU als Nummer zehn. Mit Ausnahme des Hafens Rotterdam, der inzwischen noch weiter deutlich zurückgefallen ist, befanden sich unter den »Top Ten« also nur noch asiatische Häfen.

↑ Containerterminals in Hamburg: links der Burchardkai, der bei laufendem Betrieb ausgebaut wird, rechts Eurokai, der ebenfalls erweitert wird.

Größter Hersteller und Weltmarktführer ist das in Shanghai ansässige Unternehmen ZPMC. Von dort werden die Brücken weitgehend vormontiert, also in fast komplettem Zustand auf Spezialschiffen über See zu ihrem künftigen Einsatzort transportiert, und zwar stets mehrere der gut 2000 Tonnen schweren Ungetüme auf einmal, was jedes Mal als eine großartige seemännische Meisterleistung der Schiffsführung anzuerkennen ist. Rund 50 000 Tonnen Wasserballast sind das Gegengewicht zu der Topplastigkeit des Schiffes und halten es stabil. Wegen der starken Windanfälligkeit durch die fest an Deck verlaschten Brücken ist eine sorgfältige Wetternavigation erforderlich. Spätestens bei Windstärke neun muss ein Hafen oder geschützter Ankerplatz angelaufen werden. Im Zielhafen wird das Großgerät dann in Millimeterarbeit und mit dem Einsatz aufwendiger Technik direkt vom Deck des Schiffes an seinen künftigen Standort verzogen. So kann seine Einsatzbereitschaft relativ rasch hergestellt werden.

Weiteres Großgerät auf den Terminals sind, das nur der Vollständigkeit halber, für den Flächentransport die

←← Straddle-Carrier können bis zu drei Containerlagen überfahren.

← Mit dem Einsatz eines Reachstackers werden innerhalb weniger Minuten 20 t Rohkaffee von einem Container in einen anderen umgefüllt.

← Bedienung eines Blocklagers mit einem gummibereiften Gantry-Kran (RMG).

Straddle-Carrier oder Van-Carrier, die teilweise auf neuen Anlagen bereits durch AGV's (Automated Guided Vehicles), also automatisch laufende, fahrerlose Transportwagen, ersetzt worden sind. Hinzu kommen noch Frontstapler und Reachstacker für die Bewegung von Leercontainern. Frontstapler stapeln maximal zwei leere 40-ft-Container bis zu siebenfach hoch. Sie transportieren die Boxen immer quer zur Fahrtrichtung. Reachstacker stapeln ebenfalls maximal sieben Highcube-Container übereinander. Bei treppenartigem Aufbau der Stapel sind sie außerdem in der Lage, Container aus den ersten drei Reihen zu entnehmen. Mit ihrem drehbaren Spreader können sie Container auch längs zur Fahrtrichtung bewegen.

Auf größere Dimensionen bringen es die Gantry-Kräne, die zur Bedienung der Blocklager eingesetzt werden, mit denen sich wiederum die vorhandenen Flächen besser nutzen lassen. Die Gantry-Kräne – entweder schienengebundene Rail Mounted Gantrys (RMG) oder gummibereifte Rubber Tyred Gantry Cranes (RTG) – können bis zu sechs Lagen hoch überfahren, während Straddle- oder Van-Carrier lediglich drei schaffen und viel mehr Platz in Anspruch nehmen, da sie zwischen den einzelnen Reihen eine Spurbreite von gut 1,5 Meter benötigen. Blocklager können sie deshalb nicht bedienen. Gummibereifte RTG sind im Einsatz wesentlich flexibler als die größeren RMG. Diese gleichen ihre geringere Flexibilität im Operating aber dadurch aus, dass sie höher stapeln und breitere Containerblöcke überspannen können als die RTG's.

Foto: BLG Logistics

Umweltschutz, Sicherheit, Versicherung

Einen immer höheren Stellenwert hat bei der Konzeption neuer Terminals und ebenfalls natürlich bei der Modernisierung und dem Ausbau bestehender Anlagen der Umweltschutz gewonnen. Hierbei geht es in erster Linie um die Vermeidung oder Reduzierung von Schadstoffemissionen. Die Bandbreite der Anstrengungen, die mit dieser Zielsetzung unternommen werden, ist groß.

Dazu gehört, und das ist schon ungeheuer schwer, in den Zu- und Ablaufverkehren möglichst viele Boxen weg von der Straße auf die Schiene oder auf die noch umweltfreundlicheren Feederschiffe einschließlich der Binnenschiffe zu verlagern. »From Road to Sea« ist ein Programm, das die Europäische Union (EU) vor einigen Jahren eigens zur Unterstützung dieser Bemühungen ins Leben gerufen hat. Die bis heute erzielten Ergebnisse sind allerdings bedauerlicherweise eher begrenzt. Auch bei der Umfuhr von Containern im Hafen, also in Großhäfen von einem Terminal zu einem anderen, wird versucht, möglichst viel auf dem Wasser abzuwickeln, um Straßentransporte zu vermeiden. Zum Einsatz

← Der Containerterminal in Bremerhaven – längste durchgehende Kaistrecke der Welt

kommen dabei Leichter, Pontons, Schubverbände und auch Binnenschiffe.

Ein großes Potenzial bietet das auf den Terminals genutzte Gerät. Die generelle Devise heißt dabei, einerseits Energie einzusparen, um andererseits dadurch die Emissionen zu verringern. Dazu einige Beispiele: Am Anfang stand dabei die Beschaffung von Gerät mit dieselelektrischem Antrieb bzw. die Umrüstung vorhandener Fahrzeuge auf diese umweltfreundlichere Antriebstechnologie. Heute sind bereits erste Van-Carrier von Noell Mobile Systems mit Energiespeichersystemen im Einsatz, die eine Energieeinsparung von bis zu zehn Prozent bringen können. Erreicht wird das durch die so genannte ECO-Cap-Technologie, die es erlaubt, Bremsenergie aufzunehmen und kurzzeitig zu speichern. Damit können die aus den Bremsvorgängen erzeugten Energien in das Antriebssystem zurückgespeist und direkt wieder genutzt werden. 200 Doppelschichtkondensatoren sorgen dafür, dass der nachfolgende Energiebedarf gedeckt wird, bevor der dieselelektrische Generator erneut seine volle Leistung erreicht hat. Dieser Van-Carrier fährt und hebt also mit einem Hybridantrieb, der deutlich weniger Dieselkraftstoff verbraucht und damit umweltfreundlicher ist als herkömmliche Geräte. Bei der ökologischen Bilanz werden an ihn hohe Erwartungen geknüpft.

Sogar ganz ohne Schadstoffausstoß kommt der von Still entwickelte Brennstoffzellenstapler aus, der bei der Hamburger HHLA Logistics im täglichen Lagerbetrieb eingesetzt und zwei Jahre lang hinsichtlich Leistungsfähigkeit, Handhabung und Wartung der Wasserstofftechnologie getestet werden soll. Für ihn hat Linde Gas eine eigene Wasserstoff-Tankstelle gebaut. Bei seinem besonders umweltfreundlichen Betrieb treten weder Rußpartikel, Stick- oder Kohlendioxyde aus. Die Betankung mit Wasserstoff dauert nur fünf bis zehn Minuten. Aufwendiges Wechseln und Vorhalten von Batterien sowie häufig stundenlanges Laden, wie bei elektrisch betriebenen Fahrzeugen, die es inzwischen auch in großer Zahl gibt, sind damit überflüssig. Ein weiterer Vorteil ist, dass die Brennstoffzellentechnik bis zur völligen Leerung des Wasserstofftanks die volle Leistung abgibt, während sie bei Nutzung von Batterien kontinuierlich abnimmt.

Die Energieeffizienz ist auch bei den Containerbrücken durch mehrere Maßnahmen beträchtlich gesteigert worden, u.a. ebenfalls durch Speicherung und Nutzung der Bremsenergie. Wichtig ist aber vor allem die Erhöhung der Produktivität der Brücken durch den Einsatz von Umschlagtechniken, mit denen die Anzahl der Katzläufe verringert und dadurch weniger Energie verbraucht wird. So können neue Tandembrücken gleichzeitig zwei 40-ft-Container oder vier 20-ft-Container (insgesamt 125 t) laden oder löschen.

Eine seit einigen Jahren diskutierte Problematik, mit der sich in Zukunft die gesamte Schifffahrt und damit auch die Containerschifffahrt auseinandersetzen muss, ist die sich verstärkende Forderung, vor allem in den USA, dass die Schiffe während der Hafenliegezeit zur Deckung ihres Energiebedarfs Strom aus landseitigen Verteilernetzen nutzen und die von ihnen benötigte elektrische Energie nicht mehr mit ihren bordeigenen Anlagen erzeugen. So soll eine signifikante Reduzierung des Schadstoffausstoßes in der Nähe dicht bewohnter Gebiete erreicht werden. Ausgegangen ist das Ganze etwa 2005 von den kalifornischen Häfen Los Angeles/Long Beach, die zu den betriebsamsten Containerhäfen der Welt gehören. Dort hatte man ermittelt, dass die Schiffe, die LA/LB anliefen, täglich schätzungsweise 31,4 Tonnen Stickstoffmonoxyd und 1,4 Tonnen Partikel produzierten und nach Aussage lokaler Umweltbehörden zu einem Viertel der gesamten Luftverschmutzung in Los Angeles beitrugen. Das macht verständlich, warum nach Wegen gesucht wurde, hier spürbar Abhilfe zu schaffen.

So gesehen ist die Idee, dies mit Hilfe einer Stromversorgung von Land aus zu regeln, ein Vorhaben, das man eigentlich nur positiv sehen kann. Aber um es jedoch zu realisieren, müssen zunächst hohe, sehr hohe Hürden überwunden und vor allem auch Antworten auf die Fragen gefunden werden, wo der benötigte Strom denn herkommen und wie mit den hohen Bedarfschwankungen umgegangen werden soll, etwa wenn ein Kühlcontainerschiff oder ein Passagierschiff zu versorgen ist. Sie bringen es, jedes für sich, leicht auf den Bedarf einer Kleinstadt. Was ist, wenn sogar mehrere von ihnen im Hafen festgemacht haben und ans Netz angeschlossen werden? Und selbst wenn hier eine adäquate Lösung gefunden wird, bleibt es doch eine Tatsache, dass auch dieser Strom irgendwo erzeugt werden muss, zusätzlich in bestehenden Kraftwerken oder in solchen, die für den erhöhten Bedarf neu gebaut werden müssen. Auch so kommt es vermehrt zu Emissionen. Werden damit die Probleme also nur verlagert?

Und dann ist da noch die Technik. Wie sollen die Verbindungen mit den Landstationen hergestellt werden? Auf den Schiffen der Welthandelsflotte gibt es eine Vielzahl von

»Steckdosen«, die in den meisten Fällen keineswegs mit den an Land zur Verfügung stehenden Steckern kompatibel sind. Hier gilt es, wenn das Prinzip der Landstromversorgung akzeptiert wird, international einheitliche Normen zu schaffen, etwa so, wie es bei den Containern der Fall war. Zwischengeschaltete Hilfslösungen würden zu teuer sein, sowohl für die Häfen als auch für die Nutzer, die letztlich dafür zahlen müssten. Dies ist eine Aufgabe für die International Maritime Organization (IMO), die damit bereits betraut worden ist. In ihren Gremien aber internationale Übereinstimmung herzustellen, dauert erfahrungsgemäß Jahre, wobei letztlich in der Regel der kleinste gemeinsame Nenner zum Tragen kommt. Wie der in dieser Problematik aussehen wird, ist nicht abzuschätzen, aber, was auch immer dabei herauskommt, es können nur weltweit verbindlich akzeptierte Lösungen sein, um Wettbewerbsverzerrungen zu vermeiden.

Ein weiterer, häufig unbeachtet gebliebener Aspekt, den Umweltschutz betreffend, ist das kritische Thema des Schutzes vor dem Lärm, der durch den Betrieb der Umschlaggeräte und Fahrzeuge auf den Containerterminals erzeugt wird. Besonders erschwerend wirken sich diese vielfältigen Geräusche bei den Aktivitäten während der Nachtstunden aus. Konflikte gibt es besonders dort, wo durch historisch gewachsene städtische Entwicklungen mit einer dichten Besiedelung auf der einen Seite, auf einen stark expandierenden Containerumschlag auf der anderen treffen. Ein gutes Beispiel dafür bietet auch hier die Hansestadt Hamburg, wo sich, elbabwärts gesehen, auf der rechten Seite schöne, gutbürgerliche Wohnquartiere bis an das Elbufer herunterziehen, die linke Flussseite aber immer mehr für den Containerumschlag erschlossen wird, wenn auch wegen der Anwohnerproteste mit großen zeitlichen Verzögerungen.

Eine akustische Planung und Begutachtung sollte daher heute bereits im Vorfeld von Bauplanungen fester Bestandteil eines Genehmigungsverfahrens sein, um die Menschen in den angrenzenden Wohngebieten weitgehend zu schützen.

Zu einer neuen Größenordnung in den Häfen ist nach den Anschlägen des 11. September 2001 in den USA und

↓ Vor dem Anlegen in Singapur. Auch die Schiffe sollen künftig ihren Strombedarf möglichst von Land aus decken.

UMWELTSCHUTZ, SICHERHEIT, VERSICHERUNG   145

der zunehmenden asymmetrischen Bedrohung durch den weltweit sich ausbreitenden Terrorismus die Sicherheit auch in den Häfen geworden. Es ist verständlich und einsehbar, dass die meisten in diese Richtung zielenden Initiativen und Aktivitäten dann auch von den USA ausgegangen sind. Das zwingt zu einem kurzen Rückblick als Erinnerung.

Seit den verheerenden Terroranschlägen in den Vereinigten Staaten haben die Bemühungen, ein höchstmögliches Maß an Sicherheit auch in den Häfen zu schaffen, eine neue Qualität erhalten. Für viele Menschen ist das Ausmaß der vorher weitgehend aus dem Bewusstsein verdrängten vielfältigen Bedrohungen plötzlich zur schrecklichen Realität geworden.

Nach der seinerzeitigen Auflösung des Ost-West-Konflikts hatte auch das fürchterliche »Gleichgewicht des Schreckens« sein Ende gefunden und damit war, gefördert durch einschlägig bekannte Politiker, nach Meinung breiter Schichten in der Bevölkerung endlich der lange ersehnte Weltfrieden ausgebrochen – abgesehen von einigen regionalen Konflikten, die aber vor allem aus europäischer Sicht eher nur noch marginalen Charakter hatten. Nun sollte endlich die so genannte »Friedensdividende«, sprich weitgehende Abrüstung, eingefahren werden. Jede Warnung vor neuen Bedrohungen, Bedrohungen von bis dahin nicht bekannter oder vorstellbarer Art, wurden als versuchte Panikmache ewig Gestriger abgetan, um bestimmte Machtstrukturen zu erhalten. Was nicht sein darf, das kann eben wunschgemäß auch nicht sein. Getreu diesem Motto wurde die Welt als weitgehend in Ordnung befunden, jedenfalls, was die allgemeine Sicherheitslage betraf.

Das alles war am 11. September 2001 jäh zu Ende. Dieses Datum hat ohne Zweifel weltgeschichtliche Bedeutung. Die Anschläge gegen die USA und damit gegen die freiheitliche westliche Kultur und Lebensart allgemein haben die Welt verändert. Ihre Auswirkungen haben fast alle Lebensbereiche erfasst, wenn das auch nicht überall unmittelbar zu spüren ist. Selbstverständlich ist auch die maritime Wirtschaft in allen ihren Strukturen betroffen. Mit Nachdruck wird deshalb daran gearbeitet, durch intensivere Kontrollen und spezielle Personalschulung die Sicherheit stetig weiter zu verbessern und damit den Schutz vor möglichen Terroranschlägen, für die es viele Ansatzpunkte gibt, zu erhöhen. Das geschieht in vielen Fällen auf der Basis internationaler Vereinbarungen.

Wichtigstes Instrument ist der unter dem Eindruck der Ereignisse vom 11. September 2001 unmittelbar danach zustande gekommene »International Ship and Port Facility Security Code/ISPS«. Er besteht aus einem umfangreichen Paket von Maßnahmen zur Gefahrenabwehr für Schiffe und in den Häfen. Die Vereinbarung wurde am 12. Dezember 2002 unter der Federführung der IMO/International Maritime Organization getroffen und als Ergänzung des Internationalen Übereinkommens von 1974 zum Schutz des menschlichen Lebens auf See (International Convention fort he Safety of Life at Sea/SOLAS) implementiert. In der Europäischen Union wurde der ISPS-Code durch eine Verordnung des Europäischen Parlaments und des Rates am 31. März 2004 umgesetzt.

Mit dem ISPS-Code ist ein international einheitliches Mindest-Instrumentarium zur Terrorabwehr geschaffen worden. Wesentliche Teile des Codes sind die Benennung verantwortlicher Behörden, in Deutschland ist dies das Bundesamt für Seeschifffahrt und Hydrographie/BSH, die Vereinheitlichung der Sicherheitssysteme sowie die Benennung der Kommunikationswege bzw. speziell geschulter Ansprechpartner, um die internationale Zusammenarbeit über Ländergrenzen hinweg zu vereinfachen. Ein anderer Teil regelt die Zusammenarbeit zwischen Hafen und Schiff.

Um diese Zusammenarbeit sicherzustellen oder überhaupt erst zu ermöglichen, mussten alle in internationalen Verkehren eingesetzten Schiffe und alle Häfen, die von diesen Schiffen angelaufen werden, Sicherheitspläne erarbeiten und umsetzen sowie zertifizieren lassen. Diese Sicherheitspläne sind teilweise zugänglich, teilweise unter Verschluss zu halten, um Notfallmaßnahmen, Kommunikationswege usw. nicht zu kompromittieren. Entscheidende, die Häfen betreffende Maßnahme ist ihre völlige Absperrung, ähnlich wie bei den Flughäfen. Das erlaubt eine Personenkontrolle beim Zugang, die Kontrollen von mitgeführtem Gepäck sowie

← Die Sicherheit der Container kann nicht sorgfältig genug überwacht werden.

Foto: BLG Logistics

↑ Besonders ins Blickfeld geraten sind alle für die USA bestimmte Boxen.

↑ Um die Sicherheit zu erhöhen, sind die Häfen zu geschlossenen Anlagen geworden, so wie es bei den Flughäfen schon immer selbstverständlich war.

der Ersatzteil- und Verpflegungslieferungen an Bord, um das Einschmuggeln von Waffen usw. zu verhindern. Hinzu kommt die Kontrolle der Ladungsdokumente, um illegale Waffenlieferungen zu unterbinden.

Einen Eindruck von dem Umfang der im Zusammenhang mit dem ISPS-Code getroffenen bzw. zu treffenden Maßnahmen vermittelt eine vom BSH aufgestellte Liste der wesentlichen, im Rahmen des Gefahrenabwehrplanes geforderten Verfahren. Jegliche Änderung im festgelegten Ablauf dieser Verfahren muss vom BSH genehmigt werden:

■ Verfahren zur Reaktion auf sicherheitsbezogene Anweisungen einer Vertragsregierung bei Gefahrenstufe 3.

■ Sicherheitsmaßnahmen, die in enger Zusammenarbeit mit den Betroffenen und der Hafenanlage aufgrund von Sicherheitsanweisungen des Flaggenstaates getroffen werden.

■ Verfahren über die Zusammenarbeit mit Betroffenen und der Hafenanlage bei einem sicherheitsrelevanten Vorfall.

■ Überwachung des Schiffes einschließlich aller Maßnahmen im Zusammenhang mit der Zugangskontrolle, Häufigkeit und Einzelheiten der Sicherheitsrunden, der Decksbeleuchtung sowie Beleuchtung sämtlicher Zugangsmöglichkeiten zum Schiff.

■ Verfahren zur Überwachung des Ladebetriebes, der Lieferung von Schiffsproviant und -zubehör sowie von unbegleitetem Gepäck.

■ Alle Regelungen im Zusammenhang mit der Benennung der Bereiche mit Zugangsbeschränkung und Maßnahmen zur Verhinderung des unerlaubten Zugangs zu ihnen.

■ Maßnahmen, die geeignet sind, das Anbordbringen von Waffen, gefährlichen Stoffen und Vorrichtungen, die zur Verwendung gegen Menschen, Schiffe oder Häfen vorgesehen sind und deren Mitführen nicht genehmigt ist, zu verhindern.

■ Verfahren zur Meldung sicherheitsrelevanter Vorkommnisse.

■ Änderungen des Ship-Security-Alert-Systems, welche die Auslösestation, den Anlagentyp oder die vom Flaggenstaat als Empfänger von Alarmmeldungen bestimmte Stelle betreffen.

■ Verfahren zur Geheimhaltung des Gefahrenabwehrplanes, der Risikobewertung sowie der dazugehörigen Aufzeichnungen.

■ Benennung sowie Nachweis der Befähigung des Company Security Officers – einschließlich der 24-stündigen Erreichbarkeit.

Das ist schon eine beeindruckende Zusammenstellung. Doch damit nicht genug. Gerade mit Blick auf die schwer zu überwachenden millionenfachen Bewegungen der Container und ihres Inhalts haben die USA eine Reihe weiterer Regelungen erlassen, um ihr Land und ihre Bürger vor Terrorangriffen zu schützen und um deren Vorbereitung schon im Vorfeld zu unterbinden. Die wesentlichen sind:

■ Bereits seit Dezember 2002 gilt die »24 hour rule«, nach der alle für die USA bestimmten Sendungen 24 Stunden vor ihrer Verladung bei der US-Zollbehörde angemeldet werden müssen.

■ Zusätzlich dazu hat der US-Zoll 2002 die Container Security Initiative (CSI) gestartet und in den wichtigsten ausländischen Exporthäfen eigene Beamte stationiert. Diese forschen in den Ausfuhrpapieren nach verdächtigen

Daten und lassen bei Verdacht Container durchleuchten und öffnen.

- Seit dem 25. Januar 2009 sind zusätzlich die Importeure in den USA verpflichtet, spätestens 24 Stunden vor der Verladung der für sie bestimmten Waren detaillierte Frachtdaten im Wege des Importer Security Filing (ISF) an die Zollbehörde weiterzugeben. Zudem fordert die Zollbehörde von den Reedereien für jedes Schiff detaillierte Ladepläne, die spätestens 48 Stunden vor dessen Auslaufen aus dem letzten ausländischen Hafen vorliegen müssen.
- Schließlich müssen US-Importeure binnen 15 Tagen nach Ankunft des Schiffes die »Entry Information« vorlegen und nach weiteren zehn Tagen die Warenanmeldung »Entry Summary« übermitteln.

Noch im Wege der Vorbereitung befindlich ist der »9/11 Act of 2007«. Er schreibt vor, dass von Oktober 2012 an alle für die USA bestimmten Container vor ihrer Verschiffung zu durchleuchten sind, so wie es vom Zoll in manchen Häfen bereits stichprobenartig durchgeführt wird. Diese Maßnahme ist jedoch heftig umstritten, auch in den USA selbst. Scharfe Kritik kommt von Seiten der Europäischen Union, die definitiv erklärt hat, dieser Forderung nicht nachkommen zu wollen. Sie spricht von einer »unverhältnismäßigen Belastung« für europäische Häfen und Unternehmen, ohne dass dem ein Mehr an Sicherheit gegenüberstehe und davon, dass die USA ihr Sicherheitsproblem auf ihre Handelspartner abwälzen wollen. Sollten die USA tatsächlich auf der Realisierung dieses Vorhabens bestehen, wie auch immer, kommen auf die Häfen, in Europa vor allem auf Hamburg, Bremerhaven, Rotterdam und Antwerpen, nicht nur immense Kosten zu, deren Höhe überhaupt noch nicht zu beziffern ist, sondern zu befürchten sind darüber hinaus erhebliche Probleme in den Ladungsflüssen, die nach jetziger Beurteilung wohl kaum in irgendeiner Art angemessen zu bewältigen sind.

↓ Soll und kann wirklich jede für einen US-Hafen bestimmte Box im Abgangshafen durchleuchtet werden?

Foto: Einar Maschmann

↑ Ein voll beladenes Großcontainerschiff stellt mit Schiff, Containern und vor allem deren Inhalt eine ungeheure Wertekonzentration dar.

Auch in den USA selbst mehren sich die ablehnenden Stimmen. Sie weisen auf die immense Datenflut hin, die auf die Behörden zukommen würde und für deren sachgerechte Abarbeitung die Zollbehörden die Zahl ihrer Mitarbeiter rundweg etwa verdreißigfachen müssten. Also u.a. auch eine Kostenfrage. Außerdem wird dringend davor gewarnt, dass die Handelspartner der USA im Gegenzug ebenfalls auf einer Durchleuchtung aller für sie bestimmten US-Exportcontainer bestehen könnten. Wie letztlich das Ringen um den noch vom vormaligen Präsidenten Bush unterzeichneten »9/11 Act of 2007« ausgeht, ist offen. Fakt ist gegenwärtig wohl, dass die US-Grenzschützer offenbar bereits eingesehen haben, dass sich die Forderung, alle für die USA bestimmten Container zu durchleuchten, zu vertretbaren Kosten nicht durchsetzen lässt. Es ist zu hoffen, dass dem auch die Politiker noch folgen. Vielleicht sind ja die Chancen dafür unter Präsident Obama, der erklärtermaßen auf seine Partner zugehen will, gewachsen.

Insgesamt gesehen ist anzuerkennen, dass es bereits deutliche Verbesserungen im Sicherheitsbereich gibt. Auf diesem Wege muss weiter vorangegangen werden, da es angesichts der wachsenden Bedrohungen keine Alternative gibt. Befremdlich in diesem Zusammenhang ist allerdings, dass sich nun schon wieder die Stimmen mehren, die vor »Übertreibung« warnen und dabei auch noch die durch die umfassenderen Sicherheitsbemühungen zusätzlich anfallenden Kosten als Argument anführen. Diesen scheinbar so pragmatisch denkenden Menschen, es sind in der Regel diejenigen, die nach erfolgten Vorfällen genau gewusst hätten, was zu deren Verhinderung hätte getan werden müssen, sollte zweierlei ins Stammbuch geschrieben sein: erstens die Binsenwahrheit, dass Sicherheit eben ihren Preis hat, und zweitens, dass wir, was die Bedrohungslage betrifft, seit Jahren immer noch erst am Anfang stehen. Und dann noch, einen totalen Schutz kann es leider niemals geben, aber jeder in die Erhöhung der Sicherheit investierte Euro ist mit Sicherheit gut angelegt.

Natürlich gibt es noch eine ganze Reihe weiterer Aspekte, die dem Bereich Sicherheit in den großen Containerhäfen zuzuordnen sind. Dafür sollen stellvertretend nur noch zwei genannt werden. Es sind solche, die von außerhalb, wie so vieles andere, gar nicht bemerkt werden. Das ist zum einen der Schutz vor und die Verhinderung von Einschleichern, »blinden Passagieren«. Man kann auch sagen, es ist der Schutz dieser Menschen, von denen viele in ihrem Bestreben, über See in ein fremdes Land zu gelangen, ums Leben gekommen sind. Dafür hat beispielsweise jüngst der Shekou Container Terminal (STC) in der am Perlfluss-Delta gelegenen südchinesischen Wirtschaftsmetropole Shenzhen bekannt gegeben, ein in Belgien entwickeltes Überwachungssystem implementiert zu haben, das auf Schläge des menschlichen Herzens reagiert. Geräte dieser Art sollen dem Vernehmen nach aber auch bereits in Häfen der Europäischen Union und Nordamerikas arbeiten.

Zum anderen muss zumindest der Arbeitsschutz als Teil der Hafensicherheit erwähnt werden und hierfür, wiederum nur beispielsweise als ein Teilaspekt, die Gefährdung von Zollmitarbeitern bei der Inspektion von Containern. So ist im Hauptzollamt Hamburg, das bestimmten Krankheits- oder Unwohlsymptomen bei seinen Beamten auf den Grund gehen wollte, 2006 im Rahmen einer von dort in Auftrag gegebenen entsprechenden Studie festgestellt worden, dass etwa jeder vierte ankommende Container mit Begasungsmitteln oder toxischen Stoffen bis hin zur Lebensgefährdung kontaminiert ist. Nach Vorliegen dieser Erkenntnis wird nun jeder Container, der geöffnet werden soll, zunächst von einer in Schwerin entwickelten »Spürnase beschnüffelt«. Sie gibt bei Gefahr Licht- oder akustische Warnsignale ab. Dieser »Gas-Detector-Array« (GDA), dessen Entwicklung auf ein Forschungsprojekt für ein neuartiges Brandfrühwarnsystem zurückgeht, saugt mit einer Art Rüssel permanent Umgebungsluft ein und kann blitzschnell und zuverlässig auf tausende verschiedener Gase reagieren. Das Gerät hilft Menschen zu schützen.

Letztlich noch einige Anmerkungen zum Komplex Versicherung, soweit es Containerterminals betrifft, insbesondere große, aber nicht nur diese. Auch hier ist, wie in der Schifffahrt, davon auszugehen, dass sich auf einer zwar großen, aber dennoch relativ überschaubaren Fläche immense Werte konzentrieren. Das ist zunächst die Anlage selbst mit allem darauf eingesetzten Gerät. Hinzu kommen die dort zwischengelagerten Container und ganz besonders dann deren Inhalt. So ein Terminal mit seinen kostspieligen Ausrüstungen und sagen wir mal rund 40 000 gestapelten Containern könnte durchaus alles in allem auf einen geschätzten Wert von zwei Milliarden Euro kommen. In seiner Gesamtheit gesehen also ein ganz dicker Brocken.

Die Versicherungsrisiken dafür sind verteilt. Für den Terminalbetreiber tritt in der Regel für Schäden, die er Dritten zufügt, eine normale Haftpflichtversicherung ein. Dann beispielsweise, wenn ein Container und dessen Ladung durch ein missglücktes Staplermanöver beschädigt worden ist. Für alle anderen Risiken gelten in den jeweiligen Ländern spezifische Regelungen. Aber dennoch, das Versicherungsrisiko hat sich infolge der gewachsenen Schiffsgrößen und dadurch auch der weiter vermehrt gebündelten Transportströme für die Versicherer insgesamt potenziert – und es wird mit der fortschreitenden Konzentration der Verkehre zwangsläufig weiter zunehmen. Dabei stellen sich in diesem Zusammenhang auch Fragen danach, was denn geschieht, wenn ein Terminal, wie auch immer, in Brand gerät? Auch Naturgewalten wie Flutwellen oder Erdbeben stellen vielerorts eine Bedrohung dar, und selbst die Möglichkeit terroristischer Anschläge liegt trotz aller Sicherheitsvorkehrungen durchaus im Bereich des Möglichen. All das kann von der Versicherungsbranche nicht ausgeschlossen werden, sie wird Lösungen dafür finden müssen.

Foto: Einar Maschmann

Neue Konzepte werden gefordert

Von dem Einsatz der immer größeren Containerschiffe haben sich die Linienreedereien Kostenvorteile versprochen. Das ist beim Vorhandensein bestimmter Voraussetzungen im direkten Seetransport auch durchaus gelungen. Die dort erreichten Vorteile lassen sich jedoch nur erhalten, wenn sich die Hafenaufenthalte der Schiffe nicht verlängern. Die Häfen müssen also alles daran setzen, den Umschlag der Boxen zu beschleunigen, und zwar sowohl durch Anpassung oder Umbau bestehender Anlagen als auch vor allem beim Bau neuer Terminals auf »der grünen Wiese«. Keine leichte Aufgabe, aber eine absolut notwendige, denn die stark gestiegenen Transportmengen haben bereits in den vergangenen Jahren vermehrt zu Kapazitätsengpässen geführt. Neue Konzepte sind erforderlich, um einen optimalen Ablauf beim Umschlag zu erreichen. Nur mit ihnen können sich die Häfen künftig ihre Wettbewerbsfähigkeit erhalten oder sie sogar noch verbessern.

Dr.-Ing. Axel Schönknecht von der Technischen Universität Hamburg-Harburg (TUHH), Institut für Technische Logistik, hat es schlüssig auf den Punkt gebracht. Seiner Ansicht nach geht die monetäre Produktivität von Containerschiffen mit Stellplatzkapazitäten über 8000 TEU als Folge längerer Hafenliegezeiten verloren. Mit anderen Worten: Pro Slot wird pro Jahr weniger Geld verdient als mit kleineren Schiffen. Um nun die Produktivität der ganz großen Carrier zu steigern und damit einen Ausgleich zu erreichen, wäre folglich eine Verkürzung der Rundreisezeiten insgesamt erforderlich. Weil aber eine Erhöhung der Schiffsgeschwindigkeit wegen des überproportional steigenden Treibstoffverbrauchs wirtschaftlich nicht in Frage kommt, bleibt als einzige Möglichkeit nur die Verkürzung der Hafenliegezeiten übrig. Somit ist eine Reduzierung der Umschlagzeiten zunehmend ein sicher in mancher Hinsicht entscheidendes Wettbewerbskriterium der Häfen. Der Innovationsdruck ist erheblich.

Grundsätzlich ist es also so, dass der Trend zu den immer größeren Schiffen eine erhebliche Steigerung der Kaimauerproduktivität verlangt, um so die angestrebten Liegezeitverkürzungen für die Containerschiffe zu erreichen. Dazu sind einerseits insgesamt schnellere Kranspiele notwendig sowie andererseits schnellere innerbetriebliche Zubringerprozesse einschließlich verbesserter Zu- und Ablauftransporte. Das bedingt den Einsatz modernster Containerbrücken, hier ist beispielhaft die neu entwickelte so genannte Twin-40-Brücke zu nennen, die gleichzeitig zwei 40-ft-Container oder vier 20-ft-Container umschlagen kann.

Ebenso wichtig ist die effiziente Nutzung der vorhandenen, meist knappen zur Verfügung stehenden Flächen, insbesondere bei der flächenintensiven Lagerung von Containern. Hier stößt die Van-Carrier- bzw. Straddle-Carrier-Technologie an ihre Grenzen. Kompakte, teilautomatisierte Blocklager ermöglichen mehr als eine Verdoppelung der Flächenproduktivität. Möglich wird das, weil Portalkräne auf Schienen oder auch gummibereifte (RMG oder RTG) das Stapeln übernehmen. Sie können bis zu sechs Lagen hoch stapeln und benötigen deutlich weniger Platz als die bisher meistens eingesetzten Van Carrier/Straddle Carrier, die nur drei Lagen hoch stapeln können und außerdem zwischen den Containerreihen, die sie überfahren müssen,

↑ Ein guter Überblick und viel Elektronik sind bestimmend für den Arbeitsplatz des Straddle-Carrier-Fahrers.

↓ Der Weg zum Arbeitsplatz, der Fahrerkanzel des Straddle-Carriers, ist ebenso wenig einfach wie alltäglich.

Platz benötigen. Der mit den Gantry-Kränen erreichte Effekt kann noch durch ein optimiertes Terminallayout mit kurzen Wegen gesteigert werden.

Von herausragender Bedeutung für die Gesamtproduktivität des Terminals ist darüber hinaus die funktionale Eingliederung der Intermodalanbindung in das Terminallayout. Eine große Rolle spielen dabei die angegliederten Containerbahnhöfe zur Zusammenstellung von Ganzzügen. Hinzu muss schließlich zur Terminalsteuerung noch eine integrierte EDV kommen. Sie ist letztlich die Voraussetzung für eine möglichst weitgehende Automatisierung und »Industrialisierung« des Terminalbetriebes.

Abschließend dazu noch ein Blick auf die Bestrebungen, den Terminalbetrieb zu automatisieren oder zumindest weitgehend zu automatisieren. Entsprechende Schritte in diese Richtung gibt es zwar seit gut 15 Jahren, dennoch finden sich weltweit bislang aber nur wenige Häfen mit nennenswerter Automatisierung in einzelnen Bereichen. Es gibt jedoch Projekte mit weiterführenden Planungen. Eines der ganz wichtigen Ziele muss es dabei sein, die Leistungsfähigkeit der Containerbrücken und die der Flurfördergeräte aneinander anzugleichen. So könnten die modernen Containerbrücken zwar theoretisch bis zu 60 Containerbewegungen in der Stunde schaffen, wenn aber im realen Betrieb nur rund die Hälfte davon erreicht wird, dann kann das zur Zeit noch als schon ganz ordentlich angesehen werden. Es hakt am Boden, denn die Automated Guides Vehicles (AGVs) bringen es lediglich auf nur zwölf Bewegungen pro Stunde und die RMG's/RTG's auf maximal 20. Hier muss also angesetzt werden, und daran wird selbstverständlich gearbeitet. Dazu gehört unter anderem die Entwicklung vollautomatisch arbeitender Spreader und Twistlocks.

Gleiches gilt auch für andere Geräte und Bereiche. Dabei gibt es ebenso Neues wie auch Weiterentwicklungen. Neben anderen beispielsweise etwa:
- verbesserte AGV's, die bereits twinlift-tauglich sind,
- den Lift AGV, bei dem Transport- und Stapelprozesse entkoppelt sind, ohne dass auf die Automatisierung verzichtet wird. Dafür wurde der Typ des konventionellen AGV durch zwei elektrisch betriebene Hubplattformen ergänzt. Mit ihnen wird das Gerät in die Lage versetzt, einen oder zwei Container selbstständig anzuheben, aufzunehmen und auf einem Gestell im Zugriffsbereich des Stapelsystems wieder abzusetzen.
- Der ALV (Automated Lifting Vehicle) ähnelt einem kleineren Staddle Carrier, ist jedoch modernisiert und mit neuer Technik aufgerüstet. Der ALV arbeitet unabhängig von anderen Geräten, wodurch sich die Wartezeiten an den see- und landseitigen Übergabestellen verringern lassen.
- Erhebliches Automatisierungspotenzial bieten die Containerlager. Dabei ist es allerdings schwierig, die dort eingesetzten Portalkräne voll zu automatisieren, denn externe Lkw können nicht genau genug positioniert werden und die Sicherheit der Fahrer muss gewährleistet bleiben. Deshalb werden Lkw derzeit im Normalfall noch manuell oder per Fernsteuerung bedient. Nach der Übernahme des Containers vom Lkw sorgt der Kran dann jedoch vollautomatisch für dessen Platzierung im Containerlager, das aus Sicherheitsgründen während dieser Betriebszeiten nicht einmal für Mitarbeiter zugänglich ist.
- Der neue ASC (Automated Stacking Crane) von Gottwald ist ein Portalkran, der bis zu elf dicht an dicht stehende Containerreihen überspannt und bis zu fünf Lagen hoch stapelt. Dies setzt allerdings logistische Maßnahmen in der Lagerungsstrategie voraus, um die Zugriffsmöglichkeiten auf die einzelnen Container möglichst kurz zu halten.
- Darüber hinaus gibt es noch eine ganze Reihe anderer Systeme, wie das Konzept eines automatischen OBCs (Overhead Bridge Crane) oder das hochstapelnde HSS – High Stack System, bei dem es sich um eine Art Hochregallager handelt.

Zusammenfassend kann festgehalten werden, dass es bei den Automatisierungsbestrebungen keinesfalls allein um die Entwicklung des einzusetzenden Gerätes geht, sondern mindestens ebenso wichtig sind Aufbau und Design von Steuerungssystemen für das komplette Containerhandling von der Seeseite über die Lagerfläche zum Hinterland und umgekehrt. Nur wenn beides optimal aufeinander abgestimmt ist, kann man dem Ziel eines weitgehend automatisierten Containerterminals näher kommen.

↑ Straddle-Carrier-Parade

↑ Kapazitätssteigerung durch Modernisierung, und das bei laufendem Betrieb, wie hier am Burchardkai in Hamburg.

Der JadeWeserPort – der neue Tiefwasserhafen in Wilhelmshaven

In vielen Teilen der Welt wird mit Hochdruck am Bau neuer Containerterminals gearbeitet oder an der Aufrüstung bereits bestehender, um nach Überwindung der gegenwärtigen Krise auf die mit Sicherheit dann wieder zunehmenden Containerverkehre vorbereitet zu sein und um Kapazitätsengpässe, wie sie vor der Krise bereits in zunehmendem Maße aufgetreten waren, zu vermeiden. In Europa und ganz besonders in Deutschland dauert das alles etwas länger. Das wird auch deutlich am Projekt Tiefwasserhafen Wilhelmshaven, das hier abschließend noch kurz vorgestellt werden soll.

Begonnen hat alles schon vor vielen Jahren mit der seinerzeit stark belächelten Idee der Wilhelmshavener Hafen-Wirtschaftsvereinigung, einen neuen Tiefwasserhafen für Containerschiffe an der deutschen Nordseeküste zu bauen, praktisch als Ergänzung der vorhandenen Terminals im gegenüberliegenden Bremerhaven und in Hamburg. Angesichts des jährlich mit meist zweistelligen Zuwachsraten boomenden Containeraufkommens könnte es unter Umständen in absehbarer Zeit zu einer Überlastung der beiden großen Häfen kommen, und mit Blick auf die ebenso rasch wachsenden Schiffsgrößen wurde auf die bestehende natürliche Tiefe des Jade-Fahrwassers verwiesen. Die Zufahrten nach Hamburg und Bremerhaven müssten dagegen ständig mit kostspieligen Baggerarbeiten auf Tiefe gehalten werden und die Forderungen nach weiteren Vertiefungen würden erfahrungsgemäß auf erhebliche Widerstände stoßen. Die Wettbewerber aus den beiden Hansestädten fanden das zwar zunächst gar nicht amüsant, sondern sogar abwegig und beließen es zunächst bei weitgehender Nichtbeachtung.

So ging die Zeit ins Land und die unermüdliche Überzeugungsarbeit der Wilhelmshavener weiter, bis sie schließlich dann doch die nötigen Unterstützer fanden, was letztlich in eine Absichtserklärung der drei Küstenländer Niedersachsen, Bremen und Hamburg für ein gemeinsam zu konzipierendes Projekt einmündete. Hamburg machte allerdings schon bald darauf wieder einen Rückzieher, um Pläne im eigenen Hafen verfolgen zu wollen. Nachdem so prinzipiell das »Ja-Wort« gegeben war, folgten schier endlose der hier üblichen Auseinandersetzungen, die den geplanten Ablauf immer wieder blockierten. Unstimmigkeiten bei der Auftragsvergabe mit langwierigen gerichtlichen Auseinandersetzungen als Folge taten ein Übriges. So kam es, dass dann nicht, wie von den Wilhelmshavenern ursprünglich gewünscht, der neue Hafen 2007/2008 in Betrieb gehen konnte, sondern zunächst 2010 genannt wurde und nun, wie es aktuell aussieht, die Einweihung der ersten Baustufe mit einiger Sicherheit – Vorsicht, Vorsicht – wohl 2011 stattfinden kann.

Inzwischen ist der JadeWeserPort zu einem geläufigen festen Begriff geworden. Die uneingeschränkte Ausführungsfreigabe für das Bauwerk war am 12. März 2008 erfolgt. Also zu einem Zeitpunkt, zu dem, um nochmals daran zu erinnern, eigentlich bereits an die Betriebsaufnahme gedacht war.

Zu dem Gesamtumfang der dann angelaufenen Baumaßnahmen in Wilhelmshaven, für die 600 Mio. Euro kalkuliert sind, gehören neben den umfangreichen wasserbaulichen auch Erd- und Straßenbauarbeiten für die Zuführungen sowie für den Gleisanschluss. Die Fahrwassertiefe einschließlich eines Wendebeckens von 700 Metern Durchmesser wird 18 Meter unter Seekartennull (SKN) betragen. Davon können andere Häfen nur träumen. Entstehen wird eine 1725 Meter lange Kaje. Die Terminaltiefe hinter der Kaje soll 650 Meter betragen. Insgesamt werden in der ersten Bauphase 100 ha von späteren 160 ha für die Gesamtfläche hergerichtet. Dort entsteht die Suprastruktur bis zu einer Bauhöhe von etwa 50 Metern, die von dem Betreiber finanziert wird. Die Mittel für die Schaffung der Infrastruktur werden gemeinschaftlich von den Bundesländern

↑ Das Layout der im Bau befindlichen Anlage

DER JADEWESERPORT – DER NEUE TIEFWASSERHAFEN IN WILHELMSHAVEN

↓ So könnte der neue Tiefwasserhafen JadeWeserPort 2011 aussehen – oder auch erst später.

Niedersachsen und Bremen unter Beteiligung der Europäischen Union bereitgestellt.

Die künftigen Hafendaten sind beeindruckend: Für den Umschlag sind derzeit vier Liegeplätze vorgesehen, ausgestattet mit insgesamt 16 Containerbrücken, 68 Van Carriern, acht Großstaplern und fünf Verladebrücken für die Bahn. Die Gesamtumschlagkapazität wird nach erfolgtem Endausbau auf 2,7 Mio. TEU p.a. geschätzt. Ein Plus ist die Länge der Revierfahrt: Nach Wilhelmshaven beträgt sie nur 23 Seemeilen. Im Vergleich dazu sind es nach Bremerhaven 34 Seemeilen und nach Hamburg sogar etwa 78 Seemeilen. Damit es in dieser Hinsicht aber nicht zu Missinterpretationen kommt, muss erwähnt werden, dass die Länge der seewärtigen Zufahrt zwar wichtig, aber nicht unbedingt das entscheidende Kriterium für die Bedeutung des jeweiligen Standortes ist. Ganz hoch zu bewerten ist das am Ort generierte Ladungsaufkommen, das so genannte Loco-Gut, womit die Container gemeint sind, die ohne Weitertransport in der engeren Region verbleiben oder dort für den Export beladen werden. Da hat natürlich Wilhelmshaven als Teil einer industrieschwachen Region kaum etwas zu bieten, auch in Bremerhaven ist es in dieser Hinsicht nicht unbedingt berauschend, aber Hamburg kann damit, wenn man es denn so will, den Nachteil der längeren Revierfahrt durchaus ausgleichen. Dort bleibt rund ein Drittel des Containeraufkommens direkt am Ort oder in dessen Umfeld. Und, ohne die Vorteile schmälern zu wollen, die Wilhelmshaven unzweifelhaft bietet und die immer wieder hervorzuheben sind, soll doch noch einmal darauf hingewiesen werden, dass der Seetransport – in diesem Zusammenhang einschließlich der Revierfahrt – immer noch mit Abstand der kostengünstigste und umweltfreundlichste ist. Eine längere Revierfahrt, die das Ladungsgut auf diesem Wege näher an das Ziel heranbringt oder es von dort abholt, ist also deshalb nicht unbedingt als ein Nachteil zu werten.

Anfang Juni 2009 waren in Wilhelmshaven, auf Deutschlands größter Wasserbaustelle und gleichzeitig Norddeutschlands größtem Infrastrukturprojekt, bereits 23 Mio. Kubikmeter Sand aufgespült, rund 688 Trag- und 380 Füllbohlen gerammt und ca. 450 Verankerungspfähle verbaut. Die südliche und die nördliche Flügelwand waren fertig gestellt und von der Hauptkaje bereits ca. 425 Meter geschlossen. In etwa zur gleichen Zeit begannen die Arbeiten an den Gleisbauwerken auf dem Terminalgelände selbst sowie an der Lärmschutzwand. Mit Mitteln des Bundes soll der zweigleisige Ausbau der Bahnstrecke sowie die Elektrifizierung der Bahnstrecke Wilhelmshaven–Oldenburg vorangetrieben werden. Außerdem soll bis 2011 das drei Kilometer lange, noch fehlende Anschlussstück von der Autobahn A 29 bis zum Hafengelände fertig sein. Wenn das nun alles nach Plan und ohne größere Störungen weiter verläuft, dann können 2010 die ersten 350 Meter übergeben und im Oktober 2011 der erste Kaiabschnitt in Betrieb genommen werden. Im Laufe des Jahres 2012 wird mit der endgültigen Fertigstellung der Gesamtanlage mit 1725 Metern Kaistrecke und vier Liegeplätzen gerechnet. Sie wird dann Containerschiffe mit Längen bis zu 430 Metern, Breiten bis zu 58 Metern und einer Stellplatzkapazität von bis zu 13 000 TEU an 16,50 Meter Wassertiefe tideunabhängig abfertigen können. Dort können dann jährlich gut 2,7 Mio. TEU über die Kaikanten gehen.

Wenn das dann endlich so weit ist, werden auf dem neuen JadeWeserPort noch viele Arbeiten manuell verrichtet, solche, die auf anderen Terminals bereits automatisiert sind. Aber bei den Betreibern herrscht nach eingehenden Untersuchungen die Meinung vor, dass zum Beispiel die für den Transport in der Fläche eingesetzten Van Carrier durch Menschen immer noch sicherer gesteuert werden können, als durch Elektronik, was jedoch eine rein unternehmensspezifische Entscheidung ist. Dennoch wird das Unternehmen hinter den Kulissen nach eigenen Angaben eines der modernsten Telematiksysteme der Welt einsetzen, denn die

Fotos: BLG Logistics

komplexen Kommunikationsvorgänge bzw. -anforderungen für den effizienten Betrieb eines großen Containerterminals sind ohne den Einsatz modernster Informationstechnik nicht zu bewältigen.

Um einen reibungslosen Ablauf zu gewährleisten, müssen nicht nur Speditionen, Terminalbetreiber und Reedereien stets aktuell miteinander in Kontakt bleiben, sondern auch das Hafenamt, die Feuerwehr, die Wasserschutzpolizei, der Zoll und zahlreiche weitere in das Gesamtgeschehen eingebundene Stellen. Um diesen absolut notwendigen Informationsaustausch sicherzustellen, wird eine JadeWeserPort Telematik (JWT) entwickelt, die, wenn die bei derartigen Projekten allseits bekannten Tücken in den Griff zu bekommen sind, rechtzeitig zur Verfügung stehen soll. Die Errichtung der gesamten Suprastruktur, für die 350 Mio. Euro veranschlagt sind, wird vom künftigen Betreiber finanziert. Dies ist die Eurogate Container Wilhelmshaven GmbH & Co. KG. An dieser Gesellschaft ist die Bremer Eurogate-Gruppe mit 51,8 Prozent, das zum dänischen Moeller-Maersk-Konzern gehörende weltweit tätige Umschlagunternehmen APM Terminals, Kopenhagen, mit 30 Prozent und die russische National Container Company mit 18,2 Prozent beteiligt. Mit diesen Partnern sieht sich die Gesellschaft für die Zukunft gut gerüstet.

Einen unvorhergesehenen, überraschenden Dämpfer gab es dann zunächst aber dennoch, als nämlich Eurogate Anfang November bestätigte, dass die Ausschreibungen für Asphaltierungsarbeiten zurückgezogen worden seien, da, so die offizielle Begründung, die Angebote der Baufirmen nicht zufriedenstellend ausgefallen wären. Gleichzeitig wurde bekannt, dass das Gesamtprojekt wegen der schlechten wirtschaftlichen Lage zeitlich etwas »gestreckt« werden sollte. Von Seiten des Betreibers Eurogate hieß es: »Etwa um drei Monate.« Andere gehen davon aus, dass es durchaus auch noch später werden könnte.

← Schon lange vor Beginn des »echten« Einsatzes werden Mitarbeiter des JadeWeserPorts intensiv für ihre kommenden Aufgaben geschult – Containerbrücken- und Van-Carrier-Fahrer üben beispielsweise an Simulatoren.

Quellennachweis

Bücher
Erik Lindner, Die Herren der Container, Hamburg 2008
Olaf Preuß, Eine Kiste erobert die Welt, Hamburg 2007
Dieter Strobel, Die Warnemünder Werft, Wolgast 2002
Hans Jürgen Witthöft, Die Mega-Carrier kommen, Hamburg 2004
Hans Jürgen Witthöft, Hamburg Süd – Eine illustrierte Geschichte der Ereignisse, Hamburg 2009

Zeitschriften
Hansa, Schiff & Hafen, Täglicher Hafenbericht, Deutsche Verkehrs-Zeitung sowie Hauszeitschriften und sonstige Publikationen aus den Häusern Verband Deutscher Reeder, MAN, Germanischer Lloyd, Det Norske Veritas, BLG Logistics, Kalmar, Hamburg Süd und Hapag-Lloyd

Info-Dienste
AXS-Alphaliner, Braemar, Dynamar, Clarkson,
Shipping Gazette – Daily Shipping News, New Ships,
Lloyd's Register/Fairplay

Umschlagfotos
Vorderseite: PSW
Rückseite: HHLA

Vorsatz vorne: Einar Maschmann
Vorsatz hinten: HHLA/ZDS

Register der genannten bzw. abgebildeten Schiffe

Seitenhinweis auf Erwähnung im Text 77
Seitenhinweis auf Schiffsabbildung *77*

A

Alster Express 77
American Accdord *21*
American Kentucky *82*
American Lancer *16*
American Maine *82*
American New Jersey *82*
American New York *82, 91*
American Racer *16*
American Scout *17*
Amistade *131*
Ancon *45*
Anna Firmbach, *133*
APL Canada *98*
APL China *88, 89*
Atlantic Conveyor *83*
Australien 77
Australian Enterprise *22*

B

Bell PionEer *86*
Bell Valiant *18*
Bell Vanguard *19, 79*
Beluga Emotion *136*
Beluga Resulution *136*
Beluga SkySails *103*
Bold Eagle *103*
Bonn Express *34*
Bremen Express 77, *77*
Bunga Pelangi *85*

C

Cala Pantera *98*
Caribia Express *78*
CGM Normandie *84, 85*
CMA CGM Andromeda 62, *62, 147*
CMA CGM Ivanhoe *98*
CMA CGM Normandie *84*
CMA CGM Ofreo *99*
CMA CGM Pelleas *49*
CMA CGM Rigoletto *60*
CMA CGM Vancouver *68*
CMA CGM Vela *99*
Colombo Express *98*
Conti Champion *49*
Conti Hammonia *48*
COSCO Guangzhou *92*
Cosco Rotterdam *54*
CSCL Napoli *104*
CSCL Seattle *148*

D

DAL Kalahari *48*
Dole Chile *29*

E

Eilbek *87*
Elbe Express 76, *77*
Emma Maersk 61, 76, 108–117, *108, 109, 110, 111, 112, 113,* 134
Eugen Maersk *66*
Euroliner 80, *80*
Ever Garden *41*
Ever Genius *41*
Ever Racer *98*
Ever Ultra *49*

F

Fairland 13, 16, *16, 124*
Frankfurt Express 81, *82*

G

Gudrun Maersk *109*

H

Hamburg Express 34, *77*
Hanjin Copenhagen *51*
Hannover Express 84, *85*
Hanse Vision *132*
Hawaiian Citizen *76*
Heidelberg Express *34*
Heinrich Ehler *130*
Hongkong Express 77, *77*

I

Ideal X 12, *12, 76, 79*

J

Jane *37*

L

London Express *126*
Lu He *81*

M

Madrid Express *34*
Maersk Semarang *75*
Marit Maersk 62, *62, 63, 134*
Marit Maersk *62*
Marjesco *34*
Medondra 118, *118*
Melbourne Express 77
Ming Green *99*
Monte Cervantes *100*
Monte Sarmiento 135, *135, 136*
Mosel Express 77
MSC Bruxelles *42, 98*
MSC Charleston *99*
MSC Daniela *50, 116, 117, 118*
MSC Geneva *94, 96, 99*
MSC Linzie *107*
MSC Pamela 117, *92*

N

Nedlloyd Hongkong *86*
Nedlloyd Honshu *86*
Nol Progress *99*
Nordatlantik 77
NYK-Altair *88*
NYK Lynx *114*

O

OOCL California *88*
OOCL Kuala Lumpur *34*
OOCL Montreal *34*
OOCL Shenzhen *96*
Osaka Bay *23*
Ostasien 77
Ottawa Express *34*

P

P&O Nedlloyd Tasman *35, 89, 128*
P&O Nedlloyd Magellan *98*
Power *34*
Presidents *83*
President Truman 83, *84*
Prestige *46, 94*

R

Regina Maersk 90–91, *90, 91, 109*
Rio de la Plata *68, 100*

S

Santa Adriana *65*
Santa Alina *65*
Santa Arabella *64*
Santa Giorgina *64*
Savannah Express *34*
Sea-Land Atlantic *82*
Sea-Land Exchange *80*
Sea-Land Finance *80*
Sea-land Galloway, *80*
Sea-Land McLean *80*
Sea-Land Motivator *83*
Sea-Land Pride *83*
Sea-Land Value *83*
Sea-Land Venture 77
Shir Khan *130*
Sovereign Maersk 91, *91*
Sydney Express 77, *77*

T

Tokio Express *77*
Transvaal *79*

U

United States *80*

V

Veersedijk *42*

W

Weser Express 76, *77*

X

Xin Los Angeles *92*

Z

Zhen Hua 8 *139*
Zi Yu Lan *85*

↑ Große Schiffe brauchen entsprechend große Leinen – und natürlich Männer, die damit umgehen können.

PRACHTVOLL REISEN!

Wir nehmen Sie mit auf eine Reise mit einem Kreuzfahrtschiff!

Der Autor stellt die derzeit größten Passagierschiffe der Welt vor und führt den Leser in Bereiche, die selbst Passagiere nicht betreten dürfen. Aber moderne Kreuzfahrtschiffe wie die beliebte QUEEN MARY 2 sind immer noch nicht das Maß aller Dinge. Es gibt bereits Pläne für Schiffe, die in ihren Ausmaßen aus Zukunftsromanen zu stammen scheinen. Eigel Wiese beurteilt auch diese zukünftigen Projekte.

Eigel Wiese

GIGANTEN DER MEERE
Die größten Passagierschiffe der Welt
144 Seiten, überwiegend farbige Abbildungen, technische Daten und Tabellen,
geb. mit Schutzumschlag
ISBN 978-3-7822-0987-8

Koehler
Ein Unternehmen der Tamm Media
www.koehler-books.de
vertrieb@koehler-books.de

WILLKOMMEN AN BORD

Frachtschiffreisen seien »eine innere Reise, außerhalb von Zeit, Raum und Grenzen«, so der Autor dieses Buches. Auf ein solch etwas anderes Reiseerlebnis wird der Leser des erfolgreichen, durchgehend farbig illustrierten Bandes mitgenommen. Die mitreißenden, humorvollen Texte machen Lust darauf, die innere Reise auch zu einer »äußeren«, realen werden zu lassen. Das nötige Wissen dazu vermittelt Peer Schmidt-Walther, ehemaliger Seemann, durch ausführliche Schilderungen des Bordlebens, hilfreiche Tipps zur Organisation von Landgängen und detaillierte Informationen über die von ihm bereisten Schiffsrouten und Frachtschiffe.
Dieses Buch eignet sich für Frachtschiffreisen-Einsteiger wie für »alte Hasen« gleichermaßen und ist bereits nach kurzer Zeit in zweiter Auflage erhältlich.

Peer Schmidt-Walther
Frachtschiffreisen
Als Passagier an Bord
216 Seiten,
zahlreiche farbige Abbildungen,
geb. mit Schutzumschlag
ISBN 978-3-7822-1016-4

KOEHLER
Ein Unternehmen der Tamm Media
www.koehler-books.de
vertrieb@koehler-books.de

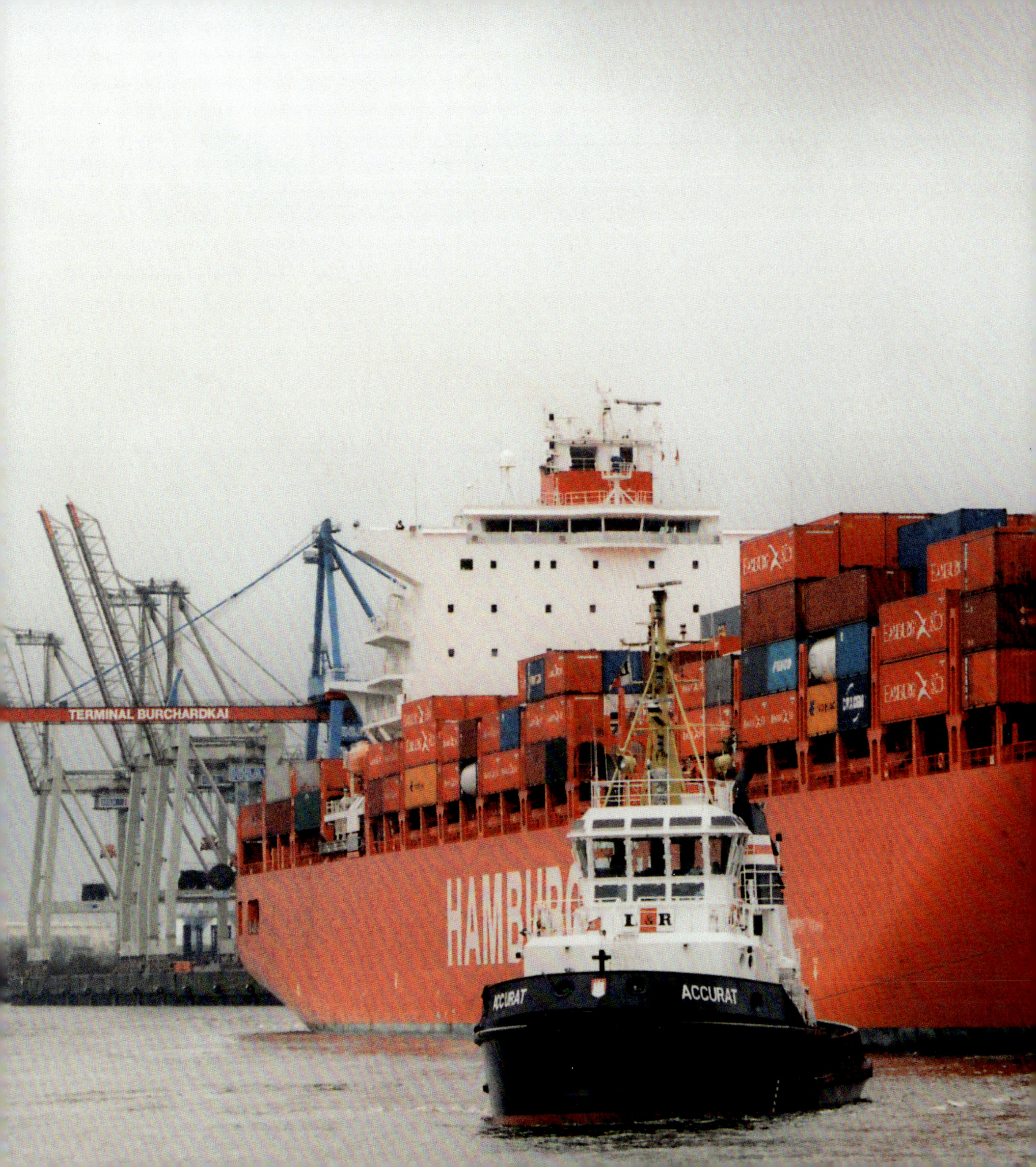
TERMINAL BURCHARDKAI
HAMBURG
ACCURAT
ACCURAT
L&R